개정신판

호텔마케팅 실무

최태광 · 김미경 · 최문용 공저

Hotel Marketing

백산출판사

머리말

아득히 먼 진리의 바다, 그 속을 가늠할 수 없는 학문의 깊이를 두고 이제 또다시 이렇게 작은 도전을 하는 것은 우리나라 호텔마케팅 교육에 아주 작은 공헌을 해보고 싶은 순박한 욕심 때문이다.

도전하지 않는 사람은 성공할 수 없다고 하지만, 이 책을 내놓는 것은 실로 여러 해 동안 호텔마케팅을 강의해 오면서도 확실한 교재가 없어 많은 불편을 느껴온 때문이며 학문적 성공을 얻고자 함은 물론 아니다.

갈수록 기업환경이 급변하고 있는 생존의 전략이 절실해지는 터에 이론과 실제가 공존하는 마케팅이 갈수록 주목받는 것은 아주 당연한 일이다. 따라서 이 책은 호텔경영을 공부하는 학생이나 실무관계자들이 필요로 하는 이론과 실제를 최대한 수록하도록 노력하였으며 성공적인 호텔경영을 위한 실제적 접근을 중시하였다.

그렇지만 이 책은 상당히 많은 사람들의 선험적 연구를 바탕으로 하고 있기 때문에 실제로 소화가 되지 못한 부분도 많이 있을 것이고, 부족한 점 또한 많을 것이기 때문에, 후학들의 많은 충고와 편달에 힘입어 훌륭한 교재가 되도록 계속 노력하고자 한다.

관광관련 대학교재 출판의 총 본산인 백산출판사 진욱상 사장님의 후의에 감사드리고, 원고작성에 성원을 보내주신 모든 분들께 감사를 드리는 바이다.

저자 씀

차 례

제5장 호텔마케팅 믹스 099

제6장 호텔가격믹스 125

제7장 호텔촉진믹스 153

제8장 인적 판매 167

Hotel Marketing

제1장 호텔마케팅 서론

1. 호텔의 개념 및 정의

1-1. 호텔의 개념

인간생활의 기본은 의·식·주이다. 관광이 비록 주거지를 떠나 관광지에서 체재하면서 관광활동을 한 후 주거지로 다시 돌아오는 일련의 과정에서 생기는 총체적 현상이라고 하지만, 그것은 본질적으로 일정 기간의 장소적 이동을 전제하는 것이므로 여행 중일지라도 인간생활의 기본적인 의식주의 해결과제는 언제나 변함없는 것이다.

그러므로 관광여행기간 중 편안하고 독특한 분위기를 즐길 수 있는 안식처를 가질 수 있다면 그것은 오히려 관광객들로 하여금 여행의 추억을 깊게 할 수 있고, 그로 인해서 관광여행 전체를 만족시켜 주는 요인이 될 것이다.

물론 관광산업의 구성요소는 복합적이다. Foster에 의하면 관광사업을 구성하는 요소로는 숙박업체, 항공운수업체, 여행도, 소매업체, 관광자원 등이 주요소가 되고 있다.[1] 그렇지만 숙박업체는 호텔, 모텔, 빌라, 여인

1) Douglas Foster, *Travel and Tourism Management* (London : Macmillan Education Ltd., 1985), pp. 50~52.

숙, 캠프장, 캐러번, 아파트, 휴가촌 등 관광객들의 숙박문제를 해결하는 것이므로 관광객 수용태세라는 측면에서 중요한 구성요소가 되고 있다. 따라서 한 목적지에서 이용가능한 숙박시설의 타입과 규모, 성격이야말로 그 관광지에서의 관광의 유형과 규모를 결정하게 되는 것이다.

관광시설은 대체로 세 가지 유형으로 분류된다. 그 첫째는 서비스를 제공하는 부류인데 호텔, 팡숀 등과 같이 객실제공, 식당 및 식사서비스 그리고 룸서비스, 하우스키핑, 포터서비스를 제공하는 것이다. 둘째 부류는 스스로 숙박문제를 해결하는 시설로서 캐러번, 캠핑장, 아파트, 기타 이용기간이 정해져 있는 숙박시설이다. 셋째 부류는 서비스를 제공하거나 스스로 해결하던가 하는 복합형의 것들로서 휴가촌, 임대 요트, 고급 임대빌라 등이다.

따라서 호텔은 이러한 관광시설을 대표하는 것으로서 객실수에 따라 분류되기도 하고 객실수와 규모, 식당 기타 시설기준에 따라 등급을 결정짓고 있다.

오늘날 우리가 의미하는 호텔의 개념은 일상생활단위인 “가정을 떠난 가정”이라고 할 수 있는데, 그만큼 안락하고 편안한 가정적 분위기의 숙박시설인 것이다. 고객을 보다 편히 그리고 유쾌한 기분으로 머물고 떠날 수 있게 접대하는 일체의 행위가 영리를 전제로 한 기업적 성격인 것이다.[2)]

1-2. 호텔의 정의

호텔산업의 본고장이라 할 수 있는 영미 지역에서 규정하는 호텔의 정의를 보면, 호텔이란 예절바르게 또한 받은 접대에 대한 지불능력 및 준비가 되어 있는 모든 사람에게는 시설의 여유가 있는 한 수용이 허락되며, 체재기간 및 보상에 관한 약정 없이 체재 중에는 타당한 대가를 지불하고서 식사·침실 등이 제공되며, 그 집을 임시 가정으로 이용하는데 필연적으로 부수되는 서비스와 관리를 받을 수 있는 장소라고 규정하고 있다.

우리나라의 경우에는 관광여건을 조성하고 관광자원을 개발하며 관광사

2) 정경훈·박호래, 호텔경영론 (서울 : 형설출판사, 1994), p.16.

업을 육성함으로써 관광진흥에 이바지함을 목적으로 하는 「관광진흥법」을 제정하였다. 이 법에서 말하는 관광사업이란 관광객을 위하여 운송, 숙박, 음식, 운동, 오락, 휴양 또는 용역을 제공하거나 기타 관광에 부수되는 시설을 갖추어 이를 이용케 하는 업이라고 정의하고 있다.(관광진흥법 2조)

따라서 호텔업은 관광숙박업의 하나로서 "관광객의 숙박에 적합한 시설을 갖추어 이를 관광객에게 제공하거나 숙박에 부수되는 음식, 운동, 오락, 휴양, 공연 또는 연수에 적합한 시설 등을 함께 갖추어 이를 이용하게 하는 업"이라고 정의하고 있다.(관광진흥법 3조 1항 2호 가목)

이와 같은 정의는 호텔은 고객과의 관계가 필연적이기 때문에 호텔이 제공하는 서비스와 상품의 가치가 매우 중요하다는 것을 함의하고 있다. 더구나 오늘날과 같이 고객시장이 다변화되고 그들의 욕구 또한 다양화 되고 있어 호텔로서는 이를 확인하여 부단히 대응하는 마케팅전략이 요구된다.

2. 호텔의 분류

2-1. 일반기준에 의한 분류

그러면, 호텔의 종류에는 어떤 것들이 있는지 알아보자. 호텔의 종류는 호텔규모, 호텔의 위치, 호텔의 경영형태, 손님의 체재기간을 기준으로 다음과 같이 구분하고 있다.[3)]

1) 호텔 규모에 따른 분류

- 작은 규모의 호텔 …… 25실 미만
- 보통 규모의 호텔 …… 25～100실까지의 규모
- 보통 규모 이상의 호텔 …… 100～300실까지의 규모
- 대형 호텔 …… 300실 이상

3) 정경훈 · 박호래, 상게서, pp.18～24.

2) 호텔의 위치에 따른 분류

· 도심지 호텔(city hotel)
· 휴양지 호텔(resort hotel)
· 고속도로 호텔(highway hotel)

3) 경영형태에 따른 분류

⊡ 미국식 경영방법의 호텔(American plan hotel)

1일 또는 1주일 또는 1개월의 통상요금을 실료로 표시하는 방식이다. 즉 실료에 2식 또는 3식의 식료를 사전에 포함하여 요금표를 발표해 놓고 손님이 1식 또는 2식을 하지 않았다 하여 식대를 감해 주거나 공제해 주지 않으며, 균일요금으로 통산하여 받는 방식을 취하는 방법의 호텔을 말한다.

⊡ 유럽식 경영방법의 호텔(European plan hotel)

이것은 객실과 식사요금을 분리하여 받는 경영방식의 호텔이다. 고객에게 식사를 강제로 포함하지 않으며 고객의 의사에 따라 식사는 제공된다. 우리나라 호텔의 대부분이 이에 속한다.

⊡ 혼합식 경영방법의 호텔(Dual plan hotel)

한 호텔 내에서 두 가지 방식을 다 쓰는 호텔 즉 미국식 및 유럽식 경영방법을 혼용해서 손님의 희망에 따라 택하게 하는 경영방식을 택하는 호텔을 말한다.

⊡ 대륙식 경영방법의 호텔(Continental plan hotel)

객실요금에 대륙식 아침식사(Continental breakfast)를 포함시키는데 유럽에서 일반적 쓰여지는 제도이다.

⊡ 버뮤다 경영방법의 호텔(Bermuda plan hotel)

객실요금에 미국식 아침식사(American breakfast)를 포함하여 요금을 징수하는 경영방식이다.

4) 체재기간에 따른 분류

⊡ 상용호텔(Commercial or transient hotel)

이 호텔은 주로 단기체재의 고객을 주대상으로 경영한다. 모든 호텔의 경영형태와 시설 등이 단기체재 고객을 위주로 하고 사업을 목적으로 도시를 왕래하는 여행자들의 숙식에 기여한다는 데 이 호텔의 강점이 있다. 프라이버시가 보장된 개인전용의 객실과 대중시설로서 커피숍, 식당, 라운지 등이 설비되어 있다.

⊡ 리조트 호텔(Resort hotel)

휴양지에 위치하고 있어서 주로 휴양을 즐기고 건강을 회복하고자 일반적으로 장기적으로 체재하고 고객을 위해 발전된 호텔이다. 이 호텔은 주로 해안, 산악, 온천지, 피서지, 피한지 등에 위치하고 있으며 관광수요에 따르는 비수기와 성수기에 따라 호텔의 수입증대가 어렵고 입지적 조건에 따라 시설의 유지・보수가 다른 호텔에 비해 그 훼손도가 높아 상대적으로 경영의 난점을 가져온다는 것이 경영상의 문제가 된다. 휴양목적으로 찾아오는 고객들이므로 종업원과 간부 그리고 경영주가 접대에 대하여 상당히 예민한 반응을 보이게 된다.

⊡ 레지덴셜 호텔(Residential hotel)

이 호텔은 주로 미국에서 발전을 보인 호텔로서 장기체재 숙박객을 위한 호텔이다. 식사와 음료를 제공하는 설비는 다른 호텔과 달리 간소한 정도로 갖추어져 있으나, 객실 서비스는 다른 호텔과 같이 제공된다.

따라서 이 호텔은 객실수입을 위주로 하고 있고 아파트와는 달리 모든 서비스가 제공된다는 점에서 차별화되고 있다.

⊡ 모텔(Motel)

이것은 자동차산업의 발달로 이루어진 것으로 미국에서부터 비롯되었다. 이와 같은 모텔이 발달하게 된 것은 미국의 도로가 잘 정비되어 자동차여행이 왕성하게 되고 렌터카제도가 조직적으로 잘 정비되고, 충분한 주차시설을 갖추어 유리하다는 점 때문이다.

호텔에 비하여 식음료판매가 주가 되고 있고 위치가 교외에 있으며 건축면에서 수평적이라는 특성을 가지고 있다.

5) 특수호텔

위와 같은 분류기준과는 조금 거리가 있지만, 하나의 호텔기능을 수행하는 특수호텔을 보면 카지노 호텔, 컨벤션 호텔, 에어포트 호텔, 시포트 호텔, 인(inn), 팡숑(pension), 유스호스텔, 국민숙사, 로지(Logis), 유로텔 등이 있다.

2-2. 관광진흥법상의 분류

우리나라 관광진흥법에서는 호텔업을 "관광객의 숙박에 적합한 시설을 갖추어 이를 관광객에게 제공하거나 숙박에 부수되는 음식, 운동, 오락, 휴양, 공연 또는 연수에 적합한 시설 등을 함께 갖추어 이를 이용케 하는 업"으로 정하고(호텔의 정의 참조) 그 종류를 다음과 같이 세분하고 있다. (관광진흥법 시행령 2조 2항)

1) 관광호텔업

관광호텔업이란 관광객의 숙박에 적합한 시설을 갖추어 관광객에게 이용하게 하고 숙박에 딸린 음식·운동·오락·휴양·공연 또는 연수에 적합한 시설 등을 함께 갖추어 관광객에게 이용하게 하는 업을 말한다.

2) 수상관광호텔업

수상관광호텔업은 수상에 구조물 또는 선박을 고정하거나 매어 놓고 관광객의 숙박에 적합한 시설을 갖추거나 부대시설을 함께 갖추어 이를 관광객에게 이용하게 하는 업으로서, 수려한 해상경관을 볼 수 있도록 해상에 구조물 또는 선박을 개조하여 설치한 숙박시설을 말한다. 만일 노후선박을 개조하여 숙박에 적합한 시설을 갖추고 있더라도 동력(動力)을 이용하여 선박이 이동할 경우에는 이는 관광호텔이 아니라 선박으로 인정된다.

3) 한국전통호텔업

한국전통호텔업은 한국전통의 건축물에 관광객의 숙박에 적합한 시설을 갖추거나 부대시설을 함께 갖추어 관광객에게 이용하게 하는 업을 말한다. 현재 우리나라에서 운영되고 있는 관광호텔은 대부분 서양식 구조와 설비를 갖추고 있어 외국 관광객이 한국 고유의 전통적 숙박시설을 이용할 수 없는 것이 오늘의 현실이다. 따라서 외국인관광객의 수요에 대처하기 위하여 한국 고유의 전통건강양식에 한국적 분위기를 풍길 수 있는 객실과 정원을 갖추고 한국전통요리를 제공하도록 한 것이 한국전통호텔업이다.

4) 가족호텔업

가족호텔업은 가족단위 관광객의 숙박에 적합한 시설 및 취사도구를 갖추어 관광객에게 이용하게 하거나 숙박에 딸린 음식·운동·휴양 또는 연수에 적합한 시설을 함께 갖추어 관광객에게 이용하게 하는 업을 말한다.

5) 호스텔업

호스텔업은 배낭여행객 등 개별 관광객의 숙박에 적합한 시설로서 샤워장, 취사장 등의 편의시설과 외국인 및 내국인 관광객을 위한 문화·정보 교류시설 등을 함께 갖추어 이용하게 하는 업을 말한다. 이는 2009년 10월 7일「관광진흥법 시행령」개정 때 호텔업의 한 종류로 신설되었다.

Summary

요 약

지금까지 설명한 내용을 요약하면 다음과 같다.

1) 호텔은 관광산업을 구성하는 여러 구성요소의 하나이다.
2) 호텔은 관광객들이 관광목적지에서의 체재를 담당하는 숙박업체이다.
3) 한 목적지에서의 이용가능한 숙박시설의 타입과 규모, 성격은 그곳의 관광의 유형과 규모를 결정한다.
4) 호텔은 여러 가지 기준에 따라 분류되고 그 등급이 결정된다.
5) 호텔의 운영은 객실, 식음료, 기타 부대시설의 이용 등을 통해 이루어지되, 종사원이라고 하는 인적 요소가 중요하다.
6) 호텔상품의 판매는 관광시장(고객)과 연관될 수밖에 없다.
7) 호텔이 고객을 만족시키는 요소는 호텔건물, 서비스, 그리고 종사원이다.

3. 호텔과 마케팅

호텔은 여행자에게는 일시적인 가정인 셈이다. 그러므로 호텔은 그들에게 집과 다름없는 편안함과 즐거움 그리고 환대성 높은 분위기를 제공하여야 하고, 그들에게 제공하는 객실과 식음료는 독특하면서도 질 좋은 서비스를 동반해야 한다. 호텔은 이러한 서비스를 제공하고 그들로부터 대가를 받아 이윤을 추구하는 기업이다.

오늘날 모든 기업의 공통된 과제는 그 기업이 산출한 상품을 이용하는 고객을 발견하는 일이다. 아무리 좋은 물건을 만들고 판매하고자 하지만, 소비자가 이를 외면하거나 정확한 소비자를 발견하지 못할 때 판매는 이루어지지 않으며 판매가 없으면 결과적으로 기업은 이윤을 얻을 수 없다.

앞에서 우리는 호텔산업의 발전과정을 보았지만, 초기의 호텔은 어느 특정계층을 상대로 하였다기보다 여행자가 있으므로 여인숙이 있었던 것과 같다. 그러므로 그것은 여행자의 편의나 안락함보다는 주인이 숙박시설을 만들어 내놓은 것과 다름없다. 그만큼 생산자 중심(Production - orientation)이었다.[4] 이와 같은 상황에서 여행자도 늘고 호텔도 늘었다고 할 때

4) 현대마케팅 개념은 생산자중심, 판매중심, 마케팅중심, 인간중심으로 변천해 왔다.

필연적으로 경쟁이 생겨나서 호텔로서는 판매의 중요성을 인식하게 되고 기업은 이익을 얻기 위해서는 판매의 경쟁을 초래한 것이다. 판매중심(Sales - orientation)의 시대인 것이다. 따라서 이 시대의 최고의 목표는 매출지상주의였다.

그러나 이러한 판매지상주의는 곧 한계를 보여주었다. 판매만으로 경쟁을 이기는 데는 많은 무리가 따를 뿐 아니라 그러한 판매가 기업에 이익을 주는 판매만은 아니었기 때문이다. 여기서 우리는 기업경영상 매우 중요한 사실을 발견하게 된다. 지금까지의 생산자중심의 사고방식에서 소비자중심의 생각으로 전환된다는 사실이다. 생산중심이나 판매중심의 기업활동은 그 상품의 이용자인 소비자(consumer)에 대한 이해를 소홀히 했다는 한계를 가진 것이었다.

따라서 현대기업경영의 출발점은 고객에 대한 이해로부터 시작되지 않으면 안 된다. 고객이 가지고 있는 욕구와 필요(needs and wants)를 알아내어 이 욕구와 필요를 충족시킬 수 있는 노력을 기울여야 한다. 특히 호텔은 여행객들이 숙박을 해결해 주고 그들의 관광활동을 만족시키는데 결정적 역할을 하는 곳이므로, 그들의 욕구와 필요에 대한 철저한 조사와 이해가 필수적일 수밖에 없다. 그러므로 호텔마케팅을 간단히 정의하면 다음과 같이 말할 수 있다.

"호텔마케팅은 고객이 바라고 필요로 하는 것을 찾아내어 그것을 고객에게 팔아 이익을 얻는 것이다".[5)]

마케팅은 전통적으로 재화를 소비자에게로 이동시키는 것이었다. 소비자가 원하는 재화를 그가 원하는 시간에 제공하고 이 재화를 돈과 교환하는 기업활동인 것이다. 호텔마케팅은 실제적으로 이런 재화의 이동이 불가능한 것이므로 실제로는 고객이 재화(호텔)로 이동하지 않으면 안 된다.

그러므로 이것은 상품화개념 이상인 것이다. 거리가 떨어져 있으니까 호텔상품과의 제2, 제3의 접촉이나 경험을 통해서 미리 판매되지 않으면 안 된다. 이것은 직접검토 이상의 세일즈맨십을 요구하고 고객에게 여행경험을 파는 사람들에 의해서 고객에 대한 보다 많은 지식을 요구하는 것이다. 그러므로 마케팅은 고객을 연구(people study)하는 것이며 고객의 욕구

5) C. Dewitt Coffman, *Marketing for a Full House* (Ithaca, New York : Cornell University, 1984) p. 3.

가 가장 우선되는 것이다.

호텔마케팅의 기본개념을 요약 정리하면 다음과 같다.6)

① 호텔마케팅은 고객지향(Customer - orientation)의 원리이다.
② 호텔마케팅은 이윤지향(Profit - orientation)의 원리이다.
③ 호텔마케팅은 통합과 조정(Integration coordination)의 원리이다.

호텔 마케팅이 고객지향의 원리를 바탕으로 한다는 것은 고객의 필요와 욕구를 가장 우선적으로 생각하며 그 욕구의 충족을 최대의 목표로 한다는 것이다. 그러한 고객의 욕구가 충족되면 결과적으로 고객은 소비자의 만족(Consumer satisfaction)을 낳게 되고 고객은 자기의 욕구를 충족시킨 상품을 반복해서 구매하게 된다. 따라서 그 상품에 대한 충성도(loyalty)가 생겨 애용하게 되면 결국은 호텔은 장기적 이익을 확보하게 되는 것이다.

호텔은 고객이 필요로 하는 것을 팔아 이윤을 추구하는 기업이다. 호텔이 기업인 이상 이윤을 추구해야 한다는 것은 지극히 당연하다. 그러나 그러한 이윤의 추구는 고객의 욕구의 충족을 통해서 이루어져야 하며 호텔상품의 판매는 호텔에 이익을 주는(profitable sales volume) 것이어야 한다. 말하자면 투입된 비용이 적고 산출된 판매가 많아야 하는 생산성에 기초해야 한다.

기업이 장기적 이익을 확보하기 위해서 선택할 수 있는 수단은 판매량 증대와 생산성향상이다. 판매량 증대를 위해서는 시장을 확대하거나 시장을 심층화하는 전략이 필요하지만, 그 어느 것이든 고객의 욕구와 그 충족이 대전제가 되는 것이다. 생산성향상을 위해서는 원가를 절감하는 방법, 가격을 인상하는 방법, 판매믹스를 개선하는 방법 등을 생각해 볼 수 있다.

통합과 조정의 원리라고 하는 것은 호텔의 모든 기능들이 시장(고객)을 상대함에 있어 통합되고 조정되어야 함을 말한다. 호텔경영을 위해서는 많은 기능들이 참여하고 있다. 생산적 기능, 재무적 기능, 판매적 기능, 인사적 기능들이 그것이다. 이러한 나름대로의 역할은 호텔기업의 목표를 달성하기 위해서 하나로 통합되고 조정되어야 함을 말함이다. 부분적 기능이 통합되어 전체가 하나로 될 때 훨씬 큰 힘의 발휘가 가능하기 때문이다.

---

6) 최태광, 관광마케팅{개정신판}, (서울 : 백산출판사, 1995), p. 3.

따라서 호텔의 마케팅은 시장을 상대함에 있어 각 부서가 제 각각 따로 노는 접근방법이 아니라 전사적으로 각 부서가 동참하는 기업활동의 원리어야 하는 것이다. 바로 이 점이 마케팅과 판매(selling)의 차이라고 할 수 있다.

더구나 현재 일고 있는 경제적·사회적 및 정치적 추세는 호텔서비스에 대한 앞으로의 수요에 미치는 영향이 대단히 클 수 있기 때문에 한 호텔이 시장에서 경쟁적으로 스스로를 자리매김하기 전에 확인해야만 한다. 이러한 추세로서는 컴퓨터, 유통방법, 매체계획, 경쟁, 고객의 선호도 그리고 제품세분화 등을 들 수 있다.7)

호텔산업에 영향을 주는 제일가는 추세는 컴퓨터의 사용이다. 최신 컴퓨터기술은 중앙집중식 예약시스템을 개혁하였으며, 호텔로 하여금 객실예약을 즉각 확인할 수 있도록 여행사 및 항공사 예약 시스템과 직접 연결을 도모하였다.

컴퓨터는 또한 현재고객과 미래고객에 대한 마케팅 데이터베이스를 만들어 내는데 있어서, 판매노력을 관리하는데 있어서, 그리고 개별판매 서신을 발송하는 등 다양한 영역에 걸쳐 중요한 역할을 하고 있다.

컴퓨터기술은 조사정보를 관리하는데, 월별 보고서를 작성하는데, 그리고 판매노력을 계획하는데 필요불가결한 도구이다.

호텔객실의 유통방법도 고려해야 할 또다른 요소이다. 컴퓨터는 물론 객실예약에 중요한 역할을 해왔다. 즉 여행계획이 점차 복잡해짐에 따라 여행사와 항공사 시스템을 통한 컴퓨터 예약제도가 증가하고 있다. 그러나 새로운 유통기술은 제 3자인 공급자에게 국한되지는 않았다. 소비자가 직접 연결하는 기술이 개발하고 있어서 고객은 홈텔레비전에 연결된 교환케이블 시스템을 통하여 집에서 편하게 앉아 항공편과 객실 패키지를 구매하는 일이 가능하게 될 것이다. 고객들은 이미 가정에 있는 컴퓨터 터미널로 쉽게 접근할 수 있는 데이터서비스와 공항에 있는 데이터 뱅크를 통해서 호텔정보를 직접 알아볼 수 있다.

매체계획도 호텔판매에서 중요한 역할을 하고 있다. 지난 10년 동안은 총지배인은 매체선택권이 거의 없어서 지방신문에 광고를 내거나, 아니면

7) Jame R. Abbey, *Hospitality Sales and Advertising* (East Lansing : Michigan : AHMA, 1989), pp.7～13.

전국 규모의 독자층을 가진 잡지에 광고를 내거나, 아니면 라디오 스폿광고를 할 수가 있었다. 그러나 오늘날은 폭넓은 다양한 인쇄매체와 방송매체가 이용가능하다. 일반잡지 뿐만 아니라 여러 가지 특별 전문잡지, 업계저널, 소비자 간행물이 이용가능하다. 방송에 있어서는 텔레비전이 보다 중요한 역할을 하고 있다. 호텔업자는 산업텔레비전 협찬을 선택할 기회가 있으며, 케이블 텔레비전 선택권도 많다. 이같이 폭넓은 매체선택과 더불어 청중은 더욱 적어져서 근접광고를 할 필요가 생겨났다. 그러므로 마케팅담당자들은 전에 한때 규범처럼 되었던 전국적 방송전략을 구사하기 보다 특수시장에 소구하는 광고와 촉진을 개발하지 않으면 안 된다.

오늘날의 시장에서는 경쟁의 변화를 고려해야 한다. 소규모 독립적인 운영을 하던 시절은 끝났다. 더 많은 호텔들이 거대한 체인과 경쟁하기 위하여 지점을 설치하려 하고 있다.

체인의 권위와 구매력뿐만 아니라 오늘날 호텔업자들이 당면한 다른 경쟁요인들이 있는데, 하나는 전에 느끼지 못했던 외국의 영향이다. 수십 년 동안 국제사회는 미국의 호텔개발을 위한 옥토였지만 오늘날 많은 외국투자가들이 미국호텔업계를 파고들고 있다.

이러한 추세는 소규모 혹은 독립업체에 크나큰 영향을 주었다. 몇몇 독립업체로서는 큰 업체와 경쟁하는데 필요한 재정력을 얻을 수 있고 건실한 영업기반을 가지고 있다면 존재할 수 있지만, 다른 독립업체들은 고객층에 의존하거나 컨소시엄에 가입하면 살아남을 수가 있게 되었다. 고객의 취향도 바뀌고 있다. 오늘날의 고객들은 보다 영리해지며 정보도 많이 얻어서 추구하는 바가 무엇인지를 정확히 알고 있다. 이러한 노련한 여행자들은 가치를 우선하고 있지만, 서비스와 위락이라는 것도 역시 중요한 것이다. 뿐만 아니라 여행자 대부분은 같은 체인의 다른 호텔에 투숙할 때도 같은 형태의 경험을 추구하고 있다.

고객이 선호하는 호텔의 타입은 여행동기, 예산, 기타 다른 요인에 따라 달라질 것이지만, 모든 고급호텔이나 2급호텔이나 모두가 수용되고 성장한다는 것은 흥미 있는 일이다. 그러나 2급호텔에서도 고객들은 이 이상 더 제한적 서비스를 받아들이지 않는다. 흑백 텔레비전이 컬러로 바뀌고 지역내 무료전화와 컨티넨탈 아침식사를 제공하는 호텔이 늘어났으며 실내영화와 실내근무영역이 가치를 의식하는 비즈니스 여행자들을 유치하려고 추가되었다.

고객의 취향이 변하고 새로운 시장이 추가되어(예를 들어 여성업무 여행자, 노령층 여행자 등) 호텔은 목표시장을 재평가하지 않을 수 없게 되었고 보다 경쟁적으로 재편되었다. 이것이 오늘날 아마도 가장 중요한 추세가 되는 재품세분화로 이어지게 되었다.

제품세분화는 하나의 특별시장을 위해서 호텔을 설계하거나 건축하거나 또는 마케팅하는 것을 말하는데, 이것은 물론 전혀 새로운 것이 아니다. 호텔산업은 전통적으로 세 종류로, 즉 고급(luxury), 중간(mid - price) 그리고 저렴(budget)한 호텔로 분류되어 왔으나, 지금은 이와 같은 분류 중에 또 다른 분류가 있어 호텔들은 다른 경쟁호텔과 스스로를 구별하기 위해 브랜드 이미지와 이름을 만들고 있다.

오늘날 제품세분화는 세 가지 기본형태가 있는데, 틈새 마케팅, 호텔내 호텔, 고급호텔이 그것이다.

틈새 마케팅(Tier Marketing)은 다양한 취향과 예산을 가진 시장 수가 점차 증가되고 있다는 것을 호텔이 인지했을 때 생겨난 것이다. 이렇게 호텔이 갑작스럽게 다양화되는 데는 다음과 같은 여러 가지 이유가 있었다.

① 적극적인 성장계획의 목표를 달성하기 위하여는 추가시장을 목표로 할 필요가 있었다는 것을 몇몇 체인호텔이 인정했다는 점
② 체인내의 호텔 가운데에도 시설, 가격, 서비스의 차이를 확인할 필요가 있었다는 점
③ 소비재 판매에 오랫동안 사용되었던 전략인 “제품 충성도”를 고객들에게 심어 주려고 체인들이 시도했다는 점
④ 고급호텔과 2급호텔에 대한 추세가 있었다는 점
⑤ 많은 중간가격 호텔이 연륜과 조건때문에 경쟁하기가 어렵다는 것을 인식하고 있었다는 사실

많은 호텔들이 가능한 한 많은 시장에 도달하려고 다양화해짐에 따라서 한 체인으로서는 호텔간의 차이를 명백히 하는 것이 중요하다. Radisson호텔 체인은 호텔을 구별하기 위해 호텔마다 다른 이름을 사용하고 있다. 이

와 같은 호텔들은 별도로 촉진되지마는 Radisson이라는 브랜드 충성도를 만들어 내도록 촉진되고 있다.

제품세분화는 다른 타입의 호텔을 짓거나 얻는 체인에만 한정되고 있지는 않다. "호텔 내 호텔"이란 콘셉트가 인기를 얻었으며, 특히 클럽이나 전용층을 가지고 있는 것을 높이 평가하는 고급호텔 고객에게는 그랬다. 쉐라톤과 힐튼은 Tower Section을 제공하고 있고 하얏트는 Regency Club을, Mariott는 Concierge level을 제공하고 있다.

고급호텔은 호텔산업의 핵심부가 되었으며, 전통적인 호텔에서 사용하지도 않는 별도의 시설(라운지, 수영장, 헬스클럽)에 대해서 돈을 지불하길 원치 않는 가치지향적인 여행객에게는 물론 체재연장 기간 중 스위트가 제공하는 별도의 안락함을 즐기는 여행자에게도 어필하고 있다. 다양한 욕구를 해결하기 위해서 고급호텔들은 고객에게 회의시설, 식당, 레크리에이션시설을 제공하는 완벽한 리조트 같은 호텔에서부터 가치지향적인 여행자들에게 가정의 평안함을 제공하면서도 별도의 시설을 갖춘 호텔에 이르기까지 다양하다. 많은 고급호텔에서는 객실료의 일부로 컨티넨탈 아침식사나 주문에 따라 요리하는 아침식사를 제공하고 있으며, 풀코스식당도 고객의 편의를 위해서 가까운 곳에 위치하고 있다.

호텔서비스의 수요에 영향을 미치는 이 모든 추세로 볼 때 호텔은 옛날의 호텔들과 같은 방식으로 기능할 수 없다는 것은 명백하다. 경쟁은 더욱 심화되고 몇 번의 광고를 게재하고 몇몇 판매원들을 판매방문에 내보내고 객실과 업장을 채우기 위해서 구전광고(Word - of - mouth)에만 의존하는 것은 부적절하다.

오늘날과 같은 도전적인 시장은 불과 몇 년 전에는 들어보지도 못한 집중적인 마케팅과 판매노력을 요구하고 있다.

Summary

요 약

지금까지 우리가 호텔기업과 마케팅의 관계를 살펴본 바를 정리하면 다음과 같다.

1) 호텔마케팅의 기본은 고객의 필요와 욕구를 우선하며 그 충족을 지향한다.
2) 호텔은 이윤을 추구해야 하되, 고객이 필요로 하는 것을 판매한다.
3) 호텔마케팅은 기업경영의 최고 원리이며 그것은 통합과 조정된 노력을 의미한다.
4) 호텔의 장기적 이익의 확보는 판매량 증대와 생산성 향상을 통해 이루어진다.
5) 호텔마케팅은 고객에 대한 연구이다.
6) 호텔마케팅은 제조업 마케팅보다 다른 특성을 가지고 있다.
7) 컴퓨터, 유통방법, 매체계획, 경쟁, 고객의 선호도 그리고 제품세분화 등이 호텔산업에 영향을 미치는 새로운 추세이다.
8) 제품세분화는 하나의 특별시장을 위해서 호텔을 설계하거나 건축하거나 또는 마케팅하는 것을 말한다.
9) 시장은 급변하고 도전적이 되어 전에 없던 집중적 마케팅 및 판매노력을 요구하고 있다.

Hotel Marketing

제2장 관광시장에 대한 이해

1. 관광시장의 결정요인

1-1. 관광수요시장의 결정요인

1) 경제·사회적 결정요인

호텔마케팅의 기본은 고객의 욕구나 필요에 대한 충족이 최대 과제이다. 그렇다면 그것은 주요 호텔이용자가 되는 관광객들에 대한 철저한 이해가 필요하다는 것을 의미하는 것이다.

가장 먼저 주목해야 할 것은 관광시장은 어떻게 이루어지는가이다. 관광시장을 구성하는 결정요인은 관광수요자들의 사회·경제적인 결정요인과 그들의 관광동기 그리고 관광공급적 결정요인에 의해서 결정된다.[1)]

관광수요자들의 사회·경제적 결정요인(Socio-economic determinants)이라 함은 사람들이 여행을 할 수 있게 하는 경제적·사회적 여건의 조성을 말한다. 말하자면 관광수요자들의 ① 생활수준과 ② 인구의 집중도, 그리고

1) Burkart and Medlik. *Tourism, Past, Present and Future,* 2nd ed., (London : Heinemann, 1976), pp. 53~56.

③ 인구의 구조 등에 따라 관광을 가능케 하는 여건이 달라진다는 것이다.

관광수요자들의 생활수준이라는 것은 그들의 여행을 가능케 하는 가장 큰 요인으로서 그들의 수입의 정도가 어느 정도인가, 휴가제도의 보급이 어떠한가, 자동차 대수를 포함하는 기동성의 정도는 어떠한가를 그 내용으로 한다. 일반적으로 수입이 높으면 관광에 대한 수요가 높아지며 고소득층일수록 장거리여행을 하게 되며 여행경비의 지출도 높고 여행형태도 주부 또는 가족중심의 여행을 선호하게 된다. 관광의 내용도 고소득층은 동적 관광이나 동적·정적 관광의 복합형을 선호하게 되나, 저소득층은 정적 관광을 선택하게 된다.

휴가제도의 보급은 관광수요에 영향을 미치는 또 한 가지 중요한 요소이다. 한 관광목적지를 관광하려는 관광수요(tourist demand)는 관광을 갈 수 있는 경제력과 관광동기 그리고 관광을 갈 수 있는 여가시간에 비례한다. 휴가의 권리가 보장되고 여행과 관광의 자유가 향유될 때 시민들은 관광을 통하여 자신의 환경에 대해 알게 되며 국가의 주체성과 자신을 동족과 결합시키는 연대감을 느낄 수 있고 문화와 국민에 대한 소속의식을 느끼게 되는 것이다.

관광수요자들의 기동성은 이른바 여행거리와 상관되는 것이다. 교통망은 세계를 하나의 마을로 만들어 버린 것이다. 미국에서 급속히 확산된 모텔의 경우는 자동차여행과 밀접한 관련이 있는 것이다.

인구의 집중도는 관광시장의 여행성행(propensity to travel)과 관련되는 것으로 한 지역의 인구집중도는 여행잠재수요를 가늠하는 척도이다. 일정 연령 이상의 전체국민 중에서 연 1회 이상의 휴가여행을 실시하는 국민들의 참여비율을 전체국민의 여행성향이라 말하는데 이것은 농촌지역보다 도시화된 지역이 훨씬 높다. 그러니까 이 여행성향은 관광수요를 측정할 수 있는 한 가지 척도가 될 수 있고, 호텔로서는 목표시장의 선별과 판매전략 수립을 위해서도 중요한 의미를 가진다고 할 수 있다.

인구의 구조가 고려의 대상이 되는 것은 수요자들의 인구학적 특성과 관련되는 것이다. 인구의 성별, 연령, 결혼상태, 학력, 수입, 종교 등에 따라 관광수요의 특성이 다르게 나타나기 때문에 어떤 인구학적 특성을 가진 사람들이 우리 호텔의 고객이 되고 있는가를 알고 있는 것은 그만큼 호텔마케팅 활동에 기초가 되는 부분이다.

대체로 젊은 층의 여행추세는 개별여행, 소규모 단체여행을 좋아하며 자신이 의도하는 여행을 기획·실시하면서 모험적인 동적 관광을 선호하여 산악이나 해변지가 주요 대상이 되는 반면, 성인층은 활동적인 관광보다는 휴양지 체재형이 대부분이고 소비성이 크고 특별기호 관광을 선호하며 행동범위도 넓고 다양하다.

2) 관광동기

관광여행을 하는 사람에게는 나름대로 그 여행을 떠나는 이유가 있게 마련이다. 그것이 분명하게 하나의 동기일 수도 있고 또는 여러 개의 동기가 복합된 경우일 수 있겠지만, 아무런 동기 없이 관광여행을 떠나는 것은 상상하기 어렵다.

그러나 관광동기란 다분히 주관적이요 심리적인 것이기 때문에 관광동기의 분류에도 많은 사람들이 많은 동기를 제시하고 있다. R. 글릭스만은 관광객 스스로 여행하려고 하는 관념적인 것과 어떤 곳에 여행하지 않을 수 없는 물리적 동기가 있는 것으로 설명했다.

관념적인 것이라 함은 조용함을 추구하는 심리적 원인과 견문을 확대하고 싶은 정신적 원인에서 여행함을 말하고, 물리적이라 함은 건강을 위한 신체적 원인 그리고 일거리를 찾으려는 경제적인 원인으로 여행함을 말한다.

다나카기이찌는 관광동기를 분류하기를 심정적 동기(사향심, 교유심, 신앙심 등), 정신적 동기(지식욕구, 견문욕구, 환락욕구 등), 신체적 동기(치료욕구, 요양욕구, 운동욕구 등), 경제적 동기(쇼핑목적, 사용목적) 등으로 분류하였다.

클라우드카스파 교수는 관광동기를 신체적 동기(위락, 치료, 스포츠), 심리적 동기(무료감 탈피, 휴식, 사교 등), 대인적 동기(친구, 친척방문, 교유, 도피주의 등), 문화적 동기(타지견학, 예술탐방, 종교심 등), 지위 및 위신에 관한 동기(자기계발, 인정, 평가욕구) 등으로 분류하였다.[2)]

Salah Wahab는 관광동기를 분류하면서 관광을 가려는 사람들의 주체적

2) Claude Kaspar, *Die Fremdenverkehrslehre im Grundriss* (Bern : Verlag Paul Haupt, 1975), S. 32.

동기와 외부에서 주어지는 객체적 동기 때문에 관광여행을 하는 것으로 분류하고 있다.[3]

주체적 동기라는 것은 여행자 자신이 관광을 가도록 느끼는 것을 말하는 것으로 친구 및 친척방문, 권위적 태도, 모방과 유행심, 개인적 선호, 종교심, 관광선전, 경제적 조건 등에서 연유되는 동기를 말하는 것이다.

한편, 객체적 동기라는 것은 여행자 자신에 의해서가 아니라 외부로부터의 조건이나 대상때문에 여행을 가게 되는 것을 말하는 것으로 관광자원 및 관광시설의 매력성이 대단히 높다던가, 출입수속이나 세관검사가 간편해졌다던가, 외국인에 대한 태도가 환대성이 높다던가, 목적지에서의 정치적 안정성이나 자유의 범위가 넓다던가, 관광지로부터 거리가 가깝다던가 하는 지리적 조건 등에 의해서 여행을 가게 되는 경우를 말한다.

관심을 가질 만한 또 한 가지 연구는 Stanley Plog가 한 것이다. 그는 관광객들의 소득과 관광욕구 등이 관광목적지 선호에 미치는 여행을 연구하면서 Allocentric그룹과 Psychocentric그룹이라고 하는 확연히 구분되는 행동특성을 제시했다.[4]

Allocentric그룹은 대체로 성공을 거둔 자신감 넘치는 고소득자들이며 이들은 여행빈도가 높다는 것이다. 또한 새로운 경험을 통해서 무엇인가 발견하고 싶은 욕구를 충족시킬 수 있기를 바라며, 그 때문에 인적미답의 여행목적지를 선호하는 경향이 있으며 새로운 사람들을 만나고 낯선 문화를 탐구하는 일에 높은 관심을 보여주는 다양한 관광활동을 추구하는 부류라는 것이다.

반면 Psychocentric그룹은 자신감이 없으며 일반 세속일에 종사하는 저소득층으로서 이미 잘 알려진 여행목적지로 여행하는 안전을 추구하는 그룹이라는 특성을 가진다는 것이다.

그에 따르면 대부분의 관광객들은 중간형(midcentric)으로 이들은 비용이 적게 드는 저렴한 여행을 택하며 널리 알려진 목적지로 자주 가며 잘 알려진 음식과 체인타입의 호텔을 좋아한다는 것이다.

---

3) Salah Wahab, *Tourism Management* (London : Tourism International Press, 1975), p. 11.

4) Stanly Plog, "Why Destination Area Rise and Fall in Popularity" *The Conell and Restaurant Administration Quarterly,* Vol. 14 No. 4 (Feb, 1974), pp. 55~58.

이와 같이 관광동기는 여러 가지로 분류되고 있으나, 중요한 것은 여행자들의 여행이 한 가지 동기에 의해서만 이루어지는 것이 아니라 복합적이고 다중적인 동기에 의해서 이루어진다는 것이다. 예를 들면 사업상 어떤 지역을 방문했다 하더라도 틈나는 시간에 그곳에 명승지를 구경할 수 있는 것이고, 친구 및 친척방문일지라도 그 곳의 독특한 축제를 함께 구경하고 싶은 욕구는 얼마든지 있는 것이다. 그러므로 여행시장의 구분이나 관광동기의 분류라는 것은 실제로 복합적인 동기 가운데서 어느 것이 더 지배적이냐를 구분짓는 것이라고 해도 좋을 것이다.

그러므로 관광시장에 대한 이해라는 것은 여행자들의 이러한 복합적 동기 가운데서 가장 지배적인 동기를 찾아내어 그에 걸맞은 마케팅전략을 구사한다는 의미라고 할 수 있다.

그런데 이러한 사회경제적인 결정요인과 관광동기에 의해서 생겨난 자생적 관광시장, 즉 관광수요시장은 다음과 같은 몇 가지 특성을 보이고 있어서 마케팅담당자로서는 상당한 주의를 기울일 필요가 있다.5)

관광수요가 보여주는 첫 번째 특성은 탄력성(elasticity)이다. 이것은 시장의 여러 가지 경제적 여건의 변화와 가격구조의 변화에 따른 수요의 변화를 의미한다. 그러니까 관광수요란 수입상의 탄력성을 나타내는 한편 비용(cost)에 대한 탄력성을 나타내고 있는 것이다. 따라서 우리는 관광가격 증가와 소요감퇴 사이에서 오는 상관관계를 알아야 하는 것이다.

이러한 탄력성은 비교적 새로운 관광목적지와 아직 유행되지 못한 관광목적지에서 더욱 심하게 나타난다. 이러한 신 관광지가 일단 관광목적지로 보편화되면 이 관광수요 탄력성은 줄어들게 되지만, 그 가격이 시장가격 결정만큼 증가하면 다시 나타나게 된다.

두 번째의 특성은 민감성(Sensitivity)이다. 관광수요는 사회·경제적인 여건과 여행패션에 지나치게 민감하다. 정치적 불안이나 사회적 동요가 있는 패션에 지나치게 민감하다. 정치적 불안이나 사회적 동요가 있는 관광목적지는 아무리 저렴한 가격이 제공되더라도 관광객에게 좋은 매력을 줄 수가 없다. 불건전한 환경으로 인하여 관광객들이 환영받을 수 없다는 생각때문에 관광객 이동추세는 매우 부정적이 되고 마는 것이다.

5) Salah Wahab, *Op. cit.*, pp. 93~95.

세 번째 특성은 관광수요의 확대성(expansion)이다. 관광수요는 다음과 같은 요인에 의해서 앞으로 더욱 확대될 것으로 기대되고 있다.

· 기술 및 과학의 발전에 따라 교통운수기관이 발달된다.
· 대량정보매체로 인해서 여행에 대한 관심도가 높아진다.
· 경제적 발전에 의해 많은 국민들의 관광참여가 확대된다.
· 여가시간이 증대된다.
· 공업화로 인하여 공해를 탈피하고자 하는 행위를 추구하게 된다.
· 기후 및 환경요인이 변화된다.
· 폭넓은 관광상품이 개발되어 국제관광이 쉬워진다.
· 자동차의 보급으로 기동성이 확대된다.

네 번째 특성은 관광수요의 계절성(seasonality)이다. 이것은 관광송출국의 기후조건과 학교방학 등과 같은 제도적 요인에 의해 생기게 되어 관광수요가 특정계절이나 요일에 집중케 되어 자연히 관광수요는 성수기와 비수기로 구분되고 있다.

관광수요의 계절성은 결국 관광공급에 영향을 주기 마련이며 관광공급이라는 측면에서 보면 관광수요와 공급을 어떻게 조절할 것이며 그에 따른 수용력을 어떻게 확보할 것인가, 적정한 인력을 어떻게 수급할 것인가, 적정가격선을 어떻게 유지할 것인가 하는 경영상의 문제를 야기시킨다. 이것이 바로 호텔경영의 문제이며 마케팅의 주요 과제가 되는 것이다.

이와 같은 관광수요는 한 관광목적지와 관련시켜 볼 때 그 관광지를 찾는 실제수요의 총체는 사람(men), 경제력(finance), 여가시간(time), 여행욕구(willingness to travel)와 정비례하며, 그곳이 갖는 저해요인과는 반비례한다는 것이다. 즉 관광지가 너무 먼 거리에 위치해 있다던가, 관광객 수용시설이 부족하다던가, 정치적 불안이 있다던가, 경쟁이 너무 심하던가, 아니면 관광지로서의 이미지가 대단히 나쁘다면 그 관광지를 찾으려는 관광수요는 감소하기 마련이라는 것이다.

다시 말해서 한 관광지를 찾게 되는 관광수요는 사회경제적 결정요인과 관광동기가 우선 주요 결정요인이 되지만, 상대적으로 볼 때 찾고자 하는 방문지가 갖는 매력성이 관광객의 구매결심에 큰 영향을 주게 된다고 할 수 있다.

요 약

지금까지의 내용을 요약하면 다음과 같다.

1) 효과적인 호텔마케팅을 위해서는 관광시장에 대한 이해가 필수적이다.
2) 관광시장은 ① 사회경제적 요인, ② 관광동기, ③ 공급적 결정요인에 의하여 결정된다.
3) 관광수요자들의 사회경제적 결정요인에는 ① 생활수준, ② 인구의 집중도, 그리고 ③ 인구의 구조 등이 있다.
4) 생활수준이라 함은 사람들의 수입의 정도, 휴가제도의 보급, 기동성 등을 말함이다.
5) 인구의 집중도가 높은 곳에서는 높은 여행성향을 나타내며 인구의 구조는 인구학적 특성에 따라 관광수요의 특성이 달라진다는 점에서 중요한 의미가 있다.
6) 관광동기란 관광을 가려는 욕구가 인지되어 동기화된 것을 말하며, 학자들의 분류도 다양하지만, 신체적 동기, 심리적 동기, 대인관계적 동기, 신분 및 지위에 관한 동기, 문화적 동기 등이 공통된다.
7) 관광을 한 가지 동기에서라기보다 복합적 동기에서 이루어지는 것으로 볼 수 있다.
8) 사람들의 사회경제적 요인과 관광동기가 결합되면 자생적(自生的) 관광수요시장이 형성되게 된다.
9) 관광수요는 동일하기보다 이질적인 특성을 갖는다.
10) 관광수요는 탄력성, 민감성, 확대성, 계절성이라는 특성을 가지고 있다.

1-2. 관광공급시장의 결정요인

관광수요시장의 결정요인으로 사회·경제적 결정요인과 관광동기가 있을 때 관광수요시장이 생겨나게 된다. 결국 이들은 관광을 가려는 욕구에 의해서 관광욕구를 충족시킬 수 있는 대안을 찾아 평가하고 마침내 관광을 가려는 의사결정을 하게 되는 것이다.

이렇게 되면 이러한 관광욕구의 충족을 위한 관광목적지의 관광매력이나 시설 등이 또 하나의 중요한 관광시장을 구성하게 되는 것이다. 그러므로 관광공급시장의 결정요인이라는 것은 관광수요를 수용하여 이를 충족시킬 수 있는 유형·무형의 대상의 집합이라고 할 수가 있다. 즉 한 관광지가 관광객을 유치할 수 있도록 갖추어진 준비상태인 셈이다.

1) 관광지(매력성)

한 관광지가 관광목적지로서 갖추어야 할 요건은 관광매력성(attractions), 접근성(accessibility), 관광수용성(amenities)이다. 그러나 한 관광지가 관광목적지로서 성공할 수 있는가는 ① 관광수요시장을 상대하는 매력적인 관광상품이 개발되어 있는가, ② 시장가격과 관련해서 관광목적지가 가질 수 있는 가격상 우위가 있는가, ③ 관광수요시장을 상대로 해서 강력한 촉진활동이 전개되고 있는가의 여부에 달려 있다.[6)]

따라서 관광공급적 측면에서 볼 때 관광지가 가지는 관광매력은 가장 중요한 결정요인이 된다. 관광매력은 다르게 표현하면 관광자원이다. 한 관광지가 가지고 있는 관광욕구를 충족시킬 수 있는 유형·무형의 관광대상이 곧 관광자원이며 그곳의 지리, 지형, 기후, 경관, 희귀 동식물, 사용언어, 사고방식, 문화, 민속, 축제, 역사, 유적은 물론이고 관광지에 있는 기반시설 및 수용시설, 산업 및 주민경제, 식음료, 교통운수시설들이 모두 해당된다. 특히 그 관광지가 갖는 문화적 배경은 그곳 관광진흥의 기초가 되는 것으로서 그 지역관광의 특색과 유형과 규모를 규정짓는 매우 중요한 역할을 하는 부분이다.

관광자원의 분류는 학자에 따라 여러 가지로 분류되지만, 관광자원을 자연적 관광매력(site attraction)과 행사매력(event attraction)으로 분류했을 때 관광지에서 개최되는 특별행사들이 새로운 관광매력을 창출해서 지역관광마케팅(destination marketing)에 훌륭한 기여를 할 수 있다는 사실에도 마케팅담당자들은 주목해야 할 필요가 있다. 호텔도 이러한 매력과의 연대를 통해서 보다 훌륭한 상품을 구성·판매할 수 있음은 말할 것도 없다.[7)]

2) 관광시설(수용성)

관광공급시장의 또 하나의 결정요인은 교통운수, 숙박, 위락시설을 포괄하는 수용성이다. 교통운수시설은 관광의 본질상 이동을 전제로 하고 있기

---

6) Carl Duisberg Gessellschaft, *Tourism Management Seminar Script* (Jun/July, 1979), p. 12.

7) 호텔은 지역관광과의 페키징을 통해서 훌륭한 상품은 구성할 수 있다. 자세한 것은 5장 4절 참조.

때문에 필연적으로 시간과 공간의 개념을 그 전제로 한다. 그러나 그 이동은 ① 어느 방향으로 이동하는가 하는 이동의 방향, ② 무엇으로 이동하는가 하는 이동수단, ③ 어디에 도착할 것인가 하는 종착점을 필요로 하기 때문에 여러 곳에서 그곳 관광지로 갈 수가 있어야 하고 그곳에 갈 수 있는 교통수단이 있어야 하며, 관광목적지에서는 이러한 관광이동수단을 충분히 수용할 수 있는 공간이 있어야 한다.

또한 한 관광지를 방문하고 싶은 관광수요는 그 관광지까지의 거리와는 함수관계는 있기 때문에 이동의 거리가 너무 먼 곳이면 그곳을 방문하고자 하는 욕구는 감소된다. 이런 관점에서 교통운수시설이 ① 가격면에서, ② 편수(frequency)면에서, ③ 속도(speed)면에서 어떤 상태로 준비되어 있는가가 매우 중요하다. 한 관광목적지가 가지고 있어야 할 접근성의 이점이 중요한 관광지 공급결정요인이 되는 것이다.

숙박시설과 위락시설은 관광목적지가 갖추어야 할 가장 기본적인 요건이다. 그러므로 숙박시설과 위락시설은 관광공급시장의 중요한 결정요인이 되고 있다.[8] 우리가 관광상품을 구매한다는 것은 관광목적지에서의 숙박, 음식, 위락, 교통, 통신 등에서 관광욕구를 충족시켜 줄 것을 기대하는 것을 전제로 하는 것이다. 따라서 숙박시설이 ① 가격수준면에서, ② 이용가능성면에서, ③ 질적수준면에서 관광객을 수용하기에 얼마 만큼 충분한 준비를 하고 있는가가 관광지의 결정적 요인이 된다.

3) 관광지 선전·홍보 조직

관광시장의 공급결정요인으로 또 하나 중요한 것은 관광지마케팅을 책임질 조직의 존재 여부이다. 한 관광지가 갖추어야 할 관광자원이나 숙박·교통시설이 충분한가도 중요하지만, 더욱 중요한 것은 관광수요시장으로부터 관광객들을 어떻게 유치해서 그곳에서 관광을 즐기도록 할 것인가이다. 이것은 결국 관광객들의 구매결심과정으로 보아 여러 가지 대안을 선택할 수 있는 정보의 전달과 의사소통이 있어야 함을 의미한다. 이런 점

8) Ernic Heath & Geoffrey Wall, *Marking Tourism Destination, A Strategic Planning Approach* (New York : John Wiley & Sons, Inc., 1992), p. 129.

에서 국가관광기구나 지역관광기구, 컨벤션뷰로와 같은 관광지마케팅 전담기구의 있고 없음은 분명 한 관광지의 공급결정요인임이 틀림없고 그들 조직들의 강력한 촉진활동 여부는 관광지 성패에 영향을 주고 있다. 물론 이들 국가관광기구나 지역관광기구, 컨벤션뷰로는 호텔판매를 증가시킬 수 있는 간접적인 판로가 되는 것이다.

더구나 관광객 이동에 있어서 중요한 역할을 수행하는 여행도매 및 소매업자들과 같은 이른바 중간매체와의 관계는 한 관광지로서는 중요한 의미가 있다. 왜냐하면 관광수요자들로 하여금 관광지선택의 기회를 제공하는 관광상품의 생산자는 바로 이들이기 때문이다. 한 관광지의 공급적 결정요인들이 아무리 뛰어나다 하더라도 그것들이 이들 매체를 통해서 상품화되지 못하면 그만큼 관광객 유치의 기회가 줄어들 수밖에 없다. 이런 점에서도 지역마케팅 전담조직의 필요성은 충분히 확인되는 셈이다.

물론 앞으로 차차 설명하겠지만 호텔과 여행도매 및 소매업자와의 관계도 밀접한 것이다. 여행도매업자(wholesaler)의 주요 기능은 여행상품의 개발과 판매이다. 여행상품의 개발을 위해서는 호텔, 교통운수, 식당, 기타 위락시설 업체로부터의 상품소재(素材)가 필요하기 때문에 여행도매업자로서는 많은 객실을 호텔업자로부터 대량 구매하지 않을 수 없으며, 호텔도 이러한 대량판매를 통해서 연간 영업의 안정적 확보를 기할 수 있기 때문에 상호 협동과 협조가 이루어진다고 볼 수 있다.

또한 소매여행사로서도 거래업체와의 업무관계를 위해서 호텔을 필요로 하는 것이다. 말하자면 여행업체와의 연대가 호텔판매의 주요한 경로가 되고 있음을 알 수 있다. 물론 호텔로서는 스스로 지향하는 영업정책에 따라 개별여행자나 단체고객을 목표시장으로 정하고 영업정책에 따라 개별여행자나 단체고객을 목표시장으로 정하고 있을 터이지만, 단체고객시장을 확보하는 가장 중요한 경로가 여행업계와의 제휴라는 점에 유의할 필요가 있다.

요 약

지금까지의 관광시장의 공급결정요인을 설명했는데 그 내용을 요약하면 다음과 같다.

1) 관광공급시장은 관광수요시장과 관련하여 관광욕구를 충족시킬 수 있는 대상을 말한다.
2) 한 관광지가 갖추어야 할 기본요건은 관광매력, 접근성 및 수용시설이다.
3) 관광매력은 관광욕구를 충족시킬 수 있는 유형·무형의 대상을 포함하는 관광자원을 말함이다.
4) 관광자원의 분류는 다양하지만 대체로 자연적 관광자원, 문화적 관광자원, 특별기호 관광자원 등으로 분류된다.
5) 문화관광자원은 관광진흥의 기본이며 한 지역의 관광의 특성, 규모, 유형을 결정하는 주요 요인이다.
6) 특별기호 관광자원은 자연관광자원의 한계성을 충분히 커버하면서 새로운 관광매력을 창출하여 지역이미지 수립에 기여한다.
7) 관광교통시설은 관광지의 접근성의 이점을 제공하기에 충분해야 한다.
8) 숙박·위락시설은 관광지가 갖추어야 할 기본요건이며 가격수준, 이용가능성, 질적수준면에서 충분히 관광객을 수용할 수 있어야 한다.
9) 관광지마케팅을 책임지는 조직들의 존재 여부도 관광지 공급결정의 요인이 된다.
10) 관광매체의 역할을 하는 여행도 및 소매업체들과 관계도 한 관광지가 성공하는데 필요한 요소가 된다.

2. 관광과 소비자행동

이와 같은 관광동기에 관광객이 관광상품을 선정하고 이용하며 구매후 어떤 행동을 보이는 이른바 소비자행동은 어떤 요인에 의해서 영향을 받는 것인가를 이해하는 일은 호텔마케팅에 있어서도 매우 중요한 일임에 틀림없다.

마케팅에 있어서 이와 같은 소비자행동을 두 가지 요인에 의해서 영향을 받는 것으로 보고 있다. 하나는 개인적 요인(personal factors)으로서 소비자 스스로가 가지고 있는 심리적 요인을 말하는 것이고, 다른 하나는 대인적 요인(interpersonal factors)으로서 소비자가 속해 있는 문화적 및 사회

집단적 힘에 의해 영향을 받는 것이다.[9]

이와 같은 두 가지 요인들이 소비자들의 인지(perception)를 형성하게 되고 이러한 소비자들의 인지가 소비자들의 구매과정에 영향을 미치게 되는 것이다. 이를 알기 쉽게 그림으로 표시하면 다음과 같다.

[그림 2-1] 소비자행동에 영향을 미치는 개인적대인적 요인

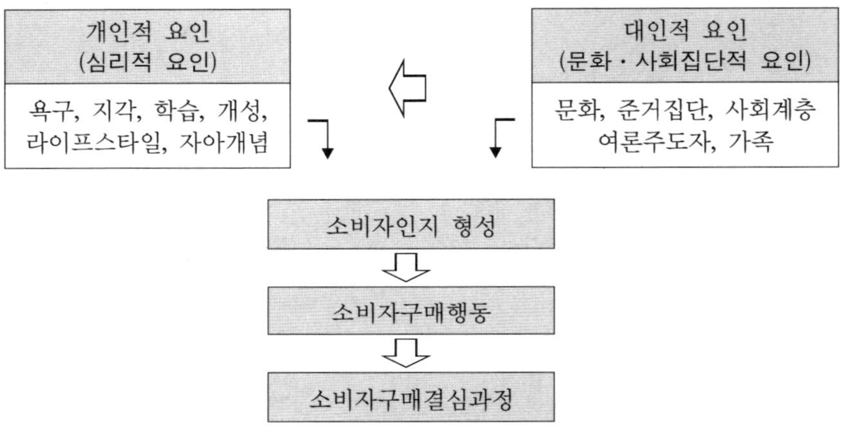

2-1. 개인적 요인

이것은 소비자 개인이 가지는 여러 가지 요인으로 소비자행동에 영향을 주는 것들을 말하는데, 욕구, 지각, 학습, 개성, 라이프스타일, 자아개념들이 이에 속한다.

욕구(needs)란 소비자의 신체적 · 심리적 "개인"에서 오는 것이다. 모든 사람은 신체적 욕구나 심리적 욕구를 가지고 있다. 그러니까 욕구는 현재의 신체적 · 심리적 상태와 앞으로 그렇게 되기를 바라는 신체적 · 심리적 상태 사이에 존재하는 의식적이거나 무의식적인 갭이라고 말할 수 있다.

필요(wants)는 소비자가 의식하거나 알고 있는 동기화된 욕구를 말한다. 그러므로 소비자들은 그들의 필요를 만족시킬 수 있는 행동을 하게 되고

9) William J. Stanton, *Fundamentals of Marketing* (New York : McGraw - Hill, 1981), p. 111.

이것은 바로 목표지향적 행동을 하게 하는 힘이 된다. 따라서 마케팅담당자는 그들의 필요를 만족시킬 수 있는 대상을 통해서 잠재적 동기를 마련해 주어야 하는데, 호텔숙박, 식당식사, 크루즈, 항공기, 여행상담, 포괄여행상품, 오락 등의 관광상품이 그 대상이 되는 것이다.

동기화(motive)이론의 대표적인 것은 Maslow의 욕구단계설이다.[10] 그는 다음과 같은 다섯 가지 욕구를 제시하고 한 가지 욕구가 충족될 때 새로운 단계의 욕구로 오르게 된다고 설명했다. 말하자면 일단 한 가지 욕구가 충족되면 그것은 더 이상 동기화를 줄 수 없는 것으로 생각했다.

1) 생리적 욕구
2) 안전의 욕구
3) 소속감의 욕구(사회적 욕구)
4) 존경의 욕구
5) 자아실현의 욕구

Boone과 Kurtz에 의하면 이러한 욕구단계설은 사다리 모양으로 생각할 수 있어서 한 욕구의 충족이 새로운 단계의 욕구로 올라가기도 하지만, 그 욕구의 불만족은 하위단계의 욕구로 다시 내려올 수도 있는 것으로 해석했다.

예를 들면 민간항공기, 공항터미널, 여객선 등에 대한 테러가 횡행하면 해외여행의 예약이 취소되어 안전의 욕구를 가지게 되고, 호텔 내의 범죄와 화재, 식당음식의 식중독사건 같은 것도 욕구의 단계를 하향시킨다는 것이다.[11]

Herzberg가 주장한 2원동기설(two factor motivation theory)은 소비자들에게 만족을 주는 만족요인(satisfier)과 불만을 주는 불만요인(dissatisfier)이 있다는 것인데, 예를 들면 호텔이 수영장을 가지고 있다는 것은 손님이 그 호텔을 찾는 뚜렷한 동기도 못되고 그들의 욕구를 만족시키는 요소도 못되지만, 그러나 수영장이 없다는 것은 불만요인이 되어 수영장 없는 호텔

10) A. H. Maslow, *Motivation and Personality* (New York : Harper & Row, 1954)
11) Louise E. Bcone and David L. Kurtz, *Contemporary Marketing* (Michigan : The Dryden Press, 1986), p. 162.

을 선택하지 않게 된다는 것이다. 결국 마케팅 담당자들에게는 자기 호텔의 만족요인도 알아야 하지만 소비자를 만족시키지 못하는 불만요인도 알아야 한다는 것을 일깨워 주고 있다.

지각(perception)은 감지과정을 말한다. 그러므로 지각은 소비자들의 행동에 영향을 주고 그 행동을 규정해 주게 된다. 지각이 사실 그 자체보다도 더 중요시되는 것은 소비자들의 구매결심이 그 지각되는 사실보다 그들이 어떻게 그것을 지각하느냐에 따라 결정된다고 하는 소비자행동개념 때문이다. 따라서 지각이란 세계에 대한 의미 있는 어떤 그림을 그려내기 위해 개인이 투입된 정보를 선택하고, 조직하고 해석하는 과정이다.

이러한 지속적인 선별과정은 우리의 지각을 제한하고 있다. 가령 다음과 같은 것을 생각해 보자.

- 우리는 모든 마케팅 자극(제품, 광고, 상점)의 극히 적은 부문에만 노출된다. 모든 잡지를 모두 읽을 수 없고 모든 상점을 다 방문할 수 없다.
- 우리는 노출된 부분의 적은 부문만을 지각한다. 우리는 신문을 읽으나 광고에 주목하지 않고, 텔레비전을 보나 상업광고는 무시한다.
- 우리는 우리가 기억하는 적은 부분에 따라 행동한다.

이렇게 볼 때 이러한 선별적 지각은 마케팅 의미가 크다. 마케팅 견해로 보면 상품이나 서비스는 그 자체가 존재하지도 않으며 자체의 의미도 가지지 않는다. 소비자가 그 상품이 그들의 필요를 만족시킬 것이라고 지각할 때만 존재하는 것이다. 더구나 주어진 상품은 고객에 따라 각기 다르게 지각되어진다. 그러므로 마케팅담당자들은 무한정의 광고를 할 수 없기 때문에 목표시장의 지각범위에 들어오는 선별적 광고를 하려 해야 하고 광고내용 또한 소비자의 선별적 기억과정에 기억될 만큼 충분히 의미 있어야 하고 강해야 한다.

학습(learning)은 이전의 경험에 의한 행동의 변화를 의미한다. 그러므로 학습은 본능적 반응, 성장, 배고픔이나 피곤, 수면 같은 일시적 조직의 상태 등에 따른 행동변화를 의미하지는 않는다. 소비자들의 학습과정을 해석하고 예견하는 것은 구매행동을 이해하는 관건이 되는 것이다. 자극 - 반응 이론(S-R), 인지이론, Gestalt 및 장의이론(field theory) 등이 학습이론의 대표적인 것들이다.

개성(personality)은 행동반응의 결정요인이 되는 개인의 특성의 유형을 말하는 것이다. 그러므로 개성은 한 개인을 독특하게 하고 모든 사람들이 생각하고 행동하는 것과 다른 방식을 나타내는 모든 것을 말한다. 소비자들의 개성이 그들의 인지와 구매행동에 영향을 미치는가에 대해서는 일치된 의견이 없다.

라이프스타일(life style)은 세상을 사는 방식을 말한다. 따라서 세상을 사는 방식이라는 것은 우리의 태도와 흥미 그리고 의견과의 함수관계라고 할 수 있다.

여기서 태도라는 것은 어떤 대상이나 생각에 대해서 좋거나 나쁘다는 평가, 정서적 기분, 또는 행동경향을 말한다. 따라서 태도는 사고의 과정과 정서적 기분은 포함하며 강도에서도 다르다. 태도는 신념에 영향을 미치며 신념 또한 태도에 영향을 미친다. 태도와 신념은 소비자의 인지와 구매행동에 영향을 주는 강하고도 직접적인 힘이 된다. 태도는 태도와 갈등을 주는 어떤 자극도 선별적으로 검토해 냄으로써 사람들의 지각에 중대한 영향을 미치게 된다.

흥미라는 것은 우리가 시간을 보내고 또한 우리의 주의를 끄는 일들을 말하는 것으로 가족, 가정, 직업, 취미, 여가활동, 지역사회, 의복, 식음료 등을 포함하는 개념이다. 의견은 정치, 경제, 교육제도, 상품, 미래의 행사, 스포츠 등 다양한 주제에 관해서 옳던 그르던 간에 우리가 가지고 있는 신념을 말한다.

이러한 태도, 흥미와 의견의 상호작용이 우리가 어떻게 생활하는가를 결정해 주는 요인이 되는 것이다. 따라서 여러 가지 라이프스타일의 소비자들은 각기 다른 구매습관과 선호를 갖는 경향이 있다.

자아개념(Self-concept)은 스스로를 보는 자기 이미지를 말한다. 이것은 다른 사람이 자기에 대해서 가지고 있다라고 생각하는 영상이기도 하다. 자기를 진실로 보는 것은 실제자아이고 자기가 보이고 싶어하는 자아개념을 이상적 자아라고 구분하여 부르지만, 자아개념은 심리적·사회학적 개념을 반영하는 것이다. 한 사람의 자아개념은 내적인 학습된 신체적·심리적 욕구에 의해 영향을 받으며, 또한 경제적 요인, 인구학적 요인, 사회집단 영향에 따라 영향을 받게 된다.

사람들은 자기 이미지에 맞는 브랜드와 상품을 선호하는 경향이 있고 소비의 선호로도 자기의 실제자아개념에 일치시킨다. 이상적 자아는 소비자의 선택에 지배적 영향을 미치게 된다. 따라서 마케팅 책임자들은 소비자의 목표를 확인할 수 있기를 바라는데, 그 목표가 소비자행동에 영향을 주기 때문이다. 따라서 각 개인의 자아개념이 무엇인가를 알면 그의 목표가 무엇인지를 결정할 수가 있게 되는 것이다.

Summary

요 약

지금까지의 내용을 정리해 보면 다음과 같다.

1) 관광객들의 소비자행동은 개인적 요인과 대인적 요인에 의해 영향을 받는다.
2) 개인적 요인은 욕구, 지각, 학습, 개성, 라이프스타일, 자아개념 등에 따라 영향을 받는 심리적 영향요인을 말한다.
3) 대인적 요인은 문화, 준거집단, 사회계층, 여론주도자, 가족 등에 따라 영향을 받는 문화·사회적 영향요인을 말한다.
4) 욕구란 현재의 신체적·심리적 상태와 그렇게 되기를 바라는 신체적·심리적 상태 사이에 존재하는 의식적이거나 무의식적인 갭을 말한다.
5) 필요는 소비자가 의식하거나 알고 있는 동기화된 욕구를 말한다.
6) 동기화이론의 대표적인 것은 Maslow의 욕구단계설이다.
7) 지각은 소비자행동에 영향을 주고 그 행동을 규제하는 감지과정이다.
8) 학습은 이전의 경험에 의한 행동의 변화를 말한다.
9) 개성은 행동반응의 결정요인이 되는 개인특성의 유형을 말함이다.
10) 라이프스타일은 세상을 사는 방식을 말하며 우리의 태도, 흥미, 의견과의 함수관계이다.
11) 자아개념은 자기 스스로를 보는 자기 이미지를 말한다.

2-2. 대인적 요소

대인적 요소는 소비자가 구매행동을 하는데 있어 개인적으로 뿐만 아니라 그가 속해서 살고 있는 사회로부터 영향을 받지 않을 수 없는 영향요인들을 말한다. 이러한 영향요인에는 문화, 준거집단, 사회계층, 여론주도자, 가족 등이 있다.

대인적 요인으로 먼저 생각할 수 있는 것은 문화(culture)이다. 우리가 생각하고 믿고 행동하는 것은 대부분 문화적 배경과 우리가 교류하는 여러 인간집단에 의해 영향을 받고 있다. 문화란 태도・신념・가치・언어・종교 등과 같은 무형의 것이든, 도구・주거・상품・예술상품같은 유형의 것이든, 전체적으로 학습되고 전수되어 내려오는 생활방식을 말한다. 따라서 문화는 본능적 행동은 포함되지 않는다.

실제로 대부분의 우리 행동은 문화적으로 결정된다. 가족, 학교, 교회, 언어와 같은 사회문화적 기관이 행동의 지침을 마련해 준다. 그야말로 태어나서 죽을 때까지 다른 사람들이 만들어 놓은 어떤 행동유형을 따르도록 의식적이든 무의식적이든 한결같은 압력에 놓이게 되는 것이다.

그러나 문화는 정적인 상태로 있는 것이 아니다. 시간의 흐름에 따라 문화적 영향은 변하게 되어 옛것은 새로운 것에 양보를 서서히 하게 되는 법이다. 마케팅책임자는 이러한 문화적 변화에 주목해야 하는데, 그래야만 시대에 맞는 마케팅프로그램을 대응케 할 수 있기 때문이다.[12] 마케팅적 의미가 있는 몇 가지 문화적 변화를 들어보면 생활의 질의 강조, 여성 역할의 변화, 가정, 가족생활의 변화, 노동과 휴식에 대한 태도변화, 여가시간의 증가, 충동구매, 편리성의 추구 등은 두드러진 변화이다.

소비자들의 행동에 영향을 주는 또 다른 사회문화적 결정요인은 사회계층(social class)이다. 사람들의 구매행동은 수입에 의한 영향만을 받기보다는 그들이 속한 계층에 영향을 받는다. 따라서 사회계층은 의복, 가구, 자동차, 그리고 여가활동에 대해서 분명한 제품 및 브랜드 선호도를 나타내주고 있다. 그러므로 사회계층은 호텔산업에 있어서도 매우 중요한 의미를 지니고 있다.

또한 사회계층은 각기 다른 매체선호도를 가지고 있고 서로 커뮤니케이션하는 방법과 습관도 또한 각기 다르다. 한 연구에 의하면 미국에는 상상층(Upper-upper), 상하층(Lower-upper), 중상층(Upper-middle), 중하층(Lower-middle), 하상층(Upper-lower), 하하층(Lower-lower) 등 6계층이 있다고 한다.[13]

---

12) Alastair M. Morrison, *Hospitality and Travel Marking* (Albany, New York : Delmar Publishers Inc., 1989), p. 76.

13) Joel R. Evans and Barry Berman, *Marketing* (Macmillan Publishing Co., 1985), p. 154.

준거집단(reference group)은 개인의 태도, 가치, 행동에 영향을 미치는 집단을 말한다. 준거집단의 행동기준은 개인의 행동지침이 된다. 이러한 준거집단의 개념은 전체 문화에서 가족에 이르기까지 광범위한 사회적 영향력에 적용된다. 그러나 원래 이 개념은 소수그룹과 관련하여 개발된 것이다.

소비자행동은 소비자가 속하고 있거나 속하고자 열망하는 소수그룹에 의해 영향을 받는다. 이러한 그룹에는 가족, 친목단체, 노동조합, 교회집단, 운동선수, 친한 친구나 이웃 등일 수 있다. 각 그룹은 회원행동의 기준이 되는 자체의 태도나 신념을 개발하고 각 회원은 이러한 가치를 공유하고 그룹의 행동규범과 일치하기를 기대하는 것이다. 다시 말하면 소비자들은 그러한 준거집단을 수용할 수 있거나 수용할 수 없는 구매행동을 결정하기 위한 준거거점으로 생각한다는 말이다. 소규모 준거집단이 행동에 영향을 주는 효과는 상품과 소비자를 위한 정보의 이용가능성에 따라 다르다. 개인이 주어진 제품에 관하여 정보나 경험이 적으면 적을수록 이 제품에 대한 준거집단의 영향력은 점점 더 강력해지는 법이다.

모든 사회그룹에는 여론주도자(opinion leader)가 있어 이 사람이 전 회원의 정보의 통로로 행동하게 된다. 이들은 다른 사람들보다 먼저 서비스나 물건을 구입하거나 정보를 구함으로써 그 그룹의 흐름을 정하기 마련이다.

모든 사회그룹에는 각기 다른 형태의 관광상품에 관한 특별한 지식과 정보를 가진 여러 명의 여론주도자가 있다. 이 여론주도자는 기업과 다른 조직이 기획한 상업적 정보원이 아니라 사회적 정보원이 되는 것으로 대인간의 정보채널을 말한다.

따라서 이들 여론주도자들은 제품수용곡선에서 말하는 이른바 혁신구매자(Innovator)와 초기구매자(Early Adopters)에 속하고 있어서 다른 사람들에 앞서서 새로운 상품과 서비스를 이용해 볼 준비가 되어 있는 사람들이다. 그러므로 마케팅담당자들에게는 여론주도자들이 가장 중요한 사람들이다. 왜냐하면 이들은 다른 사람들의 행동에 영향을 미치는 사람들이므로 이들을 찾아서 소구활동을 펼치는 것이 효과적이기 때문이다.

가족(family)은 소비자행동에 있어서 인간적 관계에서 가장 강력한 영향을 주는 것 중의 하나이다. 따라서 라이프사이클의 개념은 ① 가족의 구매활동에 대한 설명을 가능케 하고, ② 마케팅담당자들로 하여금 그러한 행동과 일치하는 마케팅프로그램을 기획하는 지침으로서 활용이 가능케 한다.

Murphy와 Staples는 라이프사이클을 ① 독신기, ② 신혼기, ③ 보금자리 1기, ④ 보금자리 2기, ⑤ 보금자리 3기, ⑥ 노부부 1기, ⑦ 노부부 2기, ⑧ 고독생존기(취업), ⑨ 고독생존기(퇴직) 등 9단계로 설명하고 있는데 각 사이클 단계별 특징을 살펴보면 다음과 같다.

[표 2-1] 가족라이프사이클 단계별 행동영향과 구매 패턴

단계별	특 징
독신기	· 재정적 부담이 거의 없다. · 패션의 여론주도자이다. · 레크리에이션 지향적이다. · 기본주방기구, 기본기구, 자동차, 휴가상품 등을 구입한다.
신혼기	· 재정적으로 부유해진다. · 최고의 구매율과 최고의 평균 내구재구입률을 보임. · 자동차, 냉장고, 난로, 내구재, 휴가상품을 구입.
보금자리 1기 (6세이하 어린이)	· 가옥구입이 우선 · 유동자산은 적음. · 재정적 사정과 저축금액에 불만족을 느낌. · 신상품에 관해 관심을 보임. · 광고된 제품을 좋아함. · 세탁기, 건조기, TV, 유아식, 감기약, 비타민, 인형, 유모차, 썰매, 스케이트를 구입.
보금자리 2기 (6세이상 어린이)	· 재정형편 역시 좋음 · 취업주부가 많아짐 · 광고영향을 받지 않음 · 대규모 패키지나 다단위 거래품을 구입
보금자리 3기 (양육자녀 동반)	· 재정형편 역시 좋음 · 취업주부가 많아짐 · 취업하는 자녀도 있음 · 광고의 영향을 덜 받음 · 내구재 평균구매가 높음 · 새로운 취향의 가구, 자동차 여행, 필요하지도 않은 도구 구입, 보트, 치과 서비스, 잡지 등을 구입함

노부부 1기 (동거자녀 없음, 직장간부)	· 가옥소유가 우선 · 재정형편과 저축금액에 가장 만족함 · 여행, 레크리에이션, 자기교육에 관심이 있음 · 선물과 기부금을 헌납함 · 신제품에 관심 없음 · 휴가상품, 고급 사치품, 가옥수선 등을 구입
노부부 2기 (동거자녀 없음, 직장간부 은퇴)	· 수입 급격히 줄어듬 · 집에서 지냄 · 의료장구, 의료보험, 건강보조상품을 구입
고독생존기(취업)	· 수입은 여전하나 가옥을 매매하고자 함
고독생존기 (은퇴)	· 타 은퇴자들과 같은 의료 및 필요상품을 구입 · 수입이 급감함 · 주의, 애정, 안전에 대한 욕구가 높음.

자료 : Philip Kotler, Marketing Management : Analysis, Planning, and Control, (Prentice Hall, Inc., 1984), p.132.

Summary

요 약

지금까지의 내용을 정리해 보면 다음과 같다.

1) 대인적 요인은 문화, 준거집단, 사회계층, 여론주도자, 가족 등에 영향을 주는 사회・문화적 영향요인을 말한다.
2) 문화는 전체적으로 학습되고 전수되어 내려오는 생활방식을 총칭하는 말이다.
3) 문화는 시간의 흐름에 따라 변한다.
4) 사회계층도 소비자행동에 영향을 미친다.
5) 준거집단은 개인의 태도, 행동에 영향을 미치는 집단을 말하며 소비자들의 구매행동을 결정키 위한 준거거점이 된다.
6) 여론주도자들 다른 사람들보다 앞서서 새로운 상품과 서비스를 이용해 볼 준비가 되어 있는 대인간의 정보채널을 말한다.
7) 가족은 소비자행동에 있어서 인간적 관계에서 가장 강력한 영향을 주는 영향요인이다.
8) 가족라이프사이클은 9단계로 나누어지며 각 단계마다 특색있는 구매행동을 보이기 때문에 마케팅책임자는 이들 행동과 일치하는 마케팅 프로그램을 기획하는데 지침으로 삼아야 한다.

3. 소비자의 구매결심과정

지금까지 소비자의 행동에 영향을 미치는 요인을 살펴보았다. 그런 요인들은 두 가지 측면에서 고찰되었는데, 하나는 개인 스스로가 영향을 미치는 요인들이고, 다른 하나는 문화 및 사회집단에 의한 영향요인이었다. 말하자면 이러한 두 가지 측면의 영향요인들이 소비자들의 지각을 구성하게 되고 이러한 소비자들의 지각이 소비자의 구매행동에 영향을 미치게 되는 것이다.

그러면 이제 필요한 것은 소비자들의 구매결심과 결정을 파악하는 일이다. 이 구매과정은 일종의 문제해결의 접근방법으로 다음과 같이 5단계로 구성된다.[14)]

1) 욕구인지단계
2) 정보수집단계
3) 대안평가단계
4) 구매결정단계
5) 구매 후 평가단계

욕구인지단계는 불만족스러운 욕구가 내적인 긴장을 야기할 때 시작된다. 물론 이 욕구는 내적으로 일어난 생리적 욕구일 수도 있고 외부 자극에 의한 것일 수도 있으며, 어쩌면 현재의 상품에 대한 불만이 긴장을 야기하는 것일 수도 있다.

일단 욕구가 인지되면 흔히 소지자들은 갈등을 일으키는 동기를 인식하거나 시간이나 돈의 부족한 자원을 경쟁적으로 사용하게 된다. 예를 들면 남편은 정원이나 수영장을 건설하기를 바라지만 부인은 거실용 새 가구를 사야 한다고 말해 줄 수도 있다. 또한 남편으로서는 자기의 핵심 준거집단이 인정해 주지 않을까 걱정을 할 수도 있다. 어쨌든 사람은 갈등이 더 심화되기 전에 이 갈등을 풀어야 한다. 그렇지 못한 경우에는 구매과정은 이 단계에서 계속 머물러 있기 때문이다.

14) Alastair M. Morrison, *Op. cit.*, p. 81.

일단 욕구가 인지되면 상품과 브랜드를 어떻게 할 것인가를 규명해야 한다. 일단 하나의 상품대안이 선정되면 여러 가지 브랜드를 선택해야 한다. 대안을 찾고 그 대안을 찾는 방법은 ① 시간과 돈의 코스트가 얼마인가, ② 소비자는 과거 경험이나 다른 출처로부터 얼마나 많은 정보를 이미 가지고 있는가, ③ 선택이 잘못되었을 경우 예견되는 위험의 양 등에 의해 영향을 받게 된다.

모든 합리적인 대안들을 찾아내었으면 각 소비자는 구매결심을 하기 전에 각 대안들을 평가해야 한다. 대안평가에서 소비자들이 사용하는 기준들은 잘 알려진 것이어야 한다. 여러 가지 브랜드에 대한 과거의 경험과 태도 같은 것이 포함된다. 소비자들은 자기 가족이나 다른 준거집단들의 의견을 이런 평가의 지침으로 사용하기도 한다.

대안의 탐색과 평가를 마쳤으면 소비자는 어떤 시점에서 살 것인가 말 것인가를 결정해야 한다. 만약 소비자가 구매하기를 결정하였으면 브랜드나 가격, 상점, 색깔 등에 관한 일련의 의사결정을 해야 한다. 그러므로 마케팅담당자들이 이러한 의사결정을 단순화할 수 있는 일이 있다면 구매자들에게 매우 매력적이 될 것이다. 왜냐하면 대부분의 사람들에게는 의사결정을 하기가 매우 어렵기 때문이다. 여러 가지 결심사항들이 결합되어 하나의 패키지로 판매되는 경우가 많은데 여행사를 예로 들면 패키지 투어를 판매함으로써 교통, 호텔, 투어 등에 관한 여행자들의 의사결정을 단순화 해주고 있다.

이 과정 이 시점에서 마케팅담당자는 소비자들의 애용구매동기(patronage buying motives)를 결정하려고 해야 한다. 이것은 소비자가 어떤 상점을 애용하는 이유를 말하는데, 이것은 어떤 제품을 구매하는 이유가 되는 것이다. 한 상점만을 이용하는 데는 여러 가지 요인이 있을 수 있고 어떤 것들은 갈등적 동기일 수도 있다.

한 상점만을 이용하는 중요한 이유들을 살펴보면 다음과 같다.

1) 편리한 위치, 서비스의 신속성, 상품 찾기가 쉽고 붐비지 않음.
2) 가격
3) 상품의 종류
4) 제공되는 서비스

5) 매력적인 상점의 외모
6) 종사원의 예절

지금까지의 구매과정의 단계나 모든 구매행동결정요인은 구매결심이 이루어지는 전이나 또는 기간 중에 일어나는 것이다. 그러나 판매 후의 구매자의 느낌도 마케팅담당자에게는 중요한 것이다. 그러한 구매자의 구매후 느낌은 반복구매에 영향을 줄 수도 있고 구매자가 전하는 구전광고에도 영향을 주기 때문이다.

대체로 구매자들은 일상의 구매 후에도 불안을 느끼는 것이 보통인데, 이것은 소비자가 선택한 대안들이 장점과 약점을 동시에 가졌을 때 생기는 소위 "인지적 불일치"(cognitive dissonance) 때문이다. 소비자들이 가지는 지식, 태도, 신념, 가치 가운데 내적인 조화와 일치를 가지지 못하는 것이다.

그러므로 광고나 판매에 있어서 상품의 바람직한 특성을 강조함으로써 소비자들로 하여금 확신을 가질 수 있게 한다면 소비자들의 이러한 불일치를 감소시킬 것이고, 이러한 감소는 소비자로 하여금 강화시켜 주고 재구매의 가능성을 높여 주게 될 것이다.

Summary

요 약

지금까지 설명한 내용을 요약하면 다음과 같다.

1) 소비자들에게 미치는 심리적 영향요인과 사회・문화적 영향요인은소비자들의 지각을 구성하는 요인이 된다.
2) 소비자들의 구매결심과정은 욕구인지단계, 정보수집단계, 대안평가단계, 구매결정단계, 구매후 평가단계 등 5단계로 구성된다.
3) 마케팅담당자들은 각 단계별로 적절한 마케팅 프로그램을 개발, 실시하지 않으면 안 된다.
4) 소비자의 구매후 평가단계, 인지적 불일치가 일지 않도록 불안의 감소와 구매결정에 관한 확신을 갖게 하는 일이 중요하다.

Hotel Marketing

제3장 호텔마케팅에로의 접근

1. 호텔시장 세분화

호텔은 관광 전체의 시스템으로 보면 관광객들의 관광숙박과 체재를 위한 인적·물적 서비스를 제공하는 것을 업무의 기본으로 한다. 그러나 관광상품의 특성상 호텔서비스를 관광객들에게 배달할 수가 없으므로 관광객들이 호텔까지 와야만 그때부터 호텔서비스의 이용이 가능해진다.

상대적으로 말하면 관광객 모두가 자기 호텔의 이용고객이 될 수 없으며 다양한 관광수요(욕구)를 수용하는 데도 한계가 있게 마련이다. 따라서 호텔마케팅 담당자로서는 자기 호텔상품만으로 전체 고객시장을 상대하기보다 호텔특성에 맞는 고객층을 발견하는 일이 중요한 과제가 된다. 왜냐하면 전체 시장을 하나로 생각하기에는 너무 다양하고 너무 이질적이기 때문이다.

그래서 이 다양하고 이질적인 전체 시장을 동질성을 가진 여러 개의 하위시장으로 나누어 호텔기업의 잠재력에 걸맞은 시장을 선정하여 공략하는 것이 바람직하다. 이것을 시장세분화(market segmentation)라 하고 그 결과 선정된 대상시장을 목표시장(target market)이라 한다.

이와 같은 시장세분화가 주는 이점은 다음과 같다.[1)]

(1) 시장세분화는 그 시장이 지니고 있는 마케팅기회(marketing oppertunity)를 발견할 수 있게 해준다.
(2) 기업으로서는 그러한 마케팅기회에 입각하여 관련상품은 수용특성에 맞게 조정할 수 있게 하고 그 반응도를 얻을 수 있게 한다.
(3) 기업으로서는 자원배분과 지시를 최적화할 수 있다.
(4) 변화를 감지하거나 전략을 변경시키기 위한 관련시장정보를 활용할 수 있다.
(5) 시장에 걸맞은 마케팅믹스를 활용할 수 있는 능력을 가지게 한다.
(6) 경쟁기업과 차별화를 잘 할 수 있게 한다.
(7) 핵심시장을 개발하고 확대시킬 전략을 보다 훌륭하게 결정할 수 있다.

그러면 이러한 시장세분화를 실시하는 기준은 어떤 것인가. 흔히 사용되는 기준은 ① 지리적 요인, ② 인구학적 요인, ③ 행태적 요인, ④ 사이코그래픽 요인 등이다.[2)]

지리적 세분화(geographic segmentation)는 같은 지리적 위치에 있는 고객군으로 나누는 것이다. 우선은 사용하기가 쉽고 또한 텔레비전과 라디오 방송국, 신문, 단체회원명부, 잡지들이 이와 같은 지리적 구분을 쓰고 있기 때문에 널리 쓰이고 있다. 목표집단에 촉진 메시지를 전하려고 하면 불가피하게 지리적 세분화를 이용하게 된다. 따라서 이러한 지리적 세분화지역은 경제적 활동, 경쟁적 환경 그리고 인구성장이라는 측면에서 흔히 측정되고 있는 성장잠재성에 따라 평가되고 있다.

대형 국제적인 호텔기업에서는 전세계를 남동아시아 지구, 동구라파 지역 등으로 세분할 수도 있고, 국내 숙박업체에서는 전국을 각 지역별로 그리고 여행지역별로 나눌 수도 있을 것이다.

이러한 지리적 세분화는 텔레비전, 라디오, 잡지, 신문 등과 같은 매체를 구매하는데 매우 유용한 지침을 마련해 주지만, 특정한 광고를 계획하는데 있어서는 다른 세분화방법만큼 많은 지침을 주지는 못하고 있다.

---

1) 최태광, 관광마케팅 [개정신판], (서울 : 백산출판사, 1995), p. 95.
2) Philip Kotler, *Op. cit.*, pp. 255~260.

인구학적 세분화(demographic segmentation)는 이른바 인구통계학적 특성에 따라 시장을 세분화하는 것을 말한다. 연령, 성별, 세대별, 수입별, 가족수, 직업, 교육수준, 종교, 인종, 주거형태와 같은 인구통계에 따라 세분화하는 것인데, 인구통계는 언제나 이용가능하고 개념규정이 통일되어 있고 또한 사용하기가 쉽기 때문에 널리 사용되고 있다. 이것은 이러한 인구학적 변수와 소비자의 욕구, 선호도 그리고 이용률과는 그 상관관계가 높은 경우가 많기 때문이다. 예를 들면 35~44세 그룹은 여행성향이 매우 높은 연령층이며 동시에 이들이 여행을 할 때에는 호텔을 포함한 숙박시설을 이용할 성향이 매우 높은 것으로 나타나고 있다.

이러한 인구학적 통계는 시장조사기관은 물론 중앙정부나 지방정부에서도 수집되고 있으며, 또한 대부분의 매체에 대해서도 독자층, 시청자층에 대한 자료가 이용가능하기 때문에 인구학적 세분화는 효율적이며, 효과적인 광고를 결정하는 데 지침을 얻을 수 있다. 설사 시장이 인구학적 세분화가 아닌 행태적 혹은 사이코그래픽 변수에 따라 세분화됐을 때라도 목표시장의 규모를 정하기 위해서 그리고 그 시장을 가장 효과적으로 도달하기 위해서는 인구학적 또는 지리적 특성에 대한 상호연관은 항상 있어야만 한다.

행태적 세분화(behavioral segmentation)는 이용률, 이용현황과 잠재성, 브랜드 충성도, 이용횟수, 그리고 추구하는 편익에 따라 세분화하는 것이다. 말하자면 특정상품이나 서비스 또는 브랜드에 대해서 고객이 보여주는 과거, 현재, 미래의 행동차원을 이용하는 것이다.

숙박산업에 있어서 동기 기준별 세분화라고 할 때에는 시장을 여행목적별로 세분화하는 것이다. 그러나 여행시장이라는 개념은 너무 애매한 것이어서 숙박산업으로서는 고객을 구분하는데 아무런 도움이 못되고 있다. 따라서 여행목적에 따라서 두 개의 분명한 여행시장 즉 비즈니스 목적여행과 순수 관광목적여행으로 구분하는 것이 호텔로서는 훨씬 더 실제적이라고 할 수 있다.

이러한 비즈니스 고객은 정기적인 비즈니스 고객, 컨벤션과 관련된 비즈니스여행, 그리고 인센티브여행 등 3대 부류로 나눌 수 있지만, 호텔마케팅 책임자가 알아야 할 것은 어떤 부류에 속하든 비즈니스 여행자들을 상대하는 것은 재구매 이용자(repeat business)가 될 기회가 매우 높다는 점이다. 그러니까 비즈니스 여행자들을 만족시키는 것은 그들로 하여금 같은 목적으로 다시 방문하도록 확신시켜 줄 뿐 아니라 다음 휴가시 그들의 부인이나 가족들과 함께 호텔을 다시 찾아오도록 하게 할 수 있기 때문이다.

순수 관광목적여행은 호텔이 자리하는 지역이 제공하는 관광매력성, 상품과 서비스에 의존하는 특별한 시장으로 대체로 가격에 민감하고 국가경제 여건과 관련이 높아 변화가 많은 시장이다. 더구나 필요경비라고 생각되는 비즈니스 여행과는 대조적으로 휴가여행과 관련 숙박시설들로서는 여행자의 가처분소득은 물론 개인의 여가시간과도 상대적 관련을 가지고 있다.

편익에 따른 행태적 세분화는 어떤 상품이나 서비스를 소비하는데 소비자가 추구하고 있는 편익이 구매활동의 진정한 결정요인이라는 것이고 그러한 편익이 실제로 다른 지리적·인구학적 라이프스타일 특성보다도 훨씬 더 정확하게 행동을 결정한다라는 원리를 바탕으로 삼고 있다. 그러므로 편익에 따른 행태적 세분화는 사람들이 숙박시설에서 찾는 주요한 편익이 무엇이며 이러한 편익을 추구하는 사람들이 누구인가를 결정하기를 요구한다. 따라서 숙박시설로서는 그곳에 체재하면서 유사한 편익을 추구하는 특정 고객집단에 대해서 스스로를 자리매김할 수가 있게 된다.

이용률에 따른 행태적 세분화는 호텔의 비이용자, 전에 이용했던 자, 잠재적 이용자, 최초이용자, 정기이용자 등으로 구분할 수가 있다. 시장점유율이 높은 호텔로서는 잠재적 이용자를 실제 이용자로 전환시키는데 특히 관심이 높겠지만, 소기업체로서는 경쟁호텔의 이용자들을 자사 이용자로 전환시키려고 애를 쓰게 된다.

정기이용고객을 이용량에 따라 가끔 이용자, 중간이용자, 자주이용자 등으로 구분할 수도 있다. 이런 구분은 상당히 재미있는 결과를 얻을 수 있는데, 예를 들면 자주이용자그룹은 전체시장으로 보면 가장 적은 부분에 불과하겠지만, 판매총액으로 본다면 상당히 높은 비율에 해당되는 경우도 있을 수 있기 때문이다.

충성도에 의한 행태적 세분화는 소비자의 충성도 패턴에 따라 세분화하는 것이다. 투숙객들은 특수한 브랜드에 대해서, 예를 들면 하얏트나 쉐라톤 같은 것을 선호할 수도 있고 또는 어떤 특수한 호텔만을 선호할 수도 있다. 만약 여기에 다섯 가지 브랜드나 호텔이 있어 (A, B, C, D, E) 고객이 선택한다고 가정한다면 그들의 충성도에 따라 다음과 같은 4개의 그룹으로 시장을 세분화할 수 있다.[3)]

① Hard - core 애용자 : 이 소비자들은 한 브랜드만을 항상 애용한다. 그래서 A A A A A 구매패턴을 보임으로써 A브랜드에 대한 변함없는 충성도를 보여준다.

② Soft-core 애용자 : 이 소비자들은 2~3개 브랜드에 충성도를 보이는 사람들이다. 구매패턴이 A B A B A로서 그 충성도가 A, B에 분산되고 있음을 보여준다.

③ Shifting 애용자 : 이 소비자들은 한 브랜드에서 다른 브랜드로 충성도를 이동시키는 사람들이다. 구매패턴이 A A B B B가 되어 충성도가 A에서 B로 이전되고 있음을 보여준다.

④ Switcher : 이 소비자들은 어떤 브랜드에도 아무런 충성도를 보이지 않는다. 구매패턴이 A B C D E가 되어 판매중인 브랜드만을 사거나 매번 다른 브랜드를 사는 구매자임을 보여준다.

브랜드 충성도는 다음과 같은 여러 가지 방법으로 설명할 수 있다.

· 습관
· 가격에 대한 가치의 극대화
· 브랜드 변환의 비용
· 대치물의 이용가능성
· 구매와 관련한 위험의 인지도
· 제품이나 서비스에 대한 만족의 경험

한 호텔로서는 시장에서의 충성도 패턴을 분석해서 많은 것을 배울 수가 있다. 예를 들면 충성도의 여러 가지 패턴을 연구함으로써 호텔은 어떤 브랜드와 가장 경쟁하고 있다는 것을 알 수 있고 스스로의 약점을 확인할

3) George H. Brown, "Brand Loyalty-Fact or Fiction?" *Advertising Age,* Jun 1952. - Jan 1953. a series.

수가 있다. 따라서 호텔로서는 많은 적절한 마케팅전략과 전술을 구사함으로써 이들을 핵심 애용자로 전환시킬 수가 있다.

사이코 그래픽 세분화(psychographic segmentation)는 고객들의 심리적 면모와 라이프스타일에 근거하여 시장을 세분화하는 것을 말한다. 고객들의 활동상황, 관심상황, 주장과 의견 등으로 특징지워지는 생활방식에 따라 세분화하지만, 어떤 통일된 접근방법을 가지지 못하는 약점이 있다.

라이프스타일의 분석은 호텔마케팅 책임자들에게는 중요한 의미를 가지고 있다. 무엇보다도 라이프스타일에 대한 지식은 광고자들에게 그들이 도달하려고 하는 잠재고객들은 보다 잘 설명해 줄 수 있다. 라이프스타일 분석은 또한 광고에 사용할 적절한 메시지를 통찰할 수 있게 해준다. 광고주가 그 메시지가 진지해야 하는지, 유머가 있어야 하는지, 협동적이어야 하는지, 권위적이어야 하는지, 현재적이어야 하는지, 전통적이어야 하는지를 감을 잡을 수 있게 해준다.

사이코 그래픽 정보는 사람들이 그들의 활동과 관심에서 추구하는 보답을 확인하는 데도 유용하게 쓰이며, 또한 잠재고객들이 실제로 그들 스스로를 규정하는 역할을 이해하는 데도 매우 유용하게 쓰인다. 예를 들면 어느 뉴욕 광고대행사의 한 전무는 25세에서 49세에 이르는 중간세대의 라이프스타일 조사에서 발견한 가장 중요한 사실은 이들이 물질적인 포상보다는 개인의 경험적 목표, 즉 신체적·정서적인 부유함에 기여하는 활동 즉 여가와 레크리에이션과 같은 활동으로 급속히 이동하고 있다는 사실이었다는 것이다. 절반이 넘는 사람들이 휴가는 아까운 시간이 결코 아니며, 물질적 소유보다는 차라리 여가활동에 돈을 쓰겠다고 느끼고 있었다는 것이었다.

그러나 사이코 그래픽 세분화를 사용하는 데는 주의해야 할 점이 있다. 첫째는 라이프스타일 세분화는 조사비용을 대단히 증가시킨다는 것이고, 둘째로는 라이프스타일 세분화가 확인된 곳일지라도 마케팅담당자로서는 그 확인된 시장에 효과적으로 도달할 수 있는 방법을 알기가 어려운 때가 많다는 것이다. 사실 한 시장을 라이프스타일로 기준하든, 성격형태를 기준해서 세분화를 하던지 간에 그 확인된 시장을 도달할 수 있을 때에만 실제로 중요성이 있는 것이다. 그 목표시장을 효과적으로 도달하기 위해서는 사이코 그래픽 세분화된 시장의 지리적 또는 인구학적 특성을 확인하는 것이 필요할 것이다.

그러나 이러한 주의해야 할 점이 있음에도 불구하고 사이코 그래픽 정보는 고객을 이해하고 그들의 선호도를 이해하는 유용한 수단이 되어 가고 있다.

이같은 관점에서 보면 시장세분화는 본질적으로 시장의 이질성에 입각하여 마케팅목표화를 위한 마케팅기회의 정도를 나타내 주는 것이다. 즉 많은 이질적 시장 중에서 마케팅기회가 높은 것을 대상으로 삼고자 하는 마케팅노력이라고 말할 수 있다.

그러나 모든 시장을 세분화하는 것만이 능사는 아니다. 시장세분화는 제약과 문제점을 안고 있기 때문이다. 그러므로 ① 각 하위시장의 규모와 구매력은 충분히 측정될 수 있어야 하며, ② 각 시장은 효과적으로 도달하고 상대할 수 있어야 하며, ③ 각 시장은 충분히 크고 수익성이 있어야 하고, ④ 각 시장을 유치하고 상대하기 위하여 효과적인 프로그램이 형성될 수 있어야 시장세분화는 의미가 있는 것이다. 시장세분화는 마케팅노력과 비용을 가장 효과적인 방법으로 집중시키기 위한 것이기 때문이다.

[그림 3-1] 시장세분화, 시장목표화, 포지셔닝단계

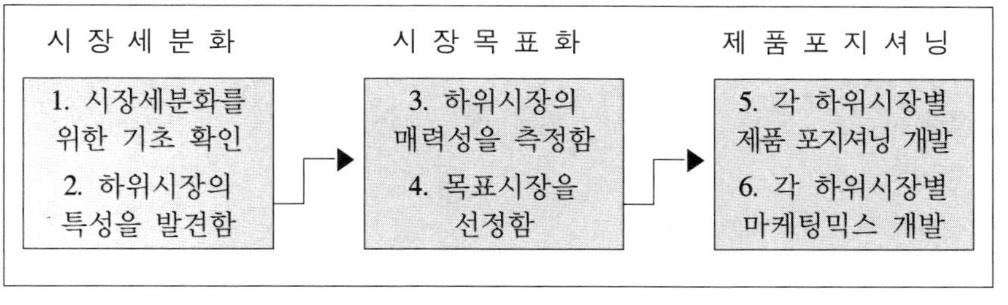

자료 : Philip Kotler, Op. cit., p.251.

물론 시장세분화는 문제점들도 가지고 있다. ① 시장세분화되지 않을 때보다 비용이 더 많이 소요되고, ② 한 시장을 세분화하는 최선의 기준을 선정하기가 곤란하고, ③ 얼마나 정교하게 또는 얼마나 광범위하게 세분화해야 하는가를 알기도 어렵고, ④ 독자적이지 못한 시장까지도 소구하려는 경향이 있다.

그러므로 마케팅담당자는 시장세분화에 있어서 각 목표시장마다 개별적으로 상대해야 하니까 서비스와 가격구조를 마련해야 하고, 광고 및 촉진 활동도 개별시장의 특성과 기호에 맞아야 하니까 원가부담이 추가될 수밖에 없다. 그러므로 시장세분화를 할 때에는 개별시장별로 세분화할 가치가 있는지를 검토해야 한다. 하나의 목표시장으로 존립할 수 없는 하위시장도 많기 때문이다.

Summary

요 약

지금까지 설명은 시장세분화에 관한 것이었으며 그 요점을 정리해 보면 다음과 같다.

1) 호텔시장이란 복잡하고 다양한 것이기 때문에 한 호텔의 상품으로만 전체를 지배하려는 것은 불가능하기도 하고 무의미한 것이다.
2) 다양하고 이질적인 전체시장은 동질성향을 가진 여러 개의 하위시장으로 나누어 기업잠재력에 맞는 시장을 선정, 공략하는 것이 바람직하다.
3) 시장세분화는 목표시장에 마케팅노력과 비용을 가장 효과적인 방법으로 집중시키기 위한 것이다.
4) 시장세분화를 위한 기준은 지리적 · 인구학적 · 행태적 사이코 그래픽적 요인 등이다.
5) 시장세분화는 측정가능성, 접근가능성, 대치가능성, 실천가능성 등이 확인되어야 유용하게 활용될 수 있다.
6) 시장세분화는 마케팅 기회를 발견할 수 있는 등의 이점을 가지고 있다.
7) 시장세분화는 비용문제, 기준선정 등의 문제점과 제약이 따른다.
8) 마케팅담당자는 시장세분화할 충분한 가치가 있는지를 검토해야 한다.

2. 호텔과 시장과의 일치

호텔마케팅 담당자가 호텔시장에 올바르게 접근하기 의해서는 적어도 다음과 같은 사항들을 유의하여야 한다.

① 시장에는 많은 하위시장이 있음을 인식해야 한다.

② 충분히 시간을 투입하고 고려해 볼 가치가 있는 시장을 찾아야 한다.
③ 이 시장의 특성과 동기를 연구해야 한다.
④ 개별그룹의 동기에 근거해서 호텔상품을 만들어야 한다.
⑤ 수익성이란 관점에서 결과를 평가해야 한다.

앞에서 고찰한 바와 같이 관광산업은 점점 더 고객지향적이어야 하며 상품을 만들려 하기 전에 사람들이 원하고 필요로 하는 것이 무엇인지를 파악하려 하고 있다. 전에 있던 시설들은 기존시장에 대한 보다 많은 서비스를 제공하려 하거나, 아니면 새로운 지리적 시장을 예측한다는 것이 가장 중요한데, 그것은 교통, 숙박, 레크리에이션에 거대한 투자가 요구되기 때문이다. 일단 이런 시설이 생기면 투자회수를 위해서는 지속적인 관광객들의 이용이 있어야 한다. 따라서 과잉확장을 피하기 위해서는 단계별로 시설건축이 이루어져야 한다.

따라서 소비자들의 태도와 습관, 업계의 태도와 방법, 경쟁, 정부의 규제 등이 호텔시장에 영향을 미치고 있으며, 또한 호텔영업의 변화를 요구하고 있다. 그러므로 호텔마케팅의 대전제는 호텔고객들의 욕구와 필요가 무엇인지를 이해하고 그러한 욕구와 필요를 호텔의 시설면에서, 호텔이 제공할 수 있는 서비스면에서 그리고 호텔에 종사하는 종업원이라는 측면에서 어떻게 충족시킬 수 있는가라는 점이다.

시중 호텔들이 비즈니스 여행자를 위해서 숙박과 식사에 중점을 두는 영업을 하는 반면, 모텔들은 저렴한 여행을 즐기는 자동차여행자들에게 숙박과 주차에 신경을 쓰게 된 것은 이런 면에서 숙박산업의 대단한 변화를 보인 것으로 해석할 수 있다.

주로 특정한 한 시장만을 중심으로 영업을 하고 있는 호텔이나 모텔이 있지만, 이러한 호텔과 모텔들은 영업비가 상승됨에 따라 이익을 보지 못하는 경우가 많다. 대부분의 호텔들은 비즈니스가의 중심지, 고속도로 교차로 부근, 공항, 공업단지, 휴양지에 자리하고 있어서 주시장의 계절성 때문에 혹은 매일 매일의 사이클 때문에 객실판매가 부진한 경우가 많다. 물론 각 호텔은 주요 시장을 상대해야 하겠지만, 영업수익을 내기 위해서는 또 다른 시장을 찾지 않으면 안 된다.

그러므로 새로운 호텔을 계획하던지 또는 옛날 호텔을 개·보수하기 위해 돈을 쓰든지 간에 현재의 시장욕구에 따라 시작하는 것이 중요하고 현재욕구가 개발됨에 따라 잠재시장을 계획하는 일이 필수적이다. 한 자리에서 희망이 없을 때에는 보다 좋은 자리로 옮길 시기이고 현재 호텔을 다른 생산적인 사용목적으로 전환해야 할 시점이다.

또 한편으로 현재의 모든 시설이 시장의 욕구에 맞도록 변화할 수 있어야 한다. 컨벤션의 잠재시장을 확인하였으면서도 회의시설이 없는 호텔은 그 수요를 충족시킬 수 있는 시설을 갖추어야 하며, 현재 영업중인 호텔도 새로운 고객시장의 취향에 적응하기 위해 영업방침의 변화를 가져 와야 한다. 노인층을 위한 아파트 건물은 나이트클럽을 만들어 몰려드는 비즈니스 고객들을 유치하도록 해야 한다. 그러니까 중요한 것은 이미 가지고 있은 것으로 원하는 시장을 찾도록 노력해야 한다. 그러나 주시장이 이미 가지고 있는 것을 원치 않을 때에는 변화를 시도해야 한다.

이와 같이 호텔로 하여금 시장수요와 일치하는 호텔이 될 수 있는가의 성공 여부는 마케팅조사를 통해서 잠재고객들이 원하는 것이 무엇인가를 얼마나 깊이 있게 찾아낼 수 있고 또한 그것을 위해 호텔이 영업을 얼마나 잘 할 수 있느냐에 달려 있는 것이다. 그러므로 지금부터는 호텔이 하는 모든 것들이 잘 계획되어 마케팅 프로그램을 활성화하여 실시할 수 있도록 계획을 수립하고 또한 실시하지 않으면 안 된다.

마케팅프로그램은 호텔의 최고의 고객이 누구이며 최대의 이익을 얻을 수 있는 고객이 누구인가를 말해 준다. 또한 그 고객들이 필요로 하고 원하는 것이 무엇인가를 말해 준다. 그러므로 마케팅 프로그램들이 지시하는 대로 수행한다면 소기의 목적을 얻을 수 있다.

또한 모든 영업정책과 모든 영업활동은 이들 최고의 잠재고객을 상대로 한 마케팅 프로그램을 수행하도록 하지 않으면 안 된다.[4)]

· 어떤 종류의 시설을 얼마나 많이, 얼마나 크게 갖추어야 하는가
· 어떤 종류의 장식이 필요한가
· 어떤 종류의 식사 서비스를 우리 식당에서 제공해야 하는가
· 어떤 종류의 음료서비스와 음료서비스에 어울리는 것은 무엇인가

---

4) C. Dewitt. Coffman, *Marketing for a Full House* (Ithaca, New York : Cornell University, 1984), p. 9.

· 세일즈프로그램의 종류는 어떤 것들인가
· 조경의 종류는 무엇인가
· 어떤 타입의 광고판이 있어야 하는가
· 무슨 광고를 언제, 어디서, 얼마나 많이 실시해야 하는가
· 영선과 보수에는 얼마나 많이 써야 하나
· 업무 제휴를 위해서는 어떤 지사를 설치할 것인가
· 어떤 타입의 사람을 프런트데스크에 쓸 것인가
· 어떤 서비스 유니폼과 서비스 종사원의 종류는 어떻게 할 것인가

모든 영업부서들과 그들이 하는 모든 것들이 단지 고객들을 즐겁게 하기 위하여 행한다는 단순한 원리를 받아들인다면 그것은 마케팅지향적이 되는 것이며, 고객을 즐겁게 하면 그것이 곧 마케팅지향적이 되는 것이다. 고객들의 욕구와 필요는 호텔영업의 지도원리가 되는 것이다. 분명 호텔은 자기호텔을 이용하는 각자의 고객을 위해서 건물을 다시 지을 수도 없고 실내장식을 다시 할 수는 없다. 그러나 주고객 시장에 대해서는 그들이 원하는 것을 제공하지 않으면 안 된다.

호텔고객의 욕구와 필요라는 것은 거창한 슬로건이 아니라 가장 기본적이고도 현실적인 것이다. 호텔고객은 편하게 잠자고 쉴 수 있는 일시적인 집을 필요로 한다. 식사나 숙박이 필요하다. 더구나 숙박이라는 것은 가장 기본적인 것이다. 그렇다면 그들이 원하는 것을 제공해야 한다. 강압적인 판매가 되지 않도록 해야 한다. 고객이 원하는 것을 놓쳐서는 안 된다. 이것이 호텔상품 만들기의 기본이다.

이러한 기본 위에서 이제 호텔마케팅 담당자는 얼마나 많은 시장을 상대로 할 것이며, 얼마나 많은 상품을 제공할 것인가를 결정해야 한다. 이른바 시장커버전략이 필요한데, 이를 위해서는 기본적으로 세 가지를 고려할 수 있다. 즉 무차별 마케팅전략과 차별화전략 그리고 집중화전략이 그것이다.[5]

무차별 마케팅(undifferentiated marketing)이라는 것은 호텔이 전체 시장이

5) Christopher W. L. Hart, *Strategic Hotel/Motel Marketing* (East Lansing, Michigan : AHMA, 1986), pp. 114~115.

나 아니면 한 시장의 가장 큰 하위시장을 상대로 하여 하나의 상품이나 서비스를 제공하는 것을 말한다. 그러니까 무차별 마케팅전략은 무엇이 다른 것이냐보다도 소비자의 욕구 가운데 공통된 것에 집중하면서 가장 광범위한 잠재고객을 상대로 하는 마케팅 프로그램을 계획한다.

무차별 마케팅은 흔히 비용절감을 줄 수 있다. 하나의 상품이나 서비스를 제공하는 것은 생산, 재고관리, 광고비용을 줄여 준다. 또한 시장세분화를 위한 조사나 세련된 마케팅계획이 없으므로 마케팅부서는 물론 조사개발부의 비용도 절감되는 것이다.

그러나 무차별 마케팅의 문제점은 사람들이 욕구와 편익이라는 측면에서 매우 다양하다는 것이며, 그러므로 모든 사람에게 어필할 수 있는 제품을 만들기가 어렵다는 것이다. 실제로 한 시장의 한 부분만을 유치하는 행위는 자동적으로 다른 시장을 소외시키는 결과가 된다. 예를 들어 보통수준의 서비스를 제공하는 중간가격의 모텔은 가격에 민감한 고객층이나 고급호텔에서 제공하는 서비스나 즐거움을 찾는 고객에게는 어필할 수가 없게 된다. 특수계층을 겨냥한 상품을 가지고 있는 경쟁호텔들은 무차별 마케팅을 실시하는 호텔의 시장기반을 침식하는 것으로 보아야 하며, 또한 보다 큰 시장은 심한 경쟁을 유발하기 때문에 이익이 적어질 수 있는 것이다.

차별화 마케팅전략(differentiated marketing)은 여러개의 하위시장이나 가능하면 전체시장까지도 목표하면서 이들 각 시장을 위해서 별도의 제품이나 서비스를 계획하는 것을 말한다. 제품과 마케팅변화를 제공함으로써 호텔을 상대로 하여 내놓는 경우보다 더 많은 매출액과 각 시장에서 보다 확고한 위치를 확보할 수 있기를 바란다. 또한 호텔의 상품이 고객의 욕구와 필요에 부합되는 것이기 때문에 재구매도 훨씬 높아질 것을 바란다.

이 차별화전략에는 값진 상승효과도 있는 반면에 약점 또한 가지고 있다. 호텔이 많은 시장을 상대로 운영하면 규모의 경제가 없어지고 관리기능이 분열될 수 있다. 이 경우 호텔로서는 잠재적 원가상승이 올 수 있는데, 여러 시장계층의 요구에 맞추기 위해 조사, 개발, 설계비용 등이 포함되는 제품수정비용, 시장별로 별도 마케팅계획을 개발하기 위한 관리비, 각개 시장에 대한 차별광고를 실시하기 위한 촉진비 등이 그렇다.

집중화 마케팅전략(concentrated marketing)은 호텔이 목표로 하고 대응하려고 하는 몇 개의 하위시장에서 강력한 시장위치를 확보하려고 할 때 쓰여진다. 이러한 집중화전략은 호텔이 그 시장의 욕구를 알고 특수한 고객집단 간에 얻고 있는 특별한 명성을 알고 있을 때 성공하는 경우가 많다. 일반적으로 이들 기업들은 제품계획이나 광고와 촉진 그리고 관리측면에서 전문화되었기 때문에 많은 운영비절감을 누리고 있으며, 또한 그 시장이 성장하고 있다면 기업은 높은 수익률을 얻을 수도 있다.

그러나 집중화전략에는 상당한 위험이 따를 수 있다. 기업이 상대하는 특수하위시장은 역으로 그 기업이 통제할 수 없는 환경적 · 정치적 · 경제적 여건에 의해 영향을 받을 수 있다. 예를 들면 고속도로 주변의 모텔의 시장은 석유파동으로 휘발유 가격을 올리지 않을 수 없게 되면 자연히 감소될 수밖에 없게 된다. 또한 산업의 경제구조가 변화되면 집중화전략을 실시하는 기업에게는 심각한 영향을 주게 된다. 경쟁자가 똑같은 시장에 들어가 원래 들어가 있던 업자의 판매를 빼앗아 오도록 결정할 수도 있기 때문이다.

따라서 한 호텔이 수용시장을 대응함에 있어 어떤 마케팅전략을 구사할 것인가를 결정하는 데는 다음과 같은 요인들을 고려해야 한다.6)

첫째로는 회사의 자원이다. 기업의 자원이 제한될 때에는 집중화전략을 쓰는 것이 가장 의미가 있는 일이 된다. 제한된 재정적 자원을 갖고 있으면서 특정시장 내에서 어떤 위치를 확보하려는 호텔은 흔히 한 지역내의 한 시장계층을 상대하는 것으로 스스로를 제한시킬 수 있다.

둘째로는 상품이나 제품의 동질성이다. 무차별 마케팅전략은 재화를 생산하는 기업이나, 아니면 구매자들이 동일한 취향을 가지고 있거나 마케팅자극에 대해서 똑같은 반응을 보이는 시장에 도달하려고 할 때에는 가장 적합한 전략이 될 수 있다. 상품계획에 변수를 줄 수 있는 제품과 서비스를 제공하는 서비스산업에서는 집중화전략을 사용하면 보다 좋은 결과를 얻을 수 있다.

셋째로는 경쟁적 마케팅전략이다. 경쟁자가 정교한 시장세분화기법을 구사할 때 또는 무차별 마케팅을 실시할 때에는 한 기업은 집중화전략을

6) Christopher W. L. Hart, *Ibid.*, p.115.

씀으로써 시장점유율을 확보할 수 있다.

그러므로 시장, 환경, 제품과 경쟁에 대한 철저한 분석을 통해서 호텔마케팅 담당자는 효과적인 마케팅전략계획에 필요한 지식을 얻을 수 있다. 호텔마케팅 담당자는 또한 마케팅수단에 대해서 어떻게 하면 가장 효율적으로 사용할 수 있는가를 이해할 필요가 있다.

Summary

요 약

지금까지 설명한 내용을 요약하면 다음과 같다.

1) 한 시장은 많은 하위시장으로 되어 있으며, 그 중에 자기호텔에 맞는 주시장을 발견하는 것이 중요하다.
2) 주시장의 특성과 동기는 부단히 연구되어야 한다.
3) 이러한 활동은 호텔의 수익성이라는 관점에서 평가되어야 한다.
4) 시장의 욕구와 필요를 바탕으로 하여 호텔상품을 구성하는 것이 바람직하다.
5) 소비자들의 태도와 습관, 업계의 태도와 방법, 경쟁, 정부의 규제 등이 호텔영업의 변화를 요구하는 요인들이다.
6) 시장의 욕구에 따라 호텔은 변화를 시도해야 한다.
7) 마케팅조사는 이러한 시장의 욕구변화를 인식하고 마케팅 프로그램을 개발하는 기초가 된다는 점에서 중요한 의미가 있다.
8) 호텔고객은 깨끗하고 편안한 잠자리, 조용하고도 쾌적한 분위기가 있는 제2의 집을 바란다.
9) 호텔영업의 출발은 기초충실주의이다.
10) 호텔이 시장을 상대로 하여 구사할 수 있는 전략은 무차별전략, 차별화전략, 집중화전략 등이다.
11) 호텔이 시장을 상대로 구사할 수 있는 전략을 결정하는 데는 회사의 자원, 상품의 동질성, 경쟁 등이 영향을 미친다.

3. 호텔마케팅 정보관리체계

기업을 성공시키려면 미래를 잘 관리해야 하고, 미래를 잘 관리하려면 정보를 잘 관리해야 한다고 한다. 그만큼 한 기업의 정보관리능력이 기업의 성패를 좌우한다는 말이다.

호텔기업도 성공하려면 고객의 욕구와 필요를 충족시키는 일이 중요하고 시장의 추세변화와 경쟁호텔의 움직임에 대해서도 대책이 있어야 한다. 더구나 요즘과 같이 급격히 변화하는 기업환경에 대한 정보가 없이는 신속하고도 정확한 의시결정은 불가능하게 되므로 정보는 곧 기업의 존폐의 문제라고 해도 과장된 말은 아닐 것이다.

A. N. Geller가 숙박업계를 가진 27개 호텔의 간부 74명을 대상으로 면접조사한 바에 따르면 다음과 같은 사항들에 대해서 정보욕구를 갖고 있는 것으로 조사되었다.7)

(1) 고객만족을 측정할 수 있는 보다 좋은 방법
(2) 전산화된 불평처리 시스템
(3) 일일 매출정보
(4) 주중 매출 및 이용률
(5) 수요예측
(6) 예외보고
(7) 고객정보
(8) 마케팅 정보
(9) 질적 정보
(10) 재구매 고객정보
(11) 비매출정보

이 같은 것 말고도 사실 필요한 정보는 많다. 시장점유율, 경쟁자, 목표시장, 시장추세, 주요 거래처, 고객기대, 소비자의 인지, 마케팅 믹스, 제품과 서비스의 질, 유통채널 비율, 제품믹스, 고객지출, 마케팅 조사, 광고효과, 기타자료 등이 그러하다.

그러니까 Geller의 조사에 나타난 것 뿐만 아니라 이와 같은 마케팅 투입자료를 얻기 위해서는 정보체계가 필요해진다. 특히 시장점유율, 제품 또는 서비스의 질, 마케팅비용지출 등은 투자액, 조사개발비, 기업의 다양성과 더불어 주요 산업의 수익성에 영향을 미치는 중요한 요인이 되는 것이다.

---

7) A. Neal Geller, *Executive Information Needs in Hotel Companies,* (Peat, Marwick : Mitchell & Co., 1984), p. 35.

정보의 흐름은 사외정보와 사내정보로 나누어 생각할 수 있다. 사외정보는 유통경로, 경쟁자, 공급업자, 각종 정부기관 및 협회 그리고 시장에서 얻어진다. 사내정보는 호텔의 내부에서 얻어지는 것으로 객실점유율, 평균객실료, 평균투숙자수, 회전율, 주문율이 높은 품목 등이 그러하다. 그렇다면 호텔임원들을 내부적으로 쉽게 얻을 수 있는 정보들을 왜 희망사항에 넣고 있는가. 그것은 이런 분야의 정보시스템이 없기 때문일 것이다.

그러므로 호텔마케팅 정보시스템을 개발하는 첫 단계는 한 조직의 목표를 정하고, 필수적인 성공요인을 정하고, 그런 목표달성을 위한 의사결정에 필요한 정보를 구명하는 일이다. 이렇게 되면 경영진은 중요영역에 대해서 더 생각하고 전념케 하는 통로가 되는 셈이다. 주요 영역을 찾는다는 것은 그 부분의 진척을 측정하기 위해 필요한 정보를 더욱더 찾아내게 되고, 그러한 필요는 그 정보를 얻을 시스템을 세울 필요로 이어지는 것이다.

훌륭한 정보시스템은 다음과 같은 조건을 요구한다.[8)]

① 준비된 정보가 사용자욕구를 충족시켜야 한다.
② 정보는 정확하고 객관적이어야 한다.
③ 정보는 상관되도록 요약되고 양이 많지 않아야 한다.
④ 정보는 조직 내에서 빠르고 원활하게 흘러야 하며 관련된 자에게 전달되어야 한다
⑤ 시스템은 융통성이 있어야 하며, 중요한 요인이 변할 때 변화될 수 있어야 한다.

정보시스템을 수립하기 위한 7단계 계획을 보면 다음과 같다.[9)]

① 프로젝트팀과 심사위원회를 구성한다.
② 사업계획과 목표를 문서화한다.
③ 사업의 필수적 성공요인을 규정한다.
④ 필수적인 성공요인을 초래하고 측정하는데 필요한 정보를 분석한다.
⑤ 그런 정보욕구를 충족시키는 데 필요한 시스템을 규정한다.

---

8) Robert C. Lewis and Richard E. Chambers, *Marketing Leadership in Hospitality : Foundations and Practices,* (New York : Van Nostrand Reinhold, 1989), p. 514.

9) *Ibid.,* p. 516.

⑥ 시스템이 효율적이고 효과적이도록 설치한다.
⑦ 시스템과 충족도와 실적을 통제하고 필요하면 현대화한다.

이 같은 마케팅 정보시스템을 설치하는 기본목적은 경영자가 목표지향적인 업무추진을 위해서 합리적인 의사결정을 할 수 있도록 하기 위함이다. 이를 위해서 마케팅정보시스템은 경영자가 훌륭한 의사결정을 하기 위해 사용하게 될 정보를 수집, 처리, 전달하지 않으면 안 된다. 따라서 호텔정보시스템은 경영자가 필요로 할 때 관련정보를 제공할 수 있는 이용자 시스템이 되어야 하는데, 관련정보를 적절히 평가・집적하고 어떤 정보가 보다 합리적인 의사결정을 가능하게 하는가를 알고, 필요한 경우 결정된 규칙이나 실적을 피드백해주어야 한다.

효율적으로 운영되기만 한다면 마케팅 정보시스템은 통제, 계획, 기초연구와 같은 경영활동분야에서 많은 편익을 제공할 수 있다.[10)]

우선 통제 면에서 줄 수 있는 편익을 보면 다음과 같다.

① 마케팅코스트를 통제할 수 있다.
② 불량한 판매실적을 진단할 수 있다.
③ 유행상품을 효과적으로 관리할 수 있다.
④ 탄력적인 촉진전략을 사용가능하게 한다.

계획면에서 다음과 같은 편익을 얻을 수 있다.

① 촉진계획 및 기업장기계획에 응용된다.
② 산업용품의 수요예측이 가능하다.
③ 자동적인 외상관리가 가능하다.
④ 상세한 판매보고에 의해 경영자 의사결정을 자동화할 수 있어 표준품목의 재구매를 가능하게 해준다.

자기연구면에서 얻을 수 있는 편익은 다음과 같다.

① 광고전략의 응용이 가능하다.
② 가격전략에 응용할 수 있다.

---

10) 金元銖 , 마케팅정보시스템論 [重版], (서울 : 박영사, 1981), pp. 180∼181.

③ 잘 설계된 자료뱅크로 광고비평가에 응용할 수 있다.
④ 고객유형별 촉진전략의 변화를 계속하여 판매결과에 대응하여 파악할 수 있는 등 계속적인 실험을 할 수 있다.

따라서 마케팅 정보시스템은 경영자가 필요로 할 때 관련정보를 제공할 수 있는 이용자중심 시스템이 되어야 하는데, 이것이 가지는 종래의 마케팅조사와 다른 특성을 보면 다음과 같다.[11)]

① 마케팅조사와는 달리 외부 및 내부정보를 동시에 취급한다.
② 마케팅 문제해결 뿐만 아니라 문제예방에도 관심을 둔다.
③ 마케팅 정보시스템은 계속적인 시스템으로서 관심을 둔다.
④ 과거보다는 미래지향적인 경향이 높다.
⑤ 컴퓨터 베이스로 활용된다.
⑥ 마케팅조사 이외에도 정보제공원이 있다.

마케팅 정보시스템을 구성하는 주요 요소 중의 하나는 마케팅조사 시스템이다. 이것은 기업이 당면한 특수 마케팅상황과 관련된 자료와 사실들을 체계적으로 설계, 수집, 분석, 보고하는 체계이다. 그러므로 마케팅조사 시스템은 호텔의 시장을 실제적으로 알 수 있는 유일의 방법이다.

따라서 마케팅조사의 필요성을 주로 야기시키는 것은 경쟁상황이다. 고객을 창조하고 유지하는 일이 더욱 어려워짐에 따라 고객을 알고 이해하는 일이 더욱더 필요하게 된다. 이것 때문에 시장조사는 다음과 같은 목적을 위하여 필요해진다.[12)]

① 확실성을 높이기 위하여
② 직관보다는 사실에 입각하기 위하여
③ 시장의 흐름과 일치하기 위하여
④ 필요와 욕구를 결정하기 위하여
⑤ 하위시장과 목표시장을 확인하기 위하여

11) 최태광, 전게서, p. 135.

12) Robert C. Lewis and Richard E. Chambers, *Marketing Leadership in Hospitality* (New York : Van Nostrand Reinhold, 1989), p. 522.

⑥ 전략과 전술을 계획하기 위하여
⑦ 미래를 미리 대비하기 위하여
⑧ 사업결정을 하기 위하여

기업이 일반적으로 벌이는 조사활동은 다음과 같다.

① 시장특성의 규정
② 시장잠재성 측정
③ 시장점유율 분석
④ 판매분석
⑤ 기업활동 추세에 대한 연구
⑥ 경쟁상품 연구
⑦ 단기판매 예측
⑧ 신상품 수용도 및 잠재성 조사
⑨ 장기판매예측
⑩ 가격정책

그러므로 마케팅조사를 필요로 하는 마케팅담당자는 저렴한 가격으로 올바른 정보를 얻을 수 있어야 하므로, 조사의 기획과 결과해석에 참여할 수 있도록 마케팅조사절차를 숙지하는 일이 필수적이다.

마케팅조사가 효과적이기 위해서는 ① 문제의 규정 및 조사목적의 확정, ② 정보출처의 개발, ③ 정보수집, ④ 정보분석, ⑤ 조사결과보고 등의 과정을 통해서 이루어져야 한다. 2차 정보자료(secondary data)는 기업내부의 판매자료, 정부간행물, 정기간행물 및 문헌, 기타 상업적인 자료로서 조사비용이 저렴하고 이용하기 쉽다는 이익이 있으나, 필요한 자료가 없거나 오래된 것이나 부정확, 불완전하며 신뢰성이 떨어지기 쉽다. 1차 정보자(primary data)는 2차자료를 통해 얻을 수 없는 자료를 직접조사를 통해서 얻는 것을 말하며, 이때 이용되는 방법은 관찰조사, 설문조사, 실험조사 등이다. 이와 같은 마케팅조사를 호텔 자체내에서 할 것인가, 외부기관에 의뢰하여 실시할 것인가는 각각 장단점이 있으므로 신중히 결정해야 할 문제이다.

요 약

지금까지 호텔정보시스템에 관해 설명했는데 내용을 요약하면 다음과 같다.

1) 호텔경영자의 신속하고도 정확한 의사결정을 위해서는 정보시스템이 구축되어야 한다.
2) A. N. Geller의 조사결과는 호텔정보시스템의 필요성을 실증적으로 입증해주고 있다.
3) 호텔정보시스템 개발의 첫 단계는 한 조직의 목표를 정하고 필수적인 성공요인을 정하고, 그 목표달성을 위한 의사결정에 필요한 정보를 구명해 내는 일이다.
4) 훌륭한 정보시스템은 사용자욕구를 충족시키는 정보, 정확하고 객관적인 정보, 양이 적은 정보, 빠르고 원활하게 흐르는 정보를 제공할 수 있어야 한다.
5) 호텔정보시스템은 이용자중심이어야 한다.
6) 효과적으로 운영되는 정보시스템은 통제, 기획, 기초연구면에서 여러 가지 편익을 제공한다.
7) 2차자료는 기업내부의 판매자료, 정부간행물, 정기간행물, 문헌, 기타 상업적인 자료를 말한다.
8) 1차자료는 2차자료를 통해 얻을 수 없는 정보를 직접적인 방법, 즉 관찰, 설문조사, 실험조사 등을 통해서 얻어진다.
9) 조사실시를 자체로 하는 것과 외부기관에 위탁하는 것은 각각 장단점이 있으므로 신중히 결정해야 할 문제이다.
10) 조사 및 개발능력은 호텔의 경쟁력을 구성하는 것이다.

Hotel Marketing

제4장 호텔마케팅계획

1. 마케팅계획의 기본

조종사가 비행계획도 가지지 못한 비행기를 탑승할 것인가. 아마도 지독하게 위험을 좋아하지 않는 사람이라면 그 대답은 물론 탑승하지 않을 것이라는 것이다. 마케팅계획이 없는 기업은 비행계획이 없는 비행기와 같다. 둘 다 지금 어디에 서 있고 어디로 가고 싶은지는 알고 있을지는 모르지만, 그 과정에 관한 모든 것은 알려진 것이 없다. 비행기는 항로를 이탈할 수도 있고 그래서 연료소비가 너무 많아 최종 목적지에 도달하지도 못한 채 끝장이 날는지 모르는 것이다. 이와 같이 마케팅계획이 없는 기업은 계속되는 절벽 사이로 하강해서 목표에 이르기도 전에 마케팅예산을 모두 써 버리게 될 것이다.

그러므로 마케팅계획이라는 것은 일정기간 동안의 기업의 마케팅활동을 안내하는데 쓰이기 위해 작성된 계획을 말하는 것이다. 따라서 마케팅계획은 다음과 같은 효익을 주기 때문에 가장 유용한 수단이 되는 것이다.[1)]

1) Alastair M. Morrison, *Hospitality and Travel Marketing* (Albany, New York : Delmar Publishers Inc., 1989), pp. 202~203.

① 목표에 상응하는 마케팅계획을 집중시킬 수 있다.
② 기업의 목표와 목표시장의 우선순위를 일치시킬 수 있다.
③ 모든 사람에 공통되며 그들의 노력을 일치시킬 수 있다.
④ 마케팅성공을 측정하는데 도움을 준다.
⑤ 기업의 장기계획과 연결된다.

그렇지만 모든 건물이 튼튼한 기초가 필요하듯이 마케팅계획도 세심한 조사와 분석에 근거하여야 한다. 마케팅계획은 상황분석이나 시장조사, 시장세분화, 목표시장 선정 및 포지셔닝 등에 기초해서 수립되며, 경영진에게는 행동계획이 되는 것이기 때문에 다음과 같은 기준에 맞아야 한다.[2)]

① 마케팅계획은 사실에 기초하여야 한다, 사전에 실시한 조사와 분석에 근거해야 한다. 만약 한 개의 핵심적 가정이 잘못된 것으로 판명되면 전체 계획이 잘못되고 만다.
② 마케팅계획은 조직화되고 조정되어야 한다. 마케팅계획은 가능한 한 전문적이고 세부적이어야 한다. 그것은 특별업무를 책임지는 부서와 사람을 명시해야 한다.
③ 마케팅계획은 프로그램화되어야 한다. 마케팅계획은 모든 활동이 세심하게 연결되도록 조율되어야 한다. 시기(timing)라는 것이 마케팅에 있어서 대단히 중요한 것이므로 마케팅계획은 세부적인 단계적 시간표를 가지고 있어야 한다.
④ 마케팅계획은 예산책정이 있어야 한다. 모든 마케팅계획은 면밀한 예산책정이 있어야 한다. 기업의 예산이 최종 확정되기 전이라도 실제로 여러 개의 잠정예산이 편성되어야 한다.
⑤ 마케팅계획은 융통성이 있어야 한다. 예견치 못한 사건은 언제나 일어나는 법이다. 그러므로 목표를 분명히 달성할 수 없거나 기대하지 못했던 경쟁움직임이 있는 경우 마케팅계획은 조정되어야 한다.
⑥ 마케팅계획은 통제가능해야 한다. 마케팅계획을 원래 계획대로 실행하도록 하는 것은 계획을 처음 작성할 때보다 더 어려운 것이다. 그러므로 마케팅계획은 계획기간 동안에 측정가능한 목표나 측정방법

2) *Ibid.,* pp. 201~202.

을 포함하고 있어야 하고, 측정과정을 누가 책임지고 있는지를 결정해야 한다.

⑦ 마케팅계획은 내부적으로 일치하고 서로 관련이 있어야 한다. 마케팅계획이 대부분은 서로 상관되고 있기 때문에 일치되어야 할 필요가 있다. 예를 들어 광고캠페인과 판매촉진방법은 최대효과를 얻기 위해서는 서로 관련되어 있어야 한다.

⑧ 마케팅계획은 명백하고 단순해야 한다. 계획을 세운 사람만이 그 계획을 이해하는 사람이어서는 충분치 못하다. 많은 사람들의 노력이 성공적인 마케팅계획을 만들어 낸다. 중복, 혼란, 오해의 소지는 제거해야 한다.

2. 마케팅계획의 구성내용

마케팅계획에는 두 가지 부분이 있다. 하나는 마케팅 기본계획이고 다른 하나는 실행계획이다. 마케팅 기본계획은 마케팅계획이 근거하고 있는 사실, 분석 그리고 가정들을 설명하는 것이다. 따라서 그것은 마케팅기간 동안의 마케팅전략과 목표시장, 포지셔닝 접근방법, 그리고 마케팅목표를 기술하는 것이다. 실행계획은 마케팅예산, 각 요원의 책임, 활동, 시간표 그리고 마케팅활동에 대한 통제, 측정 및 평가의 방법 등을 정한 것이다.

마케팅 기본계획의 출발은 지금 우리가 어디에 있느냐에 대한 현황분석이다. 환경분석, 지역사회 및 위치분석, 경쟁자분석, 시장잠재성분석, 서비스분석, 마케팅포지션분석, 주요 장단점과 위기, 기회 등을 분석한 내용으로 구성된다.

마케팅 기본계획을 구성하는 또 하나의 내용은 어디로 가고 싶은가에 대한 마케팅전략을 내용으로 한다. 시장세분화와 목표시장, 마케팅전략, 마케팅믹스, 포지셔닝 접근방법, 마케팅목표 등으로 구성된다.

[그림 4-1] 전략적 마케팅계획 모델

자료 : Robert L. Blomstrom, *Strategic Marketing Planning in the Hospitality Industry* (East Lansing, Michigan AHMA, 1983), p.57.

한편, 실행계획은 어떻게 그곳에 가는가 하는 행동계획과 마케팅예산, 우리가 어떻게 그곳에 간다는 것을 확신하는가에 대한 통제절차, 그리고 우리가 그곳에 도착했나를 어떻게 아는가 하는 평가절차 등으로 구성되어진다. 목표시장별 활동, 활동에 대한 책임, 시간표 및 활동스케줄, 목표시장별 예산, 마케팅믹스별 예산, 긴급자금, 각 활동별 기대성과, 보고 및 측정절차, 측정결과, 실적평가기준, 평가시간표 등이 실행계획의 주요 구성내용이다.

3. 호텔마케팅계획

앞에서 살펴본 마케팅계획의 기본에 따라 호텔마케팅계획은 역시 다음

과 같은 내용으로 구성된다.[3)]

① 상품분석
② 시장분석
③ 경쟁자분석
④ 요원조직
⑤ 판매 프로그램
⑥ 정비계획
⑦ 영업예측
⑧ 영업부서별 예산
⑨ 영업정책결정(결론)
⑩ 통제 및 평가

이제부터는 훌륭한 마케팅계획을 작성하기 위해서 위의 내용을 항목별로 자세히 살펴보기로 한다.

3-1. 호텔상품 분석

모든 계획의 출발은 현황분석이다. 계획이란 목표달성을 위해서 미래를 조직하는 것이 그 본질이므로 모든 계획의 기준은 현재이다. 호텔마케팅계획도 지금 현재 우리 호텔이 할 수 있는 총체적 역량에 기초하는 것이므로 훌륭한 호텔마케팅계획은 호텔의 X-ray촬영을 하는 것부터 시작된다.

1) 호텔분석

호텔분석은 다음과 같은 내용을 포함해야 하며 그 확인사항을 보면 다음과 같다.

① 우리 호텔은 얼마나 큰가? (수용인원수는 얼마인가, 몇 층인가)
② 어떤 시설을 갖추고 있는가?

3) C. Dewitt, Coffman, *Marketing for a Full House* (Ithaca, New York : Cornell University, 1984), p. 56.

· 객실수
· 주차시설
· 좌석수(식당, 커피숍)
· 공공장소의 수(연회, 회의, 컨벤션)와 그 수용인원
· 오락 및 위락시설

③ 호텔위치는 어떤 곳인가?
· 시내 중심지
· 주요 산업시설, 비즈니스센터, 관광지 주변
· 고속도로, 공항주변

④ 영업의 성수기는 언제인가?
· 연중 어느 달
· 주중 어느 요일
· 일일 중 어느 시간대
· 가장 영업이 저조한 때는? (연중, 주중, 일일 중)

⑤ 우리의 고객은 누구인가? (객실별, 식음료별)
· 부유층
· 사업가 및 여성
· 가족 및 관광객

⑥ 우리 호텔의 분위기는 어떤가?
· 조용하고 품위 있다.
· 상업적이고 복잡하다.
· 지나치게 사치스러워 보인다.
· 좀 어색하다.

⑦ 우리 호텔의 건물여건은 솔직히 말하면 어떤 것인가?
· 현대적이고, 깨끗하고, 최신식이다.
· 구식이지만 잘 관리되어 있다.
· 비교적 현대적이지만 도색이 필요하다.
· 오히려 낡았다.
· 싸구려이고 재수리가 절실하다.

⑧ 우리 호텔의 서비스 질은 어떠한가?

· 접객부서별 인원수
· 음식의 질과 다양성
· 오락 및 기타 영업활동

⑨ 매출에 영향을 주는 영업정책은 어떤가?
· 특정 시장에 대한 특별요금제 실시
· 온천요금
· 무료 골프제공 등

⑩ 요금정책은 어떤가?
· 계절별
· 요금의 변동
· 요금의 변동추세(지난 3년간)

2) 지역사회 분석

호텔마케팅계획을 수립하기 위하여 호텔 그 자체뿐만 아니라 그 호텔이 위치하는 지역사회의 분석도 병행되어야 한다. 호텔은 어차피 그 지역사회의 경제·사회적 영향을 받지 않을 수 없고 상대적으로 지역특성에 따라 영업활동도 규정지어지기 때문이다.

지역사회 분석은 본질적으로 그 지역의 경제를 우선하지 않을 수 없고 또 그와 관련된 사항들을 분석대상으로 한다.

① 지역내는 물론 이 지역을 들어오고 나가는 교통편은 어떤가

② 이 지역의 주요산업은 무엇인가

③ 이 지역의 관광객 유치기구나 컨벤션뷰로는 있는가. 그 활동상황은 어떠한가.

④ 특별한 관광매력은 존재하는가?
· 카지노
· 주제공원
· 스포츠 경기장
· 놀이공원

⑤ 정기적으로 열리는 특별행사는 어떤 것이 있는가?

- 전시회
- 축제
- 스포츠 행사
- 기타 행사

⑥ 이 지역의 지도를 분석한다.(주요 고속도로, 신규 고속도로 계획)

특별한 지역정보를 얻고자 하고 또한 올바른 요인들을 선별하기 위해서는 그 지역의 은행이나 상공회의소 등을 통해서 알아볼 수 도 있다. 지역분석이 처음인 경우는 비용부담이 훨씬 높아질 것이므로 다음과 같은 분석표를 이용하면 그 지역의 심층자료를 얻을 수 있고, 특히 경제발전이나 침체에 대한 자료를 얻을 수 있다.

[표 4-2] 지역사회 분석표(예)

경제활동	분 석 활 동
금융활동	· 자원(은행, 저축 및 대출 등) · 예치금(수요, 사기 및 자금액) · 대출(사업, 저당, 고객) · 은행 대출 · 현금인출액 · 수표정산 · 저당조건
산업활동	· 주요 산업은 무엇인가 · 신규산업은 무엇인가 · 제조업 종사자수 · 제조업 근로자 시간수(과거/현재/예정) · 인건비 · 평균가계, 제조종사자수
상업활동	· 철도화물량 · 항공 및 항공화물 입출량 · 철도 입출량 · 항공여객 입출량
종사원활동	· 시민노동력 · 전사업종사자수

소매업활동	· 소매판매 총액 · 백화점 판매액 · 체인 식품점 매출 · 주류점 매출 · 소매광고액 · 신규 자동차 매출 · 판매세 총액 · 사치세 총액
물가동향	· 소비자물가지수
농업활동	· 농업활동은 있는가 · 타산업에 대비 순위는 어느 정도인가 · 늘어나는가 줄어드는가
부동산 및 건물	· 부동산 판매활동 · 저당설정수 · 저당인출권 포기 · 건축허가수 · 건축계약수 · 전체 건설현황(금액 및 연간 비율)
기타사업활동	· 전화개설수 · 부도수 · 방어비용 · 개인별 소득 · 지역사회의 확장계획 · 전기 및 개수연결수 · 관광업체수 · 상업용 차수 · 신규사업회사 및 협업체수

자료 : C. Dewitt Coffman, *Op. cit.*, p. 57.

3) 건물구조 분석

건물구조분석은 원칙적으로 신규호텔에 해당되는 것이지만, 개보수에도 관련되는 사항이기도 하다. 이 분석은 호텔운영의 효율성과 경제성을 얻기 위해 건물재배치(구성)를 의도하는 것인데, 분석사항을 보면 다음과 같다.

① 주방과 서비스 지역의 비율
② 통제와 안전의 관점에서 접객지역과 종사원 사용입구
③ 고객 접객지역에서의 고객의 이동로(신설 또는 변경)

④ 모든 부서내의 창고지역
⑤ 식음료시설 비율과 객실수 대비 회의 및 연회시설(기존 및 계획)
⑥ 주차장
⑦ 침실규격
⑧ 성공을 거둔 사례에 따른 건축가에서 조언

가령 한 호텔의 주방과 서비스 지역이 너무 적다고 할 때 고객의 접대의 효율성을 기할 수 없을 것이며, 한 호텔의 엘리베이터의 위치에 따라 로비에서의 고객이동이 영향을 받지 않을 수 없다. 객실 수입만을 의식한 나머지 연회시설을 전혀 갖추지 않고 개업한 한 지방호텔은 개업 후 다시 연회시설을 위해 새 건물을 헐고 공사를 새로 시작한 예도 있다. 충분한 주차시설이 없는 호텔은 그만큼 이용고객들에게 불편을 주게 되므로 호텔을 계속하여 이용하려는 욕구를 좌절시키는 마이너스 효과를 가져오게 된다. 결과적으로 건물구조적으로 그만큼 호텔영업의 효율과 경제성을 가지는 호텔은 호텔상품을 그만큼 강화하는 것으로 풀이할 수 있을 것이다.

4) 데코레이션 분석

호텔은 필연적으로 많은 실내장식을 필요로 한다. 호텔의 상징이 되고 있는 샹들리에서부터 호텔객실의 벽지색깔에 이르기까지 수많은 장식이 필요한데, 실질적으로 이러한 징식들이 호텔상품화에 어떻게 기여할 수 있는가를 확인하려는 노력인 셈이다. 데코레이션분석을 위한 확인사항을 보면 다음과 같다.

① 원가요소
② 전반적인 영업정책과 요율구조면에서 외부 모양과 비용이 적합한가
③ 성공적인 호텔과 레스토랑에서의 디자이너의 전문적인 경험을 강조하고 있는가
④ 디자이너와 호텔소유주와 자주 회합을 갖는가
⑤ 객실 크기에 대한 적절한 규모를 강조하는가
⑥ 그 장식은 마케팅담당자의 요구에 일치하고 있는가

[그림 4-1] 몬트리얼의 Bonventure Hotel은 도어맨에게 심홍색 오버코트와 비버모피모자를 쓰게 하고 하우스키퍼는 주름잡힌 모자와 블라우스를 청색 상의와 함께 착용케 하고 서비스 요원은 심홍색 맛이 나는 갈색복장을 입게 하여 독특한 분위기를 연출하고 있다.
자료 : C. D. Coffman, *Marketing for a Full House*, Cornell Univ., 1984. p.123.

Summary

요 약

지금까지 설명한 내용을 요약하면 다음과 같다.

1) 호텔마케팅 계획 수립을 위해서는 호텔 자체를 투명하게 분석하는 일이 필요하다.
2) 호텔의 분석은 호텔상품분석, 지역사회 분석, 건물구조분석, 데코레이션 분석 등을 내용으로 하여 종합적으로 분석되어야 한다.
3) 호텔상품 분석은 호텔상품의 생산능력의 정도를 분석하는 일이다.
4) 지역사회 분석은 호텔소재지의 경제 · 사회적 요인 등을 분석하는 일이다.
5) 건물구조 분석은 건물구조상으로 호텔영업을 얼마나 경제적이고 효율적으로 할 수 있게 만드느냐는 관점에서 이루어진다.
6) 데코레이션 분석은 호텔격식과 상응하는 제반 장식에 관해 분석하는 것으로 소유주, 마케팅 담당자, 실내장식 전문가 간의 의견의 교환과 건의가 필요하다.

3-2. 호텔시장분석

호텔시장분석은 호텔마케팅의 구성내용으로 볼 때 아주 중요한 부분임에 틀림없다. 호텔고객이 없는 호텔영업이란 생각할 수 없기 때문이다. 그러므로 호텔시장분석은 호텔고객으로부터의 이용을 다음과 같이 나누어 생각하는 것이라 할 수 있다.

① 투숙고객의 지리적 분포현황
② 현재의 이용고객의 세부내역
③ 잠재성 높은 시장의 세부확인 분석
④ 집중투입시장에 대한 건의

그러면 호텔시장을 분석하는 다음의 기본모형을 이해하는 것은 바로 호텔의 이용고객을 확인할 수 있거나 또는 앞으로 이용고객이 될 수 있는 시장을 쉽게 확인할 수 있다는 점에서 꼭 필요한 일이다. 그 내용을 풀어보면 다음과 같다.[4)]

4) 이 호텔시장분석표는 Coffman의 Market Analysis Guide에 따른 것이므로 한국의 사정과는 다소 다른점이 있겠으나, 호텔마케팅 계획수립에 매우 공감되는 부분을 포함하고 있다.

[표 4-3] 호텔시장 분석표

호텔 서비스	시장구성	시장자원
객 실 개별고객	· 사업가 · 지역 내 모든 회사 · 휴가자 · 병원 · 관광객 · 군사관련 시설 · 지역 방문자 · 정부관서 · 영구임대자 · 대사관, 총영사관 · 상공회의소 · 협회본부 · 클럽 · 조합	· 사업가 현재고객 과거고객 자영업자 구매대행소 지점 프랜차이즈, 예약체인 호텔판매대행소 항공사, 버스, 철도 · 관광객 여행사 자동차협회 경찰 상공회의소 안내소
단 체 컨벤션 판매회의 투어단체	· 협회의 국제회의 · 각종 기업회의 · 기업의 출장요원의 관저(건설요원, 항공사 지상근무요원, 항공사, 선박, 철도 승무원, 수송차량 기사) · 대학단체 · 투어 여행사-관광투어 클럽투어 지역방문운동 정부후원외국인 방문단특별 이벤트, 박람회스포츠 이벤트 등	· 방문자 지역주민 · 단체지역 기관요원 · 컨벤션 국공립조합, 친목단체 클럽 · 특별 이벤트 지역주민, 협회, 조합 등 지난 컨벤션 개최자 지역 컨벤션뷰로 지사단체 홀세일러 여행사 호텔판매대행사 특별이벤트주최자 여행잡지 · 판매회의 지역 내 지사 방문경험이 있는 기관 호텔판매 대행소 · 투어 여행사 홀세일러여행사 인센티브 회사 여행버스업자 국공립협회회원 호텔판매업자

식 사 식당 연회 룸서비스 외래주문 식사	· 식당 호텔 투숙객 지역사회 고속도로 여행자 · 연회 호텔 내 컨벤션 지역협회, 클럽, 회사, 조합 오찬 만찬 칵테일파티 무도회 지역인사 결혼식 기독교 의식 성년축하 · 룸서비스호텔 투숙객 수영장 사무실 · 외래 주문식사 연회와 동일	도시전화부 회원목록 상공회의소 간부 기업간부 현지 협회 · 클럽간부 신혼상품점 목회자 기존사교행사 개최자
음료 식당 바 연회 룸 서비스	· 식사 · 바와 동일	· 식사 마켓자원과 동일
기 타 세탁 자동판매기	· 호텔 내 고객	
상 점 신문판매대 디 · 이용소 항공권 판매소 드럭스토어 자동차 대여	· 주로 지역 백화점 및 전문점 · 항공사 · 미용소, 이용소, 신문판매대 · 전시대	지역기업 국립기업본부 부동산업소

자료 : C. D. Coffman, *Op. cit.*, p.49.

이 분석표에 의하면 한 호텔이 제공하는 서비스에 대해서 어떤 고객들이 이용할 것이며, 그러한 고객들은 실제로 어디에 존재하는가를 찾아볼 수 있다. 그러나 현재 고객이나 잠재고객을 보다 정확히 알기 위해서는 이용고객들의 인구학적 특성이나 사이코 그래픽 특성을 이해하는 것이 필요하다.

예를 들면 대도시의 모텔과 호텔의 이용자는 같은 연령층일 수 있지만, 호텔이용자의 급여는 최고임원급인 반면, 모텔이용자는 기술자나 판매업소 관계자가 대부분일 수 있다. 따라서 같은 임원을 대하는 사람은 지위를 보다 의식하고 다른 사람보다 더 많은 서비스를 요구한 반면 기술자나 판매업자는 교외의 거래처와 전화를 하면서 가능한 한 빠른 체크인과 체크아웃 절차를 원하는 특성의 차이를 보인다는 사실을 쉐라톤 호텔에서 발견한 일이 있다.

물론 한 호텔의 고객의 내용은 다른 호텔과는 다르고 또한 한 호텔에서도 이용고객의 내용은 달라질 수 있겠지만, 그러나 어느 호텔이든 정기적으로 이용하는 주고객층이 있게 마련이다. 그러므로 호텔시장 분석은 이러한 주고객층을 확인하는 중요한 수단이라고 할 수 있다.

Summary

요 약

지금까지의 내용은 호텔시장분석에 관한 것이었는데 요약하면 다음과 같다.

1) 호텔마케팅계획을 수립하기 위해서는 무엇보다 호텔이용고객에 대한 정확한 자료가 필수적이다.
2) 호텔고객이 지리적으로 어떻게 분포되어 있는가를 아는 것은 고객의 흐름을 이해하는데 유용하다.
3) 현재 고객에 대한 특성을 이해하는 것은 호텔의 주시장을 이해하는데 도움이 된다.
4) 현재의 고객이 아니더라도 이용가능성이 있는 잠재시장을 발견하는 것이 호텔영업상 매우 중요하다.
5) 호텔시장분석을 위해서는 시장분석가이드를 활용하는 것이 효과적이고 체계적이다.

3-3. 경쟁분석

기업경영은 여러 가지 환경요인에 의하여 영향을 받고 있다. 특히 기업 전반에 영향을 미치게 되는 인구, 경제, 기술, 법률, 사회, 생태적 환경은 이른바 거시적 환경의 요체가 되지만, 경쟁이란 환경도 무시할 수 없는 기업환경이다. 기업은 어차피 경쟁을 전제로 한 승부게임이기 때문이다. 그렇다면 호텔도 이러한 경쟁을 전제로 하지 않을 수 없기 때문에 중요한 것은 타호텔보다도 어떠한 경쟁상 우위를 점할 수 있느냐가 선결과제라 할 수밖에 없다.

경쟁분석의 목표는 ① 우리 호텔이 모시지 못하는 고객집단을 경쟁호텔이 모시고 있는가, ② 경쟁자가 못하는 어떤 경쟁상의 이점을 우리 호텔이 가지고 있는가, ③ 우리 호텔이 이용할 수 있는 경쟁자의 마케팅전략상의 약점 등을 발견하고자 함이다. 이 분석은 적어도 네 번은 분석되어야 한다.

경쟁이 평가되기 전에 호텔의 경쟁자가 누구인지를 아는 것이 중요하다. 쉽게 말하자면 경쟁자는 바로 인근지역에서 동일한 시장을 상대로 하며 동일한 제품과 서비스를 동일한 가격으로 판매하는 호텔을 말한다. 일단 이러한 경쟁자가 확인되면 호텔의 마케팅인력과 판매원들을 각 시장별 경쟁자를 상대로 동원할 수가 있으며, 시장점유율도 계산해 낼 수 있다.

호텔은 하나하나 비교하면 호텔을 포지셔닝하고 판매하는데 있어서 도움이 될 중요한 특성과 강점, 약점을 나타낼 수가 있다. 그러나 간단한 재고조사만으로, 예를 들면 경쟁자와의 객실수, 식당수 및 기타 시설들을 비교함으로써만 경쟁분석이 되는 것이 아니다. 호텔분석과 마찬가지로 경쟁분석은 체크리스트 이상의 것이 필요하다.

경쟁분석에는 경쟁자의 호텔로 걸어가서 그 호텔의 종업원들과 대화도 해보고 경쟁호텔의 광고도 연구해 보는 일이 모두 포함된다. 보다 명확한 확인을 위하여 실제로 경쟁자의 호텔에 투숙해 보는 것이 필수적이다. 밤에 정기적으로 주차장을 통과하는 운전도 해보고, 자동차 타입에 대해서 특별히 주의도 기울이며 그들의 허가표지판, 상업용 차량수에 주의해 보고, 식당에서 직접 식사도 해보고, 브로슈어와 호텔내부 선전물도 읽어보고, 그 호텔의 고객과 대화도 나누어 보는 것이 우리 호텔과 경쟁호텔과의 차이를 결정하는 훌륭한 방법이다. 일단 이러한 차이가 결정되면 각 목표시장에다 그 차이를 팔 목표를 정하는 것이 가능하다.

경쟁분석을 위래 요구되는 다른 정보는 다음과 같은 여러 출처를 통해서 얻을 수 있다.

- 현지의 컨벤션 및 관광사무국
- 상공회의소
- 세금납부서
- 전화번호부
- 호텔체인명부
- 여행가이드

다른 지역 호텔지배인과 개별접촉을 갖는 것도 또한 정보를 수집하는 효과적인 수단이 된다.

앞에서 호텔상품분석을 위해서 여러 가지 질문을 설정한 바 있다. 즉 호텔의 크기, 시설, 위치, 영업시즌, 이용고객층, 호텔분위기, 건물의 유지정도, 요금 등에 관해서 스스로를 분석해서 자체적인 X-ray사진을 만들어 보는 것이 중요하다고 했다. 이와 같은 질문을 주요 경쟁자들에게 방문해서 직접 보고 검토하고 확인해서 측정해 두는 것이 중요하다.

주요 경쟁호텔의 모든 시설을 분석하는 항목을 보면 다음과 같다.

① 위치
② 호텔건물이 가진 여건
③ 자기 호텔에서 판매에 영향을 줄 수 있는 주요한 시설의 차이
④ 자기 호텔과 타 지역에 대한 요율대비
⑤ 고객조사결과
⑥ 색다른 정책이나 서비스
⑦ 주이용고객
⑧ 호텔시장의 지리적 분포

이와 같이 자기 호텔과 경쟁호텔의 분석결과를 비교해보면 그저 당연하다고 생각했기 때문에 이용하지 못했던 판매잠재성을 찾을 수가 있다. 또한 분석결과에 따라 자기 호텔로 하여금 보다 건전한 시장분석을 하게 하

는 관건이 될 수 있고 그것은 또한 촉진매체를 가장 효과적으로 이용하게 하는 기본적인 지침이 될 수도 있다.

3-4. 호텔조직

호텔조직은 호텔업무를 수행하는 골격이다. 호텔마케팅계획을 수립하는 필수과정으로 호텔조직에 대한 검토와 반드시 있어야 한다. 조직도표상에 부서장과 경영진을, 그리고 경영진의 책임과 부서장의 업무에 대해서 간단히 기술해야 한다. 조직의 변화나 책임의 변화가 필요한 경우 명시해야 한다. 새로운 조직도표를 그리되, 새로운 임무를 수행할 사람을 추천하도록 준비해야 한다.

물론 한 조직을 새롭게 구성한다는 것은 쉬운 일이 아니며, 더구나 아무렇게나 해서 될 일은 더욱 아니다. 그러나 호텔마케팅조직은 마케팅활동의 네 가지 재원 즉 기능, 제품, 지역, 고객이라는 요소들을 내포하고 있어야 한다.

가장 흔한 형태의 마케팅조직은 마케팅 이사를 위로하여 기능적 마케팅 전문가들로 구성된 기능별 마케팅조직(functional marketing organization)이다. 즉 마케팅관리자, 광고 및 판매촉진 관리자, 판매관리자, 마케팅조사담당자, 신제품 관리자 등이다. 물론 고객서비스 관리자, 마케팅기획 관리자, 유통담당자 등이 추가될 수 있다. 이러한 기능적 조직이 갖는 이점은 관리가 단순하다는 점이지만, 기업의 제품이나 시장이 늘어남에 따라 이 조직은 효율성이 떨어진다.

또 다른 마케팅조직은 지역별 조직(geographical organization)이다. 이것은 말 그대로 지리적 라인에 따라 조직화하는 것이다. 대량매출시장에 대해서는 판매노력을 지원하기 위해 마케팅 전문가를 추가할 수도 있다.

제품관리조직(product management organization)은 다양한 제품을 생산하는 기업에서 가지고 있는 제품이나 브랜드 관리조직을 말하는 것인데, 이 조직은 각 제품이 너무 상이하거나 아니면 제품의 수가 기능별 조직으로는 감당할 수 없을 때 쓰이는 것이다. 제품관리자(product manager)가 여러 제품관리자들을 감독하게 된다.

[그림 4-4] 대형 호텔의 조직도표

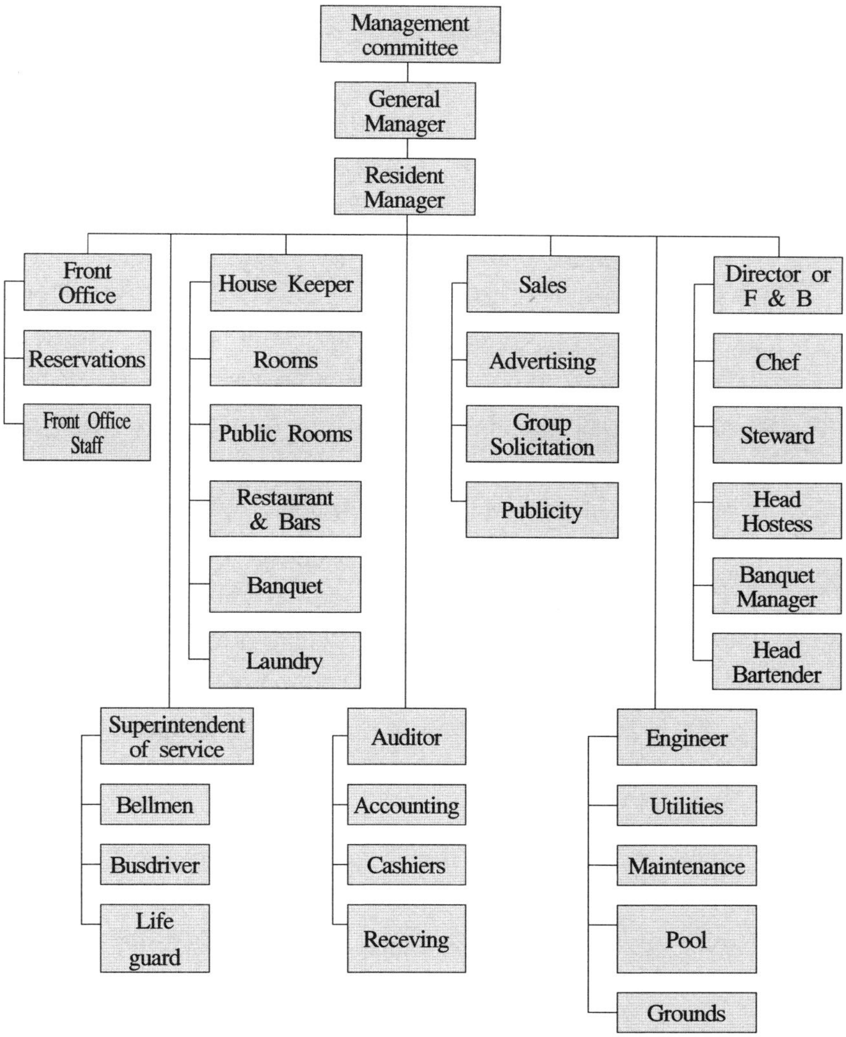

이러한 부문화와 더불어 또 한 가지 중요한 조직의 과제는 조직구성원들이 업무를 수행해 나가는데 있어 그 추진력으로 필요한 권한을 조직 전체의 입장에서 어떻게 배분하느냐는 것이다. 여기서 생각해야 할 것이 라인(line)과 스텝(staff), 그리고 집권화(centralization)와 분권화(decentralization)이다. 라인기능은 기업의 목표를 달성하는데 직접적인 책임을 지는 것이며, 스텝은 라인이 기업의 주된 목표를 달성함에 있어서 가장 효율적으로 일할 수 있도록 도와주는 조직의 요소들을 말한다. 따라서 생산, 마케팅 또는 재무의 기능을 가진 사람이나 부서를 라인이라 보고 구매, 인사, 품질관리 등의 기능이나 그 부서를 스텝으로 보는 것이 관행이었다.

집권화는 조직의 중요한 의사결정권이 조직의 상층부에서 이루어지는 것을 말하며, 이와 대조적으로 분권화는 조직 전반에 걸쳐 의사결정권이 대폭 완화되어 있는 상태를 가리킨다.

집권화와 분권화는 각기 나름대로의 장단점을 가지고 있다. 집권화는 최고경영자는 하위관리자보다 의사결정을 더 잘할 수 있다는 점, 스텝을 이중으로 둘 필요가 없다는 점, 조정과 통제를 더 잘 할 수 있다는 점, 지속적인 이미지의 유지가 가능하다는 점등의 장점을 가지고 있으나, 마케팅 부서가 운영부서로부터의 지원받기가 어려워지기 쉽다든지, 현지계획 수립자의 의사를 반영하기가 어렵고 최고경영자가 불필요하게 세부적인 관리 업무까지 얽매이게 된다는 약점을 가지고 있다.

분권화는 이에 반해 현지문제에 대한 신속한 결정이 가능하고 하급자의 능력을 개발할 수 있고 경쟁에 효과적으로 대처할 수 있으며, 권한과 책임의 중복을 피할 수 있으며, 최고경영자로 하여금 회사 전반의 정책과 계획을 추진할 수 있도록 세부적인 관리업무로부터 해방시켜 준다는 장점이 있지만, 조정과 통제의 일관성이 상실되기 쉽고 능률에 제약을 준다는 약점이 있다.

그러므로 호텔마케팅조직의 효율화를 위해서는 올바른 사람에게 올바른 임무를 맡겨야 하고, 계획 · 집행 · 통제가 지속적으로 가능해야 하고 또한 실시되어야 하며, 종사원을 규칙적으로 연수교육시켜야 하며, 종사원들의 동기화를 위해 현대적인 경영방식과 경영기법을 도입해야 하며, 종사원들을 기업과 상품의 중요한 부분으로 인식하고 활용하도록 해야 한다.

3-5. 판매계획

호텔판매계획은 시장분석과 상품분석을 통해서 자기호텔의 강점과 약점을 알고 또한 경쟁자에 대한 지식을 갖추었으면 이제 어떻게 판매계획을 추진해 나갈 것인가를 수립하지 않으면 안 된다.

이를 위해 확인해야 할 사항은 다음과 같다.

① 판매계획을 수립하는데 필요한 요원은 어떤 사람인가 확인해야 한다.
② 어떤 대행회사를 추천할 것인가
③ 광고회사를 어떤 회사로 할 것인가
④ 지사는 어떤 지사로 할 것인가
⑤ 손익계산서를 조회하고 광고선전비 예산을 확인해야 한다.
⑥ 광고대상, 금액, 형태를 결정해야 한다.
⑦ 판매계획별 단계를 확인해야 한다.

이와 관련하여 호텔이 이용할 수 있는 판매수단들을 열거해 보면 인적 판매, 광고, 서신광고, 홍보 등이 있다. 이러한 판매수단들은 마케팅믹스를 다루면서 충분한 설명이 있을 것이기 때문에 여기서는 간단한 설명만을 하기로 한다. 인적 판매(personal selling)는 판매원에 의한 판매를 말한다. 고객과의 직업적인 접촉을 통해서 판매를 한다는 점에서 매우 강력한 판매수단이 되지만, 그만큼 판매원의 자질과 관리과정이 중요시되지 않을 수 없다.

광고(advertising)는 인적 판매와는 달리 매체를 통해서 벌이는 판매활동이다. 따라서 매체를 사야 한다는 유료성과 그 광고를 실시하는 광고주가 있어야 한다는 점, 그리고 상품, 서비스 또는 정보가 광고내용이 된다는 특성을 가지고 있다.

서신광고(direct mail)는 광고활동의 하나이지만, 매체를 이용하는 대신 우편을 이용하여 소비자와 직접적인 판매활동을 전개한다는 점에서 차이를 보이고 있다.

홍보(publicity)는 광고처럼 매체를 활용하는 판매활동이지만 매체를 사야 하는 것은 아니다. 호텔을 이용하는 명사들의 우호적인 평가, 호텔에서 개최하는 이벤트, 뚜렷한 업무실적 등이 모두 호텔홍보의 소재들이지만, 그것들을 실제로 홍보화 할 수 있는 권한은 편집자에게 있다는 점에서 홍보활동은 언론과의 관계가 중요시되고 있다.

3-6. 영선정비계획

이 경우에는 되도록 호텔을 잘 알지 못하는 사람일수록 정직하고도 객관적인 관점을 가지고 작성하도록 할 필요가 있다. 옛날 호텔과 신규 호텔을 영선유지 측면에서 예산비율을 비교해야 한다.

◈ 리조트지역은 해변, 풀, 정원, 그리고 모래와 습기 때문에 진공청소를 자주 해야 하는 특별히 정비해야 할 요인을 지적해야 한다. 각 호텔의 영선유지에 관해 특별한 곳을 명시해야 한다.

◈ 상업지역과 리조트지역을 검사하여 수선이 필요한 것을 분명히 지적해야 한다.

- 공공지역의 페인팅
- 가구, 카펫의 수선 및 대치
- 전반적인 외모
- 창문 및 창문틀

◈ 검토할 곳을 확인해야 한다.

- 지붕
- 엔지니어링 시설
- 엘리베이터
- 주방
- 하우스키핑 부서

3-7. 호텔영업 예측

여러 가지 예측을 할 때에는 표준양식을 써야 한다. 영업중인 호텔로는 향후 2년간 수치를 예치해야 하고 신규 호텔로는 향후 3년간으로 연장해야 한다.

이러한 예측은 받아들여져 인정되었을 때 호텔의 영업예산이 된다. 이것은 이들 수치가 너무 낙관적이거나 지나치게 보수적일 수 없다는 것을 의미한다. 따라서 이 수치를 가능한 한 실행할 수 있는 치밀한 수치여야 한다.

호텔의 손익계산양식을 보면 다음과 같다.

[표 4-5] 영업예측양식 (예)

호텔명	
객실수	
평균객실료	
이용률	
매출 · 수입총액	
객실	
식사	
음료	
전화	
기타부서이익	
기타 수입	
계	
판매물품비 및 부서별 임금, 경비	
객실	
식음료	
전화	
계	
총영업수입	
수입제외 경비	
관리비 · 일반비	
광고 · 판매비	
광열전기비	
영선전기비	
계	
이익	
가게임대료	
총영업이익	
화재보험, 프랜차이즈비	
부동산 세금 · 기타	
자본비용전 이익	
부동산세	
경영계약비	
부동산세 · 기타	
자본비용후 이익	

3-8. 부서별 예산

부서별 예산은 원래 영업계산에 기초하지만, 부서별 내용을 명시해야 한다.

- 관리부서 – 임원 – 감사
- 객실 – 프런트 오피스 – 하우스 키핑 – 벨요원
- 식사 – 주방 – 레스토랑 – 룸서비스 – 연회부
- 음료
- 전화
- 광고 및 촉진
- 기술(광열비)
- 영선
- 레크리에이션 – 제반 스포츠시설
- 교통
- 경비
- 기타

3-9. 호텔마케팅정책

이것은 호텔상품분석, 시장분석, 경쟁분석을 통해서 얻어진 결론부분이다. 지금까지의 분석을 통해서 호텔이 갖추어야 할 시설, 이미지, 요원, 앞으로의 계획 등을 종합적으로 결론짓고 영업 각 분야의 목표를 가능한 수치로 표시함을 말한다. 그 내용을 보면 다음과 같다.

① 품위의 수준 혹은 이미지
② 고정 부담금 변제를 위한 요금
③ 갖추어야 할 서비스시설
- 식당수 및 규모
- 바의 수 및 규모
- 식음료 타입과 스타일
- 회의실 수 및 규모

· 고객활동
· 스포츠 · 레크리에이션 시설
· 세탁
· 특별 서비스(헬스클럽, 가게임대)

④ 요원(현존 호텔내의 변화, 요원감소, 요원의 변화) 신규 호텔의 경우 정확한 종사원 수를 표기
⑤ 지역사회 관계 / 경영진 참여
⑥ 호텔의 장래
  · 확대할 것인가
  · 시설을 추가할 것인가
  · 영업을 변화시킬 것인가
  · 판매할 것인가, 임대할 것인가, 장기간 개보수를 실시할 것인가
⑦ 지점망에 관한 건의
  · 대행사
  · 프랜차이즈
  · 공동예약시스템
  · 호텔대행사
  · 회원가입
  · 업계협회
  · 관광기구
  · 지역공공기관
  · 여신정책 및 수금절차
⑧ 목표액 책정(%)
  · 이용률
  · 계절별 평균객실료
  · 식사원가
  · 음료원가
  · 노동원가
  · 호텔이익 대 재무 소요액

3-10. 통제 및 평가

마케팅노력이 세밀하게 측정되면 될수록 비즈니스나 수익성을 확보하기 위한 미래활동과 프로그램을 계획하기가 더욱 용이해질 것이다. PR 및 판매촉진의 비용효과를 측정하는 일은 장기간의 효과일 수 있기 때문에 측정하기 어려운 한편, 행동계획과 특별촉진계획을 세우는 같은 시기에 통제 시스템을 구축하는 것이 중요하다.

마케팅계획을 통제하는 방법을 보면 다음과 같다.

· 각 시장별 숙박수를 기록한다.
· 광고 실시전과 실시 후의 식당회전율을 비교한다.
· 현지광고에 있어 가장 효과적인 매체가 무엇인가를 결정키 위해 Zip Code를 조사한다.
· 프로모션과 기간 중 각 고객의 평균지출을 통제하여 내부상품화 캠페인을 평가한다.
· DM의 반응과 전화문의를 기록한다.
· 쿠폰을 활용한다.
· 특정 반응기법을 활용한다.

판매목표가 여러 노력에도 불구하고 달성하지 못했을 때에는 다음 중 어느 하나의 이유때문인가를 살펴볼 필요가 있다.

① 무책임 : 판매원이나 팀리더가 계획이 추진되고 결과가 얻어지도록 감독하는 책임을 지지 않았다.
② 의사전달의 부재 : 판매원이나 타부서 종업원이 마케팅계획에 대해서 알지 못하고 있다.
③ 시간의 부족 : 대상시장에서 광고노력을 지시하거나 판매방문을 하는데 시간할당이 충분치 못했다.
④ 권한의 부재 : 판매원들이 특수 마케팅노력에 대한 예산을 수립할 권한이 없다.
⑤ 소구력 부재 : 고객 편의가 과대평가되거나 가격경쟁력이 없다.
⑥ 통제력 부재 : 외부요인에 의해 마케팅계획을 하향조정케 했다.
⑦ 현실적 목표의 부재 : 고객이 살 계획이 없거나 판매목표가 너무 높으면 고객을 표적화 할 수 없게 된다.

4. 호텔마케팅위원회 구성·운영

호텔마케팅위원회는 호텔의 장기영업계획을 수립키 위하여 만들어지는 기구이다. 영업을 위한 정책수립기구이며 동시에 실무기구이기 때문에 정기적으로 회합을 하는 것이다. 정책을 수립한다는 것은 주요 영업부서가 효과적으로 업무를 수행하는데 아주 필요한 것이기 때문에 명백하게 수립되고 적절히 시행되기만 한다면 일일 영업을 단순화시키고 또한 효율성을 제고시키게 된다. 그 정책계획이 바로 호텔마케팅계획이라고 말할 수 있다.

호텔마케팅위원회의 목적은 다음과 같다.5)

1) 전반적인 영업정책의 장기계획이라 할 수 있는 호텔마케팅계획을 수립한다.
2) 정기적인 사업적 감독절차를 수립한다.
3) 호텔마케팅계획을 준수하는 영업을 하는가에 대하여 철저하게 이중 확인한다.
4) 위원회가 지시한 지침을 시행한다.
5) 수립된 일반정책과 일치하는 영업을 통해 최대 이익을 도모한다.

호텔마케팅위원회는 다음과 같이 구성하되, 가능하면 2, 3명으로 구성하면 보다 운영상의 효율을 높일 수가 있다. 5명을 초과하지 않도록 해야 하는데 구성원을 보면 다음과 같다.

① 호텔소유주
② 컨트롤러
③ 총지배인
④ 호텔컨트롤러
⑤ 호텔판매지배인

이 위원회의 정기회의시에는 핵심부서장들이 대기하여 언제나 호출할 수 있어야 한다.

이 위원회는 매월 넷째주 업무가 시작되는 시간(9시)에 모여 회합하되, 회의중 참석자들이 호출되거나 방해받지 않도록 할 필요가 있다. 이런 회합시점을 택하는 이유는 전월의 영업실적이 이 달의 영업실적을 분석가능

5) C. D. Coffman, *Op. cit.*, p.67.

케 하기 때문이다.

회의진행을 하는 양식은 대체로 다음과 같다.

① 지난 회의의 회의록 약식보고
② 가장 최근의 월별 영업실적을 철저히 분석
③ 호텔마케팅 계획의 검토
④ 핵심 경력부서요원의 개별실적 검토
⑤ 예약현황을 포함한 판매실적 검토
⑥ 향후 60일간의 영업예측 재평가
⑦ 현재의 현금잔고 대 지급금, 받을어음 대 지급어음
⑧ 진행 또는 완료된 건물수리에 관한 보고
⑧ 일반토론
⑨ 신규사업
⑩ 폐회

호텔마케팅위원회 회의시 제출되어야 할 자료를 보면 다음과 같다.

① 지난해 손익계산서 1부
② 호텔마케팅계획서 1부
③ 금년도 영업예측 및 예산서 1부
④ 각 위원별 지난달 영업실적서 1부(총매출 요약, 작년 동기대비, 월별 실적, 운영예산대비 실적 증감표 포함)
⑤ 금월 최근 일일 영업보고서 각 위원별 1부
⑥ 장기 단체예약 현황 각 위원별 1부
⑦ 내월 호텔내 특별행사목록 1부(주요 컨벤션, 주요 연회, 페스티벌, 경기, 명사 등)

물론 제출된 서류는 회의시마다 달라질 수 있지만, 호텔마케팅위원회를 구성하고 정기적 회의를 개최하는 것이 호텔경영의 감독을 위해서 가장 중요한 요소이다. 이러한 정기적인 감독체계가 없이 목표를 달성하고 통제를 유지하면서 수익이 보장될지는 의문스럽다.

이 같은 위원회를 유일하게 대체할 수 있는 것은 월례 이사회나 집행위원회뿐이며 이때에도 경영 및 판매담당자들이 참석하여 발언할 수 있어야 한다.

물론 기업경영 변화에 따라 호텔마케팅계획도 필요한 경우 변경되어야 한다.

Summary

요 약

지금까지는 호텔마케팅계획을 작성하기 위하여 각 확인사항을 통하여 다음과 같은 일을 해 왔다.

1) 우리 호텔에 가장 고객이 될 수 있는 시장자원을 선정하였으며 그들의 주요한 욕구를 발견하기 위하여 연구했다.
2) 그들의 욕구를 충족시키는 방법을 발견했다.
3) 시장의 욕구를 충족시키기 위하여 어떤 서비스와 시설을 갖출 것인가를 알아보았다.
4) 고객들에게 그들이 원하는 것을 제공키 위해서 영업정책은 어떻게 할 것인가를 정확히 기술했다. 고객에게 다가갈 판매계획의 단계를 정하고 예산을 책정하였다.

Hotel Marketing

제5장 호텔마케팅 믹스

1. 마케팅 믹스의 의의 및 종류

지금까지 호텔영업의 효율성과 수익성을 높이기 위해서 기본적으로 어떤 것들을 기초로 삼아 시장에 접근할 것인가를 살펴보았다. 따라서 호텔의 시장접근방법과 노력을 통합적으로 체계화시킨 것이 호텔마케팅계획이라고 말할 수 있다. 그러므로 호텔마케팅계획은 다분히 전략적인 접근방법이라고 할 수 있는 것이다.

그러나 호텔마케팅 믹스는 호텔이 고객의 욕구와 필요를 충족시키기 위하여 사용할 수 있는 모든 수단의 총합이라고 정의할 수 있으며, 고객에게 직접 영향을 미치는 다분히 전술적 실천방법이라고 말할 수 있다. 말하자면 마케팅관리의 단계이다.

마케팅믹스란 말은 원래 하버드대학의 Neil Borden교수에 의하여 개발되어, 잇따른 변화를 걸쳐 오늘날에는 이른바 4Ps라고 알려지게 된 것이다.[1] 마케팅믹스라는 것은 시장의 힘에 기초한 어떤 마케팅요인들로 구성

1) Neil Borden, "The Concept of the Marketing Mix," *Journal of Advertising Research,* (Jun. 1964), pp. 2~7.

되는 것인데, Borden교수는 효과적이고 수익성 있는 마케팅이 되게 하는 모든 요인들의 결합이라고 선언하고 제품계획(product planning), 가격(pricing), 유통(distribution), 촉진(promotion), 서비스(servicing), 시장조사(marketing research) 등 6가지를 제시하였으나, E. J. 맥카시에 의해서 제품(product), 가격(price), 유통(place), 촉진(promotion) 등 4가지로 줄어들게 되었다.[2)]

물론 이러한 요소들을 호텔산업에 알맞게 재빨리 그 이름을 고쳐 부를 수도 있겠지만, 중요한 것은 그 개념을 이해하는 것이 중요하다.

Buell의 개념정의에 따르면 마케팅믹스의 개념은 제품, 가격, 유통, 촉진 등에 투입된 회사자원이 기업의 산업분류에 따라, 시장에서의 위치에 따라, 그리고 경쟁적 상황에 따라 여러 가지 비율로 혼합되어야 함을 제시한다는 것이다.[3)] 이것은 마케팅믹스의 구성요소들이 제품을 만들고, 가격을 결정하며, 그것을 고객에게 도달케 하는 그 제품에 대해 고객들에게 알려주는데 있어서 기업의 자원의 정교한 균형을 나타내고 있다. 실제로 마케팅믹스는 모든 마케팅의사결정의 산물이며 마케팅믹스의 목표는 고객이다.

정상적으로 마케팅믹스의 종합적 균형이라는 것은 어떤 두 회사가 같을 수는 없는 것이다. 각 회사가 임무나 목표시장과 포지셔닝이 약간씩 다르듯이 마케팅믹스의 각 요소의 비중 역시 다르기 마련이다.

호텔마케팅에서 이 4Ps가 가지는 문제점은 그 개념의 문제가 아니라 상품마케팅에 따른 믹스의 구성요소의 문제이다. 호텔서비스의 마케팅은 제조품의 마케팅과 다르기 때문에 마케팅믹스에 대한 접근방법도 달라야 한다고 요구하고 있다. 이러한 목적으로 마케팅믹스의 구성요소를 재정의하는데 있어서의 요점은 그들 의미의 변경이 아니라 마케팅믹스의 개념을 호텔마케팅결정을 위해서 좀더 유용하게 하고 응용가능하게 하고자 하는 것이다.

---

2) E. Jerome McCarthy, *Basic Marketing : A Managerial Approach* (Homewood, Ill : Richard D. Irwin, 1975), pp. 75～80.

3) Victor P. Buell, *Marketing Management : A Strategic Planning Approach* (N. Y : McGraw-Hill, 1984), p. 22.

2. 호텔상품 믹스

호텔상품은 호텔마케팅 믹스 가운데 대표적인 것이라 할 수 있다. 그것은 고객의 필요와 욕구를 충족시킬 수 있는 유형·무형의 대상이 호텔상품을 구성하는 요소가 되기 때문이다.

Schätzing의 설명에 따르면 호텔상품은 물질적 상품과 비물질적 상품으로 구성된다고 한다. 물질적 상품이란 객실, 식음료, 수영장과 같은 유형적 상품을 말하는 것이고, 비물질적 상품이란 서비스, 분위기, 아늑함, 즐거움, 다정함, 친절함 등과 같은 무형적 상품을 말하는 것이다.[4)]

그러므로 유형적(물질적) 상품은 실체적이고 객관적이며 서로 서로가 비교·측정이 가능하고, 가격과 상품의 관계가 아주 명백하면서 단기적으로 실현가능한 특성을 갖는다고 했다. 이와는 대조적으로 무형적(비물질적) 상품은 추상적이며 주관적으로 가치를 평가하게 되며, 소극적으로 받아들여지기 쉬우며, 고객이 사전에 입증해 볼 가능성이 전혀 없으며, 이미지를 만들기까지는 오랜 시간이 소요된다는 특성을 가지고 있다는 것이다.

따라서 고객은 이와 같은 두 가지 구성요소로 된 호텔상품을 구매하게 되는데, 앞부분에서 이미 설명한 바와 같이 호텔상품을 구매한다는 것은 그 호텔이 고객에게 제공해 줄 것을 바라고 그것이 고객의 욕구와 필요를 충족시켜 줄 것을 바라는 기대라고 말할 수 있을 것이다. 그러므로 호텔상품판매는 당연히 품질지향적이어야 한다. 이런 면에서 종업원들은 대단히 중요한 역할을 수행하는 호텔상품의 중추가 된다고 말할 수 있다.

그러나 호텔상품은 본질적으로 서비스상품이기 때문에 다른 상품과는 아주 다른 특성을 가지고 있다. 즉 호텔상품은 무형성(Intangibility), 동시성(Inseperability), 이질성(Heterogenity), 소멸성(Perishability)이라는 특성을 가지고 있다.[5)]

---

4) E. E. Schätzing, *Qualitätsorientierte Marketingpraxis in Hotellerie und Gastronomie* (Stuttgart : Hugo Matthaes Druckerei und Verlag, 1983), S. 41.

5) 최태광, 관광마케팅 [개정신판], (서울 : 백산출판사, 1995), p.159.

[그림 5-1] 호텔상품의 구성

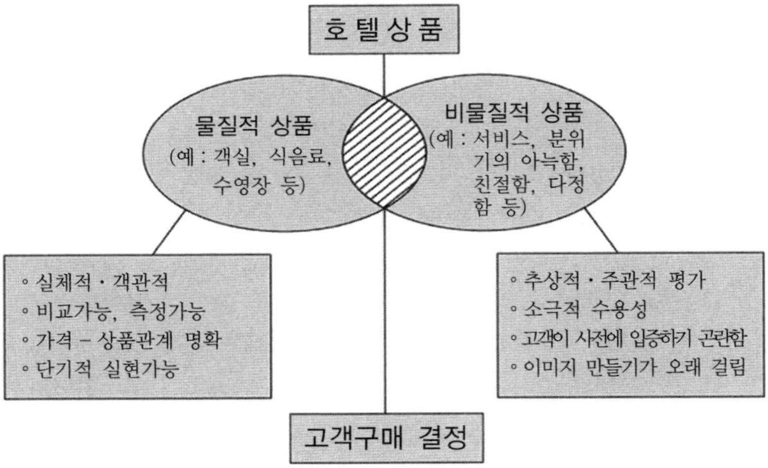

자료 : E. E. Schätzing, Qualitätsorientierte Marketingpraxis in Hotellerie und Gastrononmie (Stuttgart : Hugo Matthaes Druckerei und Verlag, 1983), S.41.

무형의 상품이기 때문에 저장할 수도 없으며, 특허와 같은 법적 제도를 통해서 보호받을 수도 없다. 또한 그 상품의 내용을 미리 보여주거나 알려줄 수도 없다. 무형의 상품이기 때문에 원가구조를 파악하기가 어렵고 따라서 가격을 결정하기가 매우 어렵다.

동시성의 상품이라고 함은 생산과 소비가 동시에 이루어지기 때문에 분리하여 생각할 수 없다는 것이다. 그러므로 고객의 입장에서는 서비스상품을 소비하기 위해서는 생산현장에 직접 와야 하고 동시에 생산에 참여하지 않을 수 없게 된다. 따라서 서비스상품의 대량생산이란 어려운 일이며 서비스상품의 배달행위란 불필요하게 된다.

이질성의 상품이라는 것은 서비스상품이 많은 이질적 요소로 구성되는 특징을 가지고 있다는 의미이다. 예를 들어 관광상품을 보면 우선 숙박시설, 교통시설, 식음료시설, 기타 위락관련 시설들이 한데 모여 하나의 상품을 이루고 있는 것이다. 이러한 많은 이질적 요소들이 모여 하나의 상품을 구성하다 보니 서비스상품을 표준화한다거나 전체 상품의 질을 관리하기가 매우 어렵게 된다.

소멸성의 상품이라는 것은 서비스상품은 재고가 있을 수 없다는 말이다. 그러므로 오늘 사용하지 못한 상품은 저장했다가 사용한다는 것은 있을 수 없다. 말하자면 서비스상품은 시간과 장소의 제약을 심하게 받는 상품인 것이다.

이와 같은 호텔상품의 특성으로 볼 때 호텔상품을 훌륭하게 마케팅하기란 대단히 어려운 일임을 짐작케 한다. 이런 관점에서 몇 가지 유용한 전략들을 살펴보면 다음과 같다.

첫째는 가시적 요소를 활용한다는 것이다. 서비스상품의 이용고객으로서는 서비스상품을 구매함에 있어서 보다 확실한 구매결심의 근거를 구매하고 싶을 것이다. 상대적으로 말하면 판매하는 입장에서 보면 상품의 내용을 보여주거나 알려줄 수 없기 때문에 그러한 마케팅상의 문제점을 해결할 수 있는 방법으로서 가시적 요소를 활용하는 것은 이러한 양측의 욕구를 충족시키는 좋은 방법이 되는 것이다. 관광상품의 판매상 종합브로슈어의 역할을 중히 여기는 것은 바로 이런 까닭이다.

먼저 호텔상품을 구성하는 가시적 요소들을 보면 다음과 같다.6)

(1) 종사원의 행동, 외모, 유니폼
(2) 빌딩외부
(3) 설비
(4) 가구
(5) 표지 / 광고판
(6) 고객과 기타 대중과의 커뮤니케이션

여기서 눈에 보이지 않는 시설, 설비, 사람들을 잊어서는 안 된다. 외부로 나타나지 않는다 하더라도 이들은 소비자만족에 직접적으로 이바지하는 것들이고 또한 호텔상품의 일부 구성요소이기도 하기 때문이다. 전문적으로 말하자면 호텔상품 믹스에는 호텔이 제공하는 서비스, 시설, 패키지 및 프로그램이 포함된다고 하겠다.

종사원의 행동, 외모, 유니폼은 호텔상품을 구성하는 핵심부분이다. 디

6) Alastair, M. Morrison, *Op. cit.*, p.235.

즈니랜드 회사나 맥도날드처럼 업계를 선도하는 기업의 종사원에 나타나는 특징은 종사원의 행동, 외모, 유니폼이다. 그들은 종사원들에게 투입한 시간과 노력 때문에 업계의 선도그룹이 될 수 있었다.

더럽혀진 유니폼, 흐트러진 옷차림, 특이한 헤어스타일은 있을 수 없다. 복장규정, 행동요강, 모든 사람이 알고 사용하는 독특한 언어 등이 있어서 이들 회사는 종사원들이 고객의 이미지를 크게 향상시킬 수 있음을 인식하고 있다.

많은 호텔마케팅계획에서는 종사원과 경영프로그램에 대한 언급은 없고 전적으로 촉진과 가격, 유통활동에 대해서만 집중적으로 거론하고 있다. 종사원의 업무수행에 대해서는 당연하다고 생각하는 태도가 유행을 하고 있는데, 이것은 아주 중대한 과오이다. 왜냐하면 종사원이 호텔의 판매와 수익에 미치는 강력한 긍정적 영향을 무시하고 있기 때문이다.

최소한 마케팅계획에는 종사원 유니폼 개선과 변화, 종사원 및 경영진의 인정 및 시상계획, 종사원 및 임원의 인센티브 및 포상계획, 판매 및 고객관계 훈련계획, 마케팅계획 목표 및 활동에 관한 오리엔테이션 계획, 마케팅계획과정과 결과에 대한 커뮤니케이션 체계 등이 명시되어 있어야 한다.

빌딩 외부는 호텔이 수많은 고객들을 건물 내부에서 상대하고 있다는 점을 감안하면 대단히 중요한 상품구성요소라고 볼 수 있다. 왜냐하면 호텔건물의 전반적인 여건과 청결이야말로 고객들이 느끼는 호텔에 대한 이미지뿐만 아니라 그들의 만족도에 미치는 영향이 대단히 크기 때문이다. 허름한 빌딩구조를 가진 호텔이 디럭스 호텔의 포지셔닝을 가질 수는 없는 것이다.

호텔을 고객이 평가하는 데는 그 호텔의 장비나 설비를 보고 평가하는 경우가 많다. 항공기, 버스, 기차, 리무진이나 택시들의 청결함이나 최신형이 영향을 준다. 많은 호텔은 물론 레스토랑에서도 셔틀 수송장비를 이용하는데 당연히 그 장비의 영선유지와 청결문제에 신경을 써야 하는 부분이다.

가구 및 설치물은 많은 고객들이 호텔건물과 수송장비 내의 가구와 설치물의 질에 대해서 굉장히 민감하게 느끼는 부분이다. 많은 호텔에서는 질 높은 가구와 설치물로 질 높은 이미지를 뒷받침하고 있다.

광고나 표지판은 호텔상품을 구성하는 또하나의 요소이다. 수많은 안내판, 광고, 외부 광고판까지 포함해서 많은 종류의 광고나 표지판을 가지고 있는데, 고객들은 이들이 파손되거나 부실하게 관리된 것을 저질로 된 것이거나 관리태도의 부실로 생각하게 된다.7)

광고, 인적판매, 판매촉진, 상품화, PR 및 홍보활동 등은 고객의 구매를 유도하는 유일한 방편이다. 그러나 더욱 중요한 것은 이것들이 호텔에 대한 고객의 이미지를 형성하는데 눈에 보이지 않는 역할을 한다는 것이다. 부정적인 홍보는 호텔의 이미지를 훼손시키지만 긍정적인 홍보는 호텔의 이미지를 높여 준다. 광고의 질과 규모 그리고 매체의 선정은 고객들에게 호텔에 대한 영상을 제공하기 마련이다. 판촉물과 사례품은 호텔의 질의 이미지와 일치해야 한다. 이 모든 것을 고려해 볼 때 마케팅계획은 이들 여러 가지 구성요소들 간의 지속성을 확보해 주도록 해야 한다.

둘째는 인적요소를 활용한다는 것이다. 위와 같은 맥락에서 무형의 상품을 제공하는 종사원들의 역할이 중요해진다. 종사원의 교육훈련이나 접객태도 또는 세일즈맨십이 강조되는 것도 이 때문이다. 사전에 고지하여 주거나 제시할 수가 없으므로 그러한 상품을 사용해 본 사람들의 이야기는 매우 중요하고도 강력한 힘을 가지게 마련이다. 이와 같이 입에서 입으로 전달되는 이른바 구전효과(word of mouth)는 아주 훌륭한 판매전략이 될 수 있다.

동시성의 상품이므로 접객요원의 중요성이 크다는 것은 말할 것도 없다. 그러므로 서비스상품의 원활한 판매를 위해서는 접객요원의 자질을 갖춘 사람을 선발하는 일과 접객요원의 교육훈련을 강화하는 일이 매우 중요하다.

셋째는 훌륭한 조직의 이미지를 활용하는 일이다. 이미지란 소비자들의 마음속에 비쳐진 그 기업의 종합적인 영상을 의미하므로 소비자들이 호텔에 대해 좋은 이미지를 가지고 있다면 그것은 그 호텔상품의 판매를 촉진하는 힘이 되는 것이다.

---

7) 호텔상품의 패키징을 구성하는 요소로서 광고나 표지판은 중요한 역할을 한다. 자세한 것은 제5장 제3절 참조.

넷째는 구매후 커뮤니케이션을 관리하는 일이다. 무형의 상품이므로 고객이 내리는 서비스상품에 대한 평가는 어차피 주관적일 수밖에 없고 그 평가의 내용도 상품의 부분일 수 없는 총체적 경험에 대한 것이므로 구매후의 커뮤니케이션은 중요한 관리과정이다.

다섯째는 예약시스템을 강화하는 일이다. 서비스상품은 소멸성을 갖고 있어서 시간과 장소의 제한성이 높다. 그러므로 수요와 공급의 조정이 절대적인 과제가 되어 있다. 따라서 수요와 공급의 조정이 이루어질 수 있도록 예약시스템을 강화하는 것도 호텔상품판매에 크게 도움되는 일이다.

여섯째는 패키징(packaging)을 활용하는 것이다. 여러 개의 이질적 요소들이 모여 하나의 상품을 이루는 까닭에 표준화하기 어렵고 대량생산이 곤란하다는 약점을 지니고 있다. 이 점을 극복하기 의해서는 서비스를 규격화하거나 서비스를 주문에 따라 생산하는 것이다. 관광을 널리 보급시키게 한 원동력이 바로 이 패키징이었다는 점을 주목할 필요가 있다.

Summary

요 약

지금까지 설명내용을 요약하면 다음과 같다.

1) 마케팅믹스는 마케팅목표를 달성하려는 전술적 수단이며 그 대상은 언제나 고객이다.
2) 호텔상품은 호텔마케팅 믹스의 중요한 요소이다.
3) 호텔상품은 유형의 요소와 무형의 요소로 구성된다.
4) 호텔상품을 포함한 서비스상품은 무형성, 동시성, 이질성, 소멸성이라는 특성을 가지고 있다.
5) 이와 같은 호텔상품의 특성들은 호텔마케팅전략에 많은 문제점을 제기한다.
6) 이를 효과적으로 대처하기 위해서는 가시적 요소를 활용한다. 인적요소를 활용한다. 훌륭한 조직이미지를 활용한다. 예약시스템을 강화한다. 패키징을 활용한다는 등의 대응전략을 구사할 수 있다.

[그림 5-2] 제품의 가장 잘 팔릴 수 있는 이미지를 어떻게 제시할 것인가, 모든 영업부서들과 어떻게 제휴하여 고객들에게 가장 크게 소구할 것인가가 패키징의 주요한 부분이다.

3. 호텔상품의 패키징

호텔상품의 패키징은 수출상품의 컨테이너와 같은 개념으로 이해할 수 있는데 패키징의 개념을 설명해 보면 다음과 같다.[8)]

---

8) C. D. Coffman, *Op. cit.,* p.112.

(1) 패키징이란 호텔 내에서와 호텔 밖에서 호텔고객이나 잠재고객과의 선전을 통해서 제시하고자 하는 총체적 개념 즉 이미지를 말한다.
(2) 패키징이란 멀리서 보거나 외부에서 가까이 보거나 내부건물의 내부적 모양과 장식 등 건물 그 자체의 실제적 외모를 구성하는 미화적 개념이다.
(3) 호텔시장에 판매하려고 하는 호텔 내에서의 서비스를 나타내는 복합상품화 개념이다.
(4) 패키징이란 교통, 예약, 신용카드, 호텔을 상품화하는 판매망 등 전체 여행업계와의 연결제휴를 말함이다.
(5) 패키징이란 호텔상품의 주요 요소가 되는 서비스를 제공하는 호텔 내의 종사원을 중시하는 인간중시의 개념이다.

그러므로 효과적인 패키징은 호텔상품이 고객에게 어필할 수 있는 즉 호텔의 이미지를 심는 모든 것을 포함한다. 호텔 외부 모양새, 조경, 표지판, 고속도로변 표지판 등은 물론이고 실내장식, 청결함 및 관리유지, 종사원의 태도와 외모 등을 포함한다. 더구나 모든 광고와 판매물을 상징하는 조화로운 디자인은 물론이고 상품유통의 채널 등을 동시에 포함하는 복합개념이다.

3-1. 자체 패키징

호텔마케팅의 첫출발은 호텔외부 모양 만들기이다. 건물의 구조가 판매촉진수단이 되는가, 장애가 되는가의 문제이다. 따라서 호텔 외모를 측정하는 내용을 보면 다음과 같다.

① 주야, 사방으로 쉽게 눈에 띄는가
- 멀리서 볼 때
- 1, 2 블록 떨어진 곳에서 볼 때
- 길 건너에서 볼 때
- 옥상 비행기에서 볼 때
- 지나가는 자동차에서 볼 때

· 바로 문밖에서 볼 때

② 외부 공사는 어떠한가
· 건물 전면
· 창문틀
· 문 생김새

③ 호텔 현관은 어떤가
· 정면 마당으로 향하고 있는가
· 접근이 용이한가
· 건물로 가는 문쪽에 있는가
· 보도나 주변에로 연결되는가

④ 마키

⑤ 표지판

⑥ 조경은 어떤가
· 정면 조경
· 나무나 관목

⑦ 조명은 어떤가
· 건물 자체
· 접근로
· 주차장

⑧ 특별상징물이 있는가
· 기념물
· 애드벌룬
· 깜박등
· 문기둥
· 연못

또 하나의 패키징의 핵심은 사람이다. 호텔의 패키징은 고객들로 하여금 호텔상품을 사게 만들고 또한 그것을 쉽게 살 수 있도록 설계되어야 한다. 호텔상품을 패키징한다는 것은 소유주, 경영진, 컨트롤러, 판매원들 간의 공동노력의 합작품이어야 한다. 따라서 호텔패키징을 구성하는 모든 요소들 중에서 종사원이 그 중심체가 되어야 한다.

눈에 보이지 않지만 서비스요원의 태도는 고객으로 하여금 그가 환영받는 손님인지, 원치 않는 귀찮은 손님인지를 느끼게 만든다. 그러나 모든 호텔상품은 고객을 위해 만들어진 것이라는 점에서 훌륭한 객실보다는 친절한 종사원은 호텔 최고의 강점이 되는 것이다. 한 호텔의 차이를 만드는 것은 호텔상품뿐만 아니고 사람 또한 그런 차이를 만드는 것이다. 모든 호텔시설과 장려함도 불손한 태도 때문에 고객을 쫓아 버리는 호텔종업원의 효과를 극복할 수는 없다. 역으로 말하면 손님을 오게 만드는 호텔종사원은 어떤 시설이나 장려함보다도 더 중요한 것이라고 할 수 있다.

따라서 호텔종사원은 각자의 품위를 느껴야 한다. 가슴에 패용하는 명찰에는 바로 자기의 이름이 새겨져 있음이다.

그러므로 호텔종사원의 적절한 인사관리가 그만큼 중요한 과제가 된다고 할 수 있다. 적정한 종사원의 모집과 선발, 그리고 그들의 자질의 개발과 적응을 위한 훈련, 적재적소의 배치, 그리고 일할 맛나는 근무환경을 조성하는 일은 물론 합당한 평가와 사후관리 등이 곧 호텔패키징의 성공을 결정하는 요인이라는 점을 강조하고자 한다.

3-2. 여행시장과의 패키징

사람들은 여러 가지 목적과 동기에서 여행을 하고 있다. 다변화된 관광욕구와 교통수단의 발달로 인하여 짧은 기간에 먼 곳을 여행하는 일이 가능해졌다. 이와 관련하여 설사 그들이 어떤 곳을 여행하더라도 중요한 것은 호텔을 미리 파는 일이며 고객이 호텔을 찾아오기가 쉽게 만드는 일이다. 이 말은 사람들이 있는 곳에서 자기 호텔과 주변의 관광매력에 대한

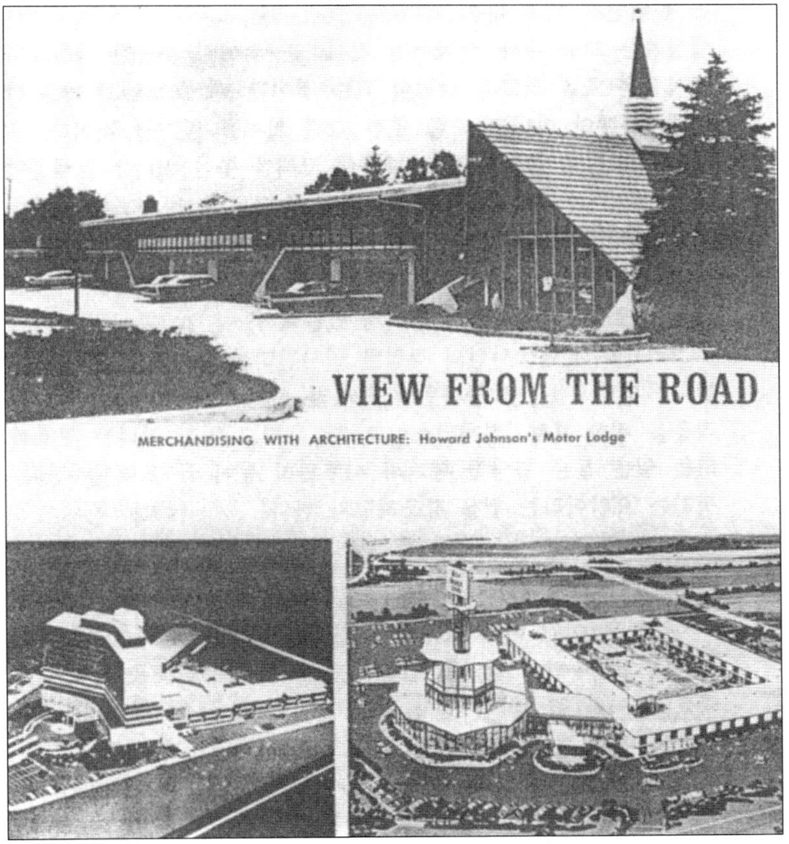

[그림 5-3] 호텔의 독특한 건물구조와 외형만들기는 호텔패키징의 구성요소가 된다.

확실한 이미지를 전하는 것이 중요하다는 말이며 동시에 자기호텔 판매가 용이하도록 교통업체, 호텔예약업체와의 제휴를 시도하고 지급방법 또한 단순화시킬 필요가 있음을 의미한다. 호텔상품을 쉽게 이용할 수 있도록 가능한 모든 일을 해야 한다는 말이다.

호텔판매를 위해서는 회사를 통해서 직접 판매하거나 개인적인 추천이나 예약을 통해서지만, 무엇보다 우선되고 지배적인 것은 여행사이다. 여행사들은 자체의 협회를 가지고 있으므로 협회회원 명부를 보면 기꺼이 거래를 하려고 하는 여행사들의 이름을 알 수 있다. 또한 이들 협회에서도 호텔과의 유대를 통해서 최선의 이익을 얻을 수 있도록 주선하고 있다.

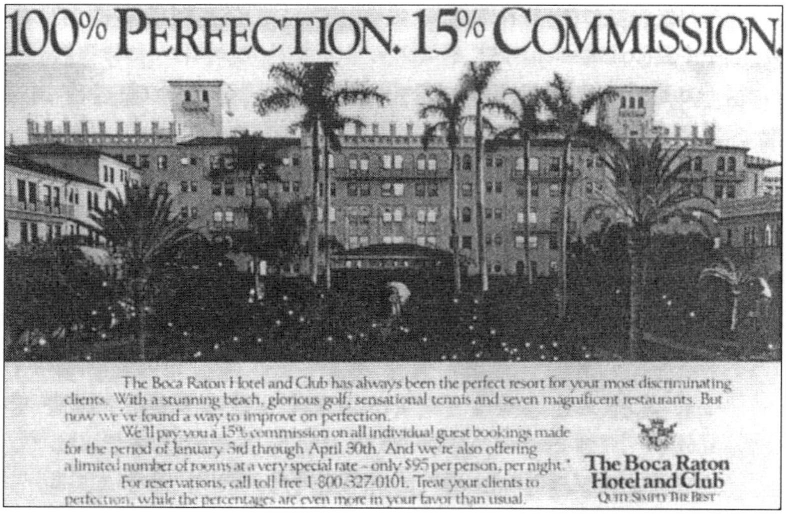

[그림 5-4] 많은 호텔에서는 여행사로 하여금 비수기에 많은 비즈니스를 할 수 있도록 보너스를 제공하고 있다. 호텔에서는 일정수의 숙박 수를 예약하거나 일정 수준의 예약을 유지하는 여행사에게도 보너스를 실시한다.
(자료 : James, R. Abbey, Hospitality Sales and Advertising, 1989, p.438.)

호텔의 소유주들은 여행사와 제휴함에 있어서 의구심을 갖는 경우가 있을 수 있지만, 이런 경우 ① 누가 훌륭한 여행사인가, ② 여행사의 기능은 무엇인가, ③ 여행사들은 어떻게 운영되는가에 대한 확답을 얻으면 의구심을 없앨 수 있을 것이다.

훌륭한, 말하자면 믿을 만한 여행사라고 한다면 공인된 협회의 회원사, 예를 들면, ASTA와 같은 기구의 회원을 의미한다고 할 수 있다. 그 회원의 자격의 기준이 일정수준의 경험과 요건을 전제로 하기 때문이다. 여행사의 기본적 기능은 현지 시장에서 시간과 취미 그리고 여행할 경제력을 갖춘 사람들로 하여금 실제로 여행을 하도록 개발하는 일이다. 그러므로 여행사는 수년간 고객과의 DM을 발송하고 또 대중에게 상담이나 자문을 하는 등 많은 서비스를 무료로 제공하고 있다. 이들은 자비로 많은 여행을 하므로 호텔에 대한 정보를 얻으려 하는 사람들에게 직접 투숙했던 호텔에 대한 실제적인 정보를 제공할 수가 있다.

여행사의 운영에 관해서는 여행사는 각종 교통기관 즉 철도, 기선, 항공, 버스 등 주요 운송수단을 대표하고 있다. 뿐만 아니라 여행사는 리조트, 시중호텔, 여관, 목장, 관광전문회사, 은행 기타 여행객들이 요구하는 부수적 서비스 등과 업무적인 관계를 유지하고 있다. 이렇게 운수회사들로부터 받은 공공관계 때문에 여행사는 아주 중요한 수단이 되었다. 따라서 고객들이 어디로 갈 것인가, 어떻게 갈 것인가에 대해 자본과 상담을 위해서 오는 것이지 어떤 상품을 사기 위해 오지는 않는다. 특별한 서비스를 얻기 위해서 오는 것이다. 이러한 서비스는 건축가, 중개인, 회계사, 의사, 변호사 등과 만나는 동일한 심정으로 찾아오는 것이다.

이와 같은 서비스는 여행사에게는 아무런 이익도, 손해도 없는 것이지만, 호텔이나 운수회사가 덕을 볼 일을 미리 판매하고 있는 것이다. 따라서 여행사는 일단 거래가 실제로 이루어졌을 때 호텔이나 운수회사가 지급하는 수수료(commission)에만 전적으로 의존하는 것이다.

호텔이나 리조트 관리자들이 여행사들을 통해서 더 많은 거래를 할 수 있으려면 다음과 같이 할 수 있다.

여행사의 유인물의 전면 또는 후면 표지에 여행사명을 기입할 수 있도록 하여 판촉물 전시대에 쉽게 전시될 수 있도록 날짜를 찍어 진열하는 것도 한 방법이다.

경제적인 일 처리를 위해서 홀더를 보내서 소요부수를 신청하도록 하는 방법이다. 서신을 통해서 시즌별 예약접수의 여부, 체재일수에 따른 통상 커미션의 지급, 여행사 알선에 의한 재구매자에 대한 커미션 지급내용을 명시할 수도 있고, 또한 호텔에 투숙하는 고객의 일반적 특성과 계층을 명시해서 여행사의 업무에 도움이 되도록 하는 것도 좋은 방법일 수 있다.

대형 여행도매업자는 자기가 고객들에게 책임성 있게 호텔을 권하기 위해 직원들이 호텔을 직접 답사하는 경우가 있지만, 본부가 인정하지 않거나 공식 명단에 없는 호텔과는 직접적인 거래를 하지 않는다.

여행사에 지급하는 대가는 통상 객실거래의 10%의 커미션을 지급한다.

3-3. 호텔 Rep과의 제휴

호텔상품판매를 위한 또 한 가지 중요한 방법은 호텔 Rep과의 제휴이다.

이들은 대도시에 자리잡고 있는 기업홍보(promotion)기관인데, 이들은 개별 사업의 촉진을 위해서 일할 뿐만 아니라 다른 거래처는 물론 시내 여행사를 정기적으로 방문한다. 또 어떤 Rep은 컨벤션이나 단체고객만을 전문으로 하는 곳도 있고 호텔판촉을 위해서 일하는 곳도 있다.

한 기업의 촉진대행사로 일하는 호텔 Rep은 정기적인 유지비와 이 Rep을 통해서 이루어진 거래에 대한 커미션도 지급된다. 대형 호텔 Rep의 기능을 요약해 보면 다음과 같다.

① 기업고객의 주요 여행시장내에 판매 및 서비스 사무소를 유지하는 일이다. 이 지사는 프랜차이즈 된 것은 아니지만, 고객을 위한 책임있는 업무수행을 할 수 있도록 통제를 하는 본사의 핵심부분이다.
② 상담서비스이다. 광고, 홍보, DM, 마케팅, 가격정책 등에 관련하여 호텔 및 리조트산업의 경영문제까지도 포함된다.
③ 시장조사, 컨벤션 파일 등을 유지하므로 또는 판매전문가가 직접 또는 계약에 의하여 촉진함으로써 컨벤션이나 모든 형태의 단체고객을 개발한다.
④ 예약 및 안내서비스를 제공한다. 이것은 각 개인이 개별로 하는 것보다 좀더 인간적이고 보다 큰 편의성을 가지고서 기업, 운수회사, 여행사, 개별고객에 대한 예약을 취급하고 또는 유통정보를 제공하려는 목적에서이다.
⑤ 기업과 여행사가 대표하는 호텔간의 연락업무를 수행한다. 특히 외지에 위치한 주요 호텔 간의 연락업무를 수행하다.
⑥ 홍보업무를 수행한다. 업계지, 신문, 잡지, 라디오, TV프로그램의 편집자들의 밀접한 관계유지는 물론 보도자료의 준비, 작성, 배포 및 특별촉진행사를 실시한다.
⑦ DM 발송업무를 취급한다. DM의 구성과 기획, 정기간행물, 발송명단유지, 여행관련 기관, 산업체, 협회, 일반 사람들에 대한 감독 및 배포 등의 업무가 포함된다.
⑧ 호텔과 리조트에 대한 종합적인 조사를 실시한다. 이것은 현재의 상태를 평가하고 장차의 촉진행동계획을 건의하고자 함이다.
⑨ 특별서비스를 제공한다. 이것은 요원모집과 같은 관리적 기능에서부

터 개별호텔고객이 요구하는 많은 요구사항에 이르기까지 특별한 서비스를 제공하는 것이다.

한 호텔로서는 호텔판매나 촉진을 위해서는 어떠한 호텔 Rep과 업무제휴를 하느냐도 중요하지만, 일단 제휴한 호텔 Rep에 대한 평가 및 사후관리도 매우 중요한 것이다. 이를 위해서 다음과 같이 평가하는 것이 좋을 것이다.9)

① 대상호텔 Rep은 경험이 있는 호텔맨인가
② 대상호텔 Rep은 대행해 주기를 바라는 유형의 사람인가
③ 대상호텔 Rep은 장기호텔이 명단에 들기를 바라는 그런 호텔들로 취급하고 있는가
④ 그의 실제자산이 자기호텔의 기준에 일치하는가
⑤ 어떤 업무수행을 바라는가
⑥ 개별, 단체, 비스즌 고객 중 어떤 고객을 원하는가. 대상호텔 Rep은 그런 일을 할 준비가 되었는가
⑦ 대상호텔 Rep은 우리호텔 고객시장에 위치하고 있는가
⑧ 대상호텔 Rep은 어떻게 운영하고 있는가
⑨ 대상호텔 Rep의 판매전술이 우리 호텔의 영업정책과 일치하는가
⑩ 현재 또는 가까운 장래에 추가거래를 필요로 하는가
⑪ 현재 원하는 업무를 다하고 있다면 우리 호텔을 대신해서 개인적인 PR업무를 수행할 일자리가 필요한가

이러한 사항에 대해 만족스런 답을 얻었다고 하더라도 몇 가지 재정적인 사항을 더 고려해야 한다.

① 우리 호텔의 간부 한 사람의 월급보다 적은 돈으로 호텔 Rep의 서비스를 유지할 수 있겠는가
② 대상시장에 대한 업무촉진 출장비가 상당히 감소되거나, 아니면 전적으로 없어질 수 있겠는가

9) C. D. Coffman, *Op. cit.*, p.139.

③ 호텔 Rep의 운영비가 전화, 전기, 문서발송 및 기타 비용은 사무실 임대비보다 훨씬 적게 드는가

결국 호텔 Rep은 기적을 낳는 것은 아니다. 그러므로 자기호텔의 한 부서로 생각하고 서로 긴밀한 업무관계를 유지하는 일이 필요하고 사내에서 일어나는 일들을 잘 알려서 가족처럼 대하는 일이 중요하다고 하겠다.

3-4. 기타 패키징

기타 패키징의 하나는 신용카드회사와의 제휴이다. 그 영향을 평가하기가 다소 어려운 바 있지만, 호텔이 회원명단에 들어 있으므로 그것이 호텔판매에 도움을 준다고 말할 수 있다. Amex, Diners Club, Master Card, Visa 등과의 업무제휴는 그만큼 국제적으로 인정받는 상품화의 노력으로 보아야 한다.

교통운수기관의 업무제휴도 생각해 볼 만하다. 터미널 근처에 위치하고 있다면 왕래객들의 이용이 높은 것은 당연하다. 그렇지만 그러한 위치상의 이 점만에 의존할 것이 아니라 매표원이나 관계인사를 정기적으로 방문하여 호텔을 해주도록 요구해야 한다. 광고판이나 직통전화 설치가 가능하다면 그곳에 설치 추천하는 것도 한 방법이다.

항공사와의 업무제휴는 고객유치의 중요한 수단이 된다. 대개 항공사는 대도시에 판매지배인을 두고 있는데, 이들로 하여금 여객들에게 호텔을 추천해 주도록 할 수도 있고 호텔에서 만드는 회보를 승무원들에게 배포할 수도 있다.

지역공동예약제의 회원으로 가입하는 것도 호텔판매의 한 방법이며, 모텔인 경우 주유소업자를 활용하는 것도 좋은 방법이다. 관광매력은 그 지역으로 관광객들을 오게 만드는 것이므로 호텔로서는 잠재고객을 확보하는 셈이 된다. 따라서 될 수 있으면 자주 방문하여 부단한 관계를 유지하면서 송객을 요구하는 것이 고객확보의 한 방법이다. 또 한 가지 방법은 여행안내서와의 제휴도 생각해 볼 만하다.

Summary

요 약

지금까지 설명내용을 요약하면 다음과 같다.

1) 패키징은 총체적으로 이미지의 개념이다.
2) 패키징은 미화적 개념이다.
3) 패키징은 복합상품화의 개념이다.
4) 패키징은 연결제휴의 개념이다.
5) 패키징은 인간중심의 개념이다.
6) 패키징은 호텔 자체상품을 어떻게 보이게 할 것인가에서부터 출발한다.
7) 여행시장과의 패키징은 개별여행자와 여행도·소매업자와의 제휴를 생각할 수 있다.
8) 여행업자와의 제휴는 판매노력에 대한 보상으로 수수료를 지급해야 하며 통상 10% 이다.
9) 호텔 Rep은 상담, 안내, 조사, 홍보, 판매 등의 기능을 수행하는 호텔판매대행기관이다.
10) 호텔 Rep의 선전과 관리는 대단히 중요한 과제이다.
11) 신용카드, 교통운수 기관, 지역예약공동체 등과 제휴하는 것은 물론 주유소, 여행안내서, 관광명소 등과의 밀접한 관계유지가 또한 중요한 수단이 된다.

3-5. 경영서비스와 패키징

앞단원에서는 주로 개별호텔을 중심으로 한 패키징을 살펴보았다. 그러나 호텔경영은 개별호텔에서만 그쳐서는 안 되고 또 그럴 수도 없을 것이다. 세계가 지구촌화되었고 서로간의 업무관계가 늘어나 이해관계가 발생하기 마련이며, 더구나 무한경쟁시대가 되었기 때문에 어느 것 하나라도 개별호텔의 문제만으로 남을 수가 없게 되었다.

이러한 관점에서 경영서비스와의 패키징은 호텔상품 자체를 돋보이게 함은 물론 이용가능성과 판매가능성을 동시에 높여 준다는 점에서 호텔의 경쟁력을 제고시키게 된다고 말할 수 있다.

아마도 가장 크게, 눈에 띄며, 가장 유형적이고 가장 생산적인 패키징은 프랜차이즈 조직이다. 이러한 프랜차이즈 조직과 제휴하는 방법은 여러 가지가 있다.

① 프랜차이즈
② 경영계약
③ 임차
④ 판매

프랜차이즈는 세계적 명성을 얻고 있는 호텔그룹이 설정하는 시설기준이나 조건에 합당하다고 생각되는 호텔을 그 호텔그룹의 일원으로 체인화함을 말하는 것이다. 가입하는 호텔(franchisee)의 입장으로는 본부호텔(franchisor)이 지닌 명성의 후광을 얻어 판매상의 이점을 얻을 수 있음은 물론 시설과 서비스절차의 규격화를 통하여 서비스수준을 향상시킬 수도 있다.

프랜차이즈가 주는 이점을 보면 다음과 같다.[10)]

① 가입호텔은 기존의 성공적 비즈니스를 사게 된다.
② 대표적 프랜차이즈 영업은 목표고객들에게 소구력이 있어 왔고 효율면에서도 최대 효율을 얻도록 오래전부터 정형화된 표준시설을 사용하게 되므로 가입호텔은 기술자를 고용할 필요가 없다. 본부에서 건설이나 장비, 장식까지도 맡아 준다.
③ 가입호텔에게는 건축계획은 물론 영업계획도 이용가능하다. 구매, 저장, 서비스 및 청소절차 등 모든 것이 완벽하게 시행될 수 있다.
④ 본부에서는 신규가입 호텔과 종사원들에게 교육훈련 프로그램을 마련해 준다. 설사 공식적인 교육훈련을 제공하지 못한다 해도 적어도 세세한 내용의 교육매뉴얼을 만들어 준다. 따라서 가입호텔로서는 새로운 내용의 영업을 시작하고 동시에 종사원들을 교육훈련시키는 모든 번거로움을 덜 수 있다.
⑤ 개별업체로서는 명성을 얻는 데는 시간과 노력이 필요하다. 그러나 프랜차이즈에서는 가입호텔은 잘 알려진 이름을 사는 것이기 때문에 빠르게 인정받을 수 있게 되고 수용될 수 있다. 그러니까 가입호텔로서는 당연히 비용이 될 수밖에 없는 모든 시간과 노력과 돈을 절약하게 되는 것이다. 그러나 본부로서는 잘못된 가입호텔이 전체 프랜차

10) James R. Keiser, *Principles and Practice of Management in the Hospitality Industry* (Boston, Massachusetts : CBI Publishing Company, Inc., 1979), pp.387～388.

이즈에 엄격한 통제를 유지하고 있다.

⑥ 본부호텔은 자기업체의 이름을 대중 앞에서 지켜 주는 책임을 지고 있다. 단일 업체로서는 결코 할 수 없는 지역별 내지 국가적 광고를 실시하는데 적어도 금전적 지원을 한다.

⑦ 대부분의 경우 한 업체보다도 프랜차이즈를 재정지원하는 것이 보다 용이하다. 대출희망자는 그 지역 내 다른 프랜차이즈의 결과를 지켜 볼 수 있고 그들의 위험을 아주 현실적으로 측정할 수 있다. 실제로 프랜차이즈회사는 새로운 업체를 재정지원하는 경우가 많다.

⑧ 프랜차이즈는 많은 돈을 벌 수 있다. 실제로 프랜차이즈가입자는 동일한 사업을 하는 개별업체보다 훨씬 높은 수익을 보이는 경우가 있다. 물론 프랜차이즈 가입자체가 이익을 보장하는 것은 아니며 꽤 많은 프랜차이즈들이 실패했거나 현재 재정적인 기반이 흔들리고 있다.그러나 패스트푸드개념은 전통적인 식당보다도 높은 판매량을 보여주고 있다. 그들이 지키고 있는 세심한 준비절차가 이익창출 가능성을 높여 주기 때문이다.

⑨ 숙박업계에 있어서는 프랜차이즈가 국내 및 국제적인 예약서비스를 확장시킬 수 있다는 점이다. 한 호텔에 투숙한 고객은 동일 프랜차이즈에 가입한 업체에 쉽게 예약을 할 수 있기 때문이다. 중앙집중 컴퓨터예약망이 있기 때문이고 앞으로는 숙박예약이 교통편과 카렌탈도 예약시스템과도 연결될 수 있을 것이다.

그러나 프랜차이징은 무시할 수 없는 약점도 가지고 있으며 이를 요약하면 다음과 같다.[11)]

① 본부호텔은 분명 돈을 버는 위치에 있다. 프랜차이저는 그러한 돈의 대부분을 프랜차이즈 초기비용과 로열티로부터 얻고 있다. 대표적으로 프랜차이즈 초기비용은 프랜차이즈를 채결했을 때 지급해야 하며 프랜차이저의 명성과 성공 여부에 따라 이 비용은 대단히 부담될 수도 있다. 또한 로열티 지급은 이익에 따라 지급된다.

11) *Ibid.*, p.389.

② 어느 의미에서 표준화된 영업은 확신을 보장하긴 하겠지만, 식사판매의 경우 지배인으로서는 메뉴설정에 제한을 받지 않을 수 없다. 호텔의 경우 가입업체가 공급해야 하는 표준서비스인 수영장, 컬러 TV, 24시간 데스크 서비스를 제공할 수 없는 소규모 업체로서는 참여가 제한될 수밖에 없다.

앞에서 말한 프랜차이즈 가입에 따른 비용부담은 초기비용(initial fee)과 로열티(annual royalties), 그리고 연간비용(annual fee)의 세 가지 형태이다.

초기비용은 보통 1실당 $100이며 보통 최고 10,000달러를, 최대 20,000달러를 지급해야 하고 로열티는 판매액의 일정 퍼센트 혹은 숙박객실당 몇 센트를 지급하고 있다. 연간비용은 전국규모 광고, 로고사용 등이며 기타 공동비용분담을 실시하는 예도 있다.[12)]

로열티는 전국예약제, 판매지원, 합동구매 보험, 기타 업무거래, 비용절감 서비스를 제공하는 대가지급이다. 어떤 경우는 서비스제공 약속은 하지만 제공치 않는 경우도 있다.

프랜차이즈의 서비스 내용에는 다음과 같은 서비스들이 포함된다.

· 전국 / 지역적 정체성 혹은 공공이미지
· 전국, 지역광고
· 현지 광고 및 촉진의 형식
· 내부촉진계획 및 공급
· 건물표시광고판(구내 및 고속도로변)
· 예약 및 예약공동시스템
· 국가 / 지역규모 신용카드 제휴촉진활동
· 경영진 및 간부를 위한 연수계획

프랜차이즈는 그 비용만 지급하면 훌륭한 영업을 보장받는 것은 아니다. 어느 사업영역에 있어서도 그렇게 쉽지만은 않을 것이다. 프랜차이즈를 얻으려면 사전 준비를 많이 해야 하고 여러 가지를 고려해야 한다. 예를 들면 어떤 프랜차이즈에 투자하기 전에 여러 개의 다른 프랜차이즈를

12) C. D. Coffman *Op. cit.*, p.143.

검토하여 어느 것이 우리 호텔의 여건에 가장 좋은 것인가를 알아봐야 한다. 더구나 무엇 때문에 프랜차이즈에 가입하려 하는지를 스스로 물어 보는 것이 현명한 일이다. 프랜차이즈를 단순히 사업투자로 여길 수도 있을 것이고, 혹은 프랜차이즈를 관리하면서 그 기능에 적극적으로 간여하길 기대할 수도 있을 것이다. 두 번째와 같은 경우는 그저 금전적인 문제 이상으로 간여하게 되는 것이고 또한 당연히 그래야만 한다. 그러므로 어떤 종류의 프랜차이즈가 가입자의 경험과 기대에 양립할 수 있는가를 결정하도록 해야 한다.

프랜차이즈를 결정하려 할 때 확인해야 할 사항들을 보면 다음과 같다.

① **명성** : 프랜차이저의 과거실적은 어떤가? 얼마나 오랫동안 사업에 종사해 왔는가? 공정한 거래에 대한 명성은 어떤가? 그가 다른 가입자들과 유지하는 관계는 어떻게 말할 수 있는가?

② **상품** : 어떤 상품을 파는가? 이 상품은 시장테스트를 받은 것인가? 프랜차이즈는 현대적인 마케팅기법과 상품화기법을 사용하는가?

③ **서비스** : 어떤 서비스를 제공하기로 합의하였는가? 가입자는 충분히 보호되고 있는가, 아니면 프랜차이저 임의로 종결지을 수 있는가? 쉽게 영업을 종결지을 수 있는가, 아니면 타인에게 팔 수 있는가?

④ **합의기간과 변경** : 프랜차이즈 합의조건은 무엇인가? 가입자는 충분히 보호되고 있는가, 아니면 프랜차이저 임의로 종결지을 수 있는가? 쉽게 영업을 종결지을 수 있는가, 아니면 타인에게 팔 수 있는가?

⑤ **금융추정치** : 프랜차이저는 실제 영업수치를 제공할 수 있는가? 가입자는 그들의 영업과는 상관이 거의 없는 대표적인 판매, 비용, 이익수치 때문에 함정에 빠지게 된다.

⑥ **안전장치** : 프랜차이즈는 문제가 생겼을 때 도와줄 인원을 지원해 주는가? 종래의 프랜차이즈의 약점은 예견치 못한 문제가 발생했을 때 가입자가 바라는 도움을 주지 못했다는 것이다. 이것은 프랜차이저가 가입자에게 서비스를 제공하는 일보다 확장에 더 관심을 가지고 있을 때 흔히 생기는 일이다.

⑦ **비즈니스 관례** : 프랜차이저는 가입업체를 철저히 조사였는가. 이런 세부사항에까지 주의를 하는 것은 단순한 판매증가보다는 개별 업체

의 성공에 관심 있음을 보여주는 것이다. 이런 종류의 조사를 게을리 하는 조직은 아마도 다른 중요한 관리적 업무도 마찬가지로 게을리 하는 법이다.

⑧ **자체지원** : 호텔은 프랜차이즈에 가입하는데 필요한 자본을 가지고 있는가, 혹은 쉽게 얻을 수 있는가. 프랜차이즈는 요구하는 자본도 다르기 마련이다. 가장 바람직한 프랜차이즈는 너무 비싼는지도 모르기 때문에 너무 멀리 나가기 전에 이를 알아두는 것이 현명하다.

⑨ **적절성** : 프랜차이즈 가입이 정말로 필요한가를 알아야 한다. 프랜차이즈 가입자와 프랜차이저의 관계를 알고 있다면 프랜차이즈 계약을 해야 하는가? 그들이 제공하는 서비스를 바라고 필요로 하고 있는가? 아니면 창조성을 좀 가지면서 로열티를 지급하지 않는 업체를 운영하는 편안함을 더 원하고 있는가?

경영위탁계약(management contracts)은 프랜차이즈와는 다른 내용의 제휴 방법이다. 이것은 본부호텔이 가입호텔의 전반적 운영을 맡아서 감독하고 실제로 운영하는 방법이다. 회계, 월별 실적, 연간실적 등 모든 것을 포함한다.

이에 따른 비용지급은 월정액 부담에서부터 총영업이익(Gop)의 몇 퍼센트로 지급하는 방법 등이 있다. 경영진은 아무런 금전적 부담이 없으며 심지어 운영자금조차 지급하지 않는다. 이들은 기본적으로 완벽한 관리적 노하우를 준비하면 된다. 위험도 없고, 비용부담도 없고, 손실에 대한 책임도 지지 않는다. 이들은 경험이 많은 전문가들이기 때문에 경영에 참여한데 대한 대가를 지급받는 것이다.

매우 특별한 사정이긴 하지만 어떤 프랜차이저는 개발업자로부터 건물을 사거나 임차하는 경우도 있다. 그렇지만 근본적으로는 프랜차이즈 회사는 프랜차이즈 비용이나 로열티를 모으는 것이 기본업무이다.

물론 보증임차를 할 수 있는 경우에는 호텔프로젝트를 위해 담보금융을 얻는 편이 훨씬 용이하다. 이것은 50년대에 비교적 쉬운 것이었지만, 오늘날 프랜차이저는 1퍼센트의 투자자본의 위험도 없이 프랜차이즈를 얻고 있으며, 오늘날 개발업자들이 계획된 호텔을 임차할 가입호텔을 얻기란 사실 불가능한 실정이다.

Summary

요 약

지금까지 설명내용을 요약하면 다음과 같다.

1) 경영서비스와의 패키징은 호텔상품 자체를 돋보이게 함은 물론 폭넓은 판매 가능성을 제고시킨다는 점에서 평가할 만하다.
2) 가장 크고도 생산적인 패키징은 프랜차이즈이다.
3) 프랜차이즈는 세계적 명성을 얻고 있는 호텔그룹(Franchiser)이 설정하는 기준이나 조건에 합당한 호텔(Franchisee)을 호텔그룹의 일원으로 체인화 함을 말한다.
4) 프랜차이즈를 하는 것은 비용과 효과의 양면이 존재한다. 초기비용과 로열티, 연간비용 등의 비용이 따르지만, 로고사용, 공동광고, 간부요원교육, 대량구매를 통한 비용절감, 서비스의 규격화, 투자재원확보 등의 효과를 얻을 수 있다.
5) 경영위탁계약은 프랜차이즈와는 달리 순수하게 호텔경영만을 위탁하여 운영하는 형태이다. 운영측(Franchiser)은 호텔영업의 노련한 전문가들이므로 아무튼 비용의 부담이 없이 호텔영업에 참여한 대가를 받으며 손실에 대한 책임도 없다.

Hotel Marketing

제6장 호텔가격믹스

1. 호텔가격믹스의 의의

가격은 우리가 원하는 물질이나 서비스에 대한 금전적 대가라고 할 수 있지만, 사실 가격표 이상의 의미가 있다. 가격은 호텔사업의 여러 국면을 규제하는 강력한 규제요소가 되어 호텔 전체이익에 영향을 미치게 된다. 가격은 호텔영업 이익의 상당부분을 결정할 수 있으며, 그것은 호텔고객을 더욱 많이 오게 할 수도 있고 반면 오지 못하게 할 수도 있다.

또한 가격은 임차서비스와 세금과 같은 지급의무금을 지급하기 위하여 호텔수입으로부터 충분한 현금흐름을 이끌어 낼 수 있는 수단이 되는 최종 측정수단이다. 그러나 가격 그 하나만으로 할 수 있는 것은 거의 없다. 가격은 이익을 얻을 수 있는 고객의 흐름을 정상적으로 이루어지게 못한다면 무의미한 것이다.

따라서 현명하게 결정한 가격이란 지나치게 높은 가격으로 고객의 내방을 막지도 않으면서도 지급의무금을 해결할 수 있을 만큼 최대의 이익이 있어야 한다. 그러므로 호텔상품의 가격을 결정함에 있어서 고객의 욕구와 필요를 가장 잘 해결해 줄 수 있고 동시에 최대의, 장기적인 이익을 얻을 수 있도록 일치해야만 한다.

호텔가격은 경쟁적이어야 하며 동시에 적절한 수입을 얻을 수 있도록 해야 한다. 그러므로 폭넓은 가격인하라는 것은 대부분 잘못된 것이다. 가격인하를 해서 좋은 경우는 다음과 같은 경우에 해당한다.1)

1) 사업을 얻기 위해 가격인하가 필요한 경우
2) 그 사업은 달리 얻을 수 없는 수입이 되는 경우
3) 사업을 필요로 하는 연중, 주중 어느 시기에 국한되는 경우
4) 다른 보다 수익성 있는 사업을 대치할 수 없는 경우
5) 신규사업이 수익성이 있을 경우

시장은 변한다. 결코 정적상태로 머물러 있지는 않는다. 이런 관점에서 우리가 해야 할 일은 시장 즉 고객들의 욕구와 필요를 가장 잘 해결할 수 있도록 상품의 가격을 책정하는 일이다.

2. 가격결정의 원리

가격전략을 개발하는데 고려해야 할 사항은 가격결정의 목표, 원가, 경쟁, 시장수요, 고객 등 다섯 가지이다.2)

가격결정목표에 대해서 먼저 설명해 보자. 목표란 우리가 이루고자 하는 것을 말한다. 목표가 없이는 우리가 어디로 가고 있으며 우리가 그곳에 어떻게 갈 수 있는지를 결정하기가 매우 어렵다. 가격결정의 목표로는 재무적 목표, 매출목표, 그리고 고객목표를 생각해 볼 수 있다.

재무목표는 가장 지배적이고 보편적이며 영속적인 가격결정목표이다. 기업의 성공이나 심지어 생존에 절대적으로 필요불가결한 것이긴 해도 재무목표를 지나치게 강조하다 보면 다른 고려사항들을 고려하지 못하게 하여 어느 경우 실패에 이르게 할 수 있다.

재무목표는 형태는 각각 다르지만 모두가 서로 연관되어 있다. 제일 먼

1) C. D Coffman, *Marketing for a Full House*(Ithaca, New York : Cormell University, 1984), p,162.
2) Robert C. Lewis and Richard E. Chambers, *Marketing Leaaership in Hospitality : Foundations and Practices* (New York : Van Nostrand Reinhold, 1989), p.360.

저 생각되는 것이 이익이다. 총이익이나 순이익 중 어느 것을 강조하든 간에 이익을 극대화하기 위해 가격을 결정한다고 한다. 그러나 가격결정에 있어 이익을 지나치게 강조하는 데서 오는 문제점은 우선 다른 고려사항 특히 시장이라는 점을 무시하기가 쉽다는 것이고, 두 번째 관련된 문제점은 고정적으로 정해 놓은 이익결정이란 호텔업에 있어서 대단히 이루어지기 어렵다는 것이다.

다른 산업에서는 원가, 가격, 이익간의 관계가 보다 직접적이고 명백하지만, 호텔업에 있어서는 이 관계가 간접적이고 모호하다. 선물 만드는 공장에서는 변동비와 간접비를 대단히 상세하게 계산할 수 있어서 여기에 한 개당 마진을 붙여서 팔 수 있어서 남는 문제라면 수요와 공급의 비율을 추정하는 문제이다. 만약 예측만 잘 할 수 있으면 오늘 팔지 못한 것을 내일 팔수도 있고 또한 할인을 해서 이익 폭을 줄여야 하는 경우라도 잘 판매할 수가 있을 것이다.

그러나 호텔산업에서는 오늘 팔리지 않은 객실이나 식당의 좌석은 할인을 해서라도 내일에는 팔수가 없다. 그런데도 그 객실이나 식당 좌석의 고정비와 반유동비의 상당부분은 그대로 남는다.

더구나 우리는 가격이 높으면 높을수록 이익은 더 커진다는 논리에 기초해서 가격을 결정하는데 더 많은 관심을 두고 있다. 그러나 이 논리는 그 가격이 고객의 이용에 영향이 없다면 맞는 얘기가 되지만, 대부분의 경우 이것은 사실이 아니다.

높은 가격만으로는 대부분의 경우 판매량을 감소시키기 마련이다. 그래서 이렇게 높은 가격을 정하고 난 후 호텔은 낮은 가격으로 판매량을 되찾기 위해 가격할인을 하고 있다. 마케팅관점에서 볼 때 이 과정에서 무슨 일이 일어나고 있다. 즉 호텔은 높은 가격때문에 등을 돌리거나 할인을 교섭할 줄 모르거나 그저 단순히 사취당하기를 싫어하는 고객들을 잃고 있는 것이다. 이러한 고객들은 오지도 않고, 돌아오지도 않을 뿐 아니라 다른 많은 사람들에게도 이야기를 전하게 된다. 중하위급 호텔이 성장했다고 하는 것은 고급호텔들이 하는 이러한 관례때문이다.

항공사에서도 이러한 교훈을 강제로 배우게 되었다. 1986년에 실시한 조사결과 성인 미국인의 74%가 항공사를 이용해 1971년의 49%보다 높은 증가를 보여주었다. 또한 항공여행자의 54%는 순수관광 목적이나 개인적인 목적의 여행이었다. 이 결과는 비즈니스 여행이 이 이상 더 지배적이 못되고 있음을 보여주고 있는데, 그 까닭은 비즈니스 여행이 감소되어서가 아니라 관광목적의 여행이 상당히 증가하였기 때문이었다.

이것은 낮은 항공운임이 전에 여행한 경험이 없는 사람들을 비행기여행을 하도록 유도하였고, 또한 다른 사람들로 하여금 더욱 자주 여행하도록 하게 함으로써 항공산업은 고객층을 증가시킨 것이다. 호텔같이 변동비가 낮은 기업에서는 이것은 장기적으로 볼 때 중요한 요인이며 호텔산업이 배워야 할 교훈이다. 본질적으로 가격을 최대화함으로써 이익을 최대화하기 위한 가격결정은 마케팅의 힘을 무시하는 것이다.

가격결정에 있어 또 다른 재무목표는 투자회수(ROI)목표, 가격 및 이윤폭의 안정화, 내부회전율(IRR), 캐시풀로 가격정책 등이 있다. 이들 목표들은 가격정책상 입지를 가지고 있으며 실제로 필요한 것들이다. 이것들이 호텔산업에 있어서도 보편적인 목표들이지만, 이들 중 어느 하나가 가격결정의 유일한 목표가 되었을 때에는 문제가 발생하며 그 결과는 이익극대화의 경우와 유사하다.

판매량목표는 가격결정의 두 번째 것이며 그 형태도 여러 가지이다. 이러한 판매량목표는 호텔산업에 있어서 특히 유행되고 있는데, 호텔산업 자체가 대단히 판매량지향적이기 때문이다. 즉 고정비는 높지만 객실당 변동비는 부서별 수입의 15%에서 25%정도로 낮다. 일단 고정비를 넘게 되면 판매량이 조금만 늘어도 이익면에서 큰 증가를 가질 수 있게 된다. 이것은 항공사의 경우도 마찬가지이다. 가격에 민감한 기업인 식당의 경우 변동비는 판매의 35%에서 55%로 높게 운영된다. 물론 식당이나 호텔은 판매량을 추구하는 기업이다. 그러나 호텔은 변동비가 낮으니까 판매량을 늘리기 위해 할인폭을 깊게 할 수 있지만, 역으로 식당의 변동비의 대부분은 그 다음날 판매할 수 있다. 호텔식당은 이런 이점도 있지만, 다른 개별식당에 비해서 임차료를 지급하지 않는다는 독특한 위치에 있다.

판매량을 측정하는데 쓰이는 주요하고도 널리 쓰이는 것은 시장점유율이다. 다르게 말하면 이 목표는 간단히 원하는 판매성장률이라고 말할 수 있다. 시장점유율이란 주어진 시장에서 같은 비즈니스가 가질 수 있는 총

판매량에서 한 기업이 차지하는 비율을 말한다. 타 산업에서는 이 시장점유율은 이익을 진단하는 예비지표이며 경쟁사에 비해서 얼마나 잘 했는가를 측정하고 또한 자기의 공정한 점유율이란 점에서 어떻게 잘 했는가를 측정하기도 하는 것이다.

시장점유율을 높이기 위해서는 호텔은 다른 경쟁사보다 더 좋은 일을 하지 않으면 안 된다. 이것은 보다 좋은 상품, 보다 좋은 서비스, 보다 좋은 위치 혹은 보다 좋게 느껴지는 가치일 수 있다. 가격을 낮추는 것이 보다 좋을 수도 있다. 이것은 자기파멸일 수도 있고 그렇지 않을 수도 있다. 식당으로서는 손익분기점 분석을 빨리 계산해 보면 어떤 점에서 증가된 판매량이 가격인하로 생긴 수익손실을 보전할 수 있는가를 보여 줄 수 있다. 호텔로서는 경쟁자를 따라 하면 시장점유율로 이전의 상태로 빠르게 돌아온다는 것이 훨씬 가능하고 있음직한 일이다. 그러므로 호텔산업에 있어서는 시장점유율만을 증가시킬 목적으로 낮은 가격을 쓰는 것은 어리석은 일이 될 것이다.

또 다른 판매량목표는 항공사에서 하는 것처럼 고객층을 늘림으로써 비즈니스를 얻고자 하는 것이다. 이 전략에서는 고객을 유치해서 영원한 고객이 되어 주길 바라는 희망에서 일시적으로 아니면 특별 촉진기간에 가격을 인하하는 것이 보통이다. 이것은 화를 자초하는 경우가 될 수도 있는데, 많은 손님들이 촉진기간만을 이용하고 정규 가격을 지급해야 할 때에는 호텔에 돌아오지 않기 때문이다.

그러나 가격을 이용해서 고객층을 만드는 이점도 있을 수 있다. 그렇게 하는 것이 고객충성도를 가져올 수 있을 때이다. 호텔로서는 객실 투숙객이 많다는 것은 식음료부서의 이용고객이 많다는 것을 의미할 수 있다.

또 하나의 목표는 이용률과 회전율을 증가시키고자 하는 것이다. 이것은 실제적으로 가격을 인하함으로써 판매를 증가시키고자 하는 것과 아무런 차이가 없다. 이용률과 회전율이 좀 더 높아지면 비교적 고정비의 성격이 있는 노무비와 제경비를 커버하는데 도움을 준다. 또한 호텔로서는 식음료업장의 고객이 더 많다는 것을 의미할 수 있다. 호텔경영진들은 이용률에 따라 평가받고 보수도 그에 따라 받는 경우도 흔해서 이용률을 높이기 위해서 가격에 대한 인센티브도 높다.

판매량목표의 마지막 것은 비즈니스 증가에서 얻어지는 고정비에 대한 기여도이다. 만약 식사의 변동비가 3달러인 식사가 4달러에 팔리면 고정비 기여는 1달러이다. 이것은 그 식사가 8달러에 보통 팔린다면 0보다 낳은 것이지만, 그렇게 팔릴 수는 없다. 호텔의 높은 고정비와 판매량에 대한 민감성이 이 목표를 더욱 가능하게 만들고 있다.

이러한 관찰은 개별식당과 대조적으로 호텔식당이 야기하는 불리한 점을 생각하면 더욱더 있을 수 있는 일이다. 이러한 불리한 점은 고객의 편의를 위해서 식당을 영업해야 하기 때문에 발생하는 고정비이다. 현지의 개별식당은 영업이 부진할 때에는 문을 닫을 수도 있지만, 호텔은 그런 선택권이 없다. 호텔은 이익성이 없음에도 불구하고 룸서비스를 제공해야 하는 것이다.

가격결정에 있어 판매량목표와 이익목표는 서로 나란히 가는 것이지만, 그러나 언제나 그런 것은 아니다. 판매량목표는 보다 장기적으로 지향하는 경향이 있으며 잘만 하면 고객층을 확장하는 경향이 있다.

고객목표라는 것은 긍정적인 쪽으로 고객에 영향을 미치는 것을 말한다. 이것은 가격결정의 진정한 마케팅목표이다. 가격결정이 이런 식으로 사용될 수 있는 방법은 많다.

한 가지 고객목표는 가격안정성에 의해서 고객에게 신념을 심어 주는 것이다. 1970년대의 인플레의 시기에 사람들은 지속적으로 인상되는 가격에 익숙해졌고, 자기네들이 이용당하고 있다고 느낄 때 교환하는 법도 터득했다. 많은 호텔들은 실제로 인플레가 존재하지 않는 때에도 인플레의 물결을 탈 수 있다고 믿는 것으로 나타나고 있다. 이것이야말로 고객의 믿음을 크게 훼손시켰고, 이런 관례를 따르지 않는 호텔에게는 비즈니스를 만들어 주었다.

호텔이 디스카운트를 크게 하지만 정규가격을 결코 인하하지는 않는다. 사실 가격을 올리고 나서는 할인을 한다. 이것은 이상한 현상이다. 유럽에서와 아시아 지역에서는 정규가격을 낮추면 이에 상응해서 이용률의 증가가 뒤따른다. 역으로 미국에서는 자기훼손적인 가격정책을 통해서 자동차업계나 호텔업계는 경쟁만 증가시키는 데 성공한 셈이다.

그러나 호텔업계는 이른바 “기업요율”(corporate rate)을 통해서 가격안정을 이루려 했다. 어떤 경우는 광범위하게 실시했지만, 좁게는 호텔이 일정 기간 동안 지속되는 요율을 타기업과 교섭했다. 이 객실료는 같은 기간에 일정수의 객실 이용을 보장하는 것이 보통이었다.

이것은 기업으로 하여금 안정된 가격을 확신할 때에는 여비를 보다 잘 책정할 수 있게 해준다. 이것은 그러나 지금과 같은 비행기를 타고 가는 관광목적이나 개인용무로 여행하는 사람들에게는 아무 소용이 없는 것이다. 호텔요금에 대한 불신때문에 이런 사람들을 많이 시장에서 이탈시켰다.

두 번째의 고객목표는 "이용하도록 하는 유인책"이다. 식당에서 제공하는 동일가격에 두 가지 식사를 제공한다던가, 한 품목에서 이익을 얻을 목적으로 한 품목은 손해를 보거나 낮은 가격으로 판매하는 방법 등이 모두 여기에 속하는 것이다. 개업특별판매같은 것은 가격을 시험해 보도록 하는 특별유인책의 하나이다. 개별품목이나 신규 메뉴품목은 이런 목적으로 역시 낮은 가격을 책정한다.

실제로 호텔은 시장이 감당할 수 있다고 생각하는 최고의 가격으로 개업하는 경우가 많으며, 자연적 수요가 객실을 채울 것이라는 가정하에 초기할인은 피하는 경우가 많다. 이런 상황에서의 목표라는 것은 이용해 보도록 유인한다기보다 "이미지 높이기"라는 또 다른 고객목표이다. 이것은 호텔이 대단히 특별하거나 새롭거나 차별화되어서 높은 가격을 지급할 만하다라고 시도하는 것이다. 그러나 실제로 그렇지 아니하다면 결과적으로 고객을 잃게 되는 경우가 많다.

흔히 호텔경영진은 대부분의 시장에서 신규호텔이 생겨났기 때문에 새로운 수요가 생겨나지 않는다는 것을 이해하지 못하는 것 같다. 회의참가나 비즈니스 여행자는 다른 호텔에서도 존재하는 것이다. 개업시 가격결정이 대단히 중요하다. 그 생각은 다른 경쟁 호텔의 고객들로 하여금 새로운 상품을 이용해보도록 하자는 것이어야지 그들을 쫓아내는 것이어서는 안 된다.

이와 같은 초기 고가정책을 Skimming Price라고 하는데,[3)] 경쟁이 시작되어 가격을 낮춰야 하기 전에 윗부분의 크림을 뽑아낸다는 생각에서 나

3) 기업이 사용할 수 있는 여러 가지 가격정책의 한 유형으로서 초기 고가정책을 말한다. 일정 수준의 수요를 빠르게 흡수하고자 할 때 쓰이는 가격정책이다. 상대적으로 낮은 가격으로 시장점유율을 높이고자 할 때 쓰이는 가격을 Penetration Price라고 한다.

온 말이다. 이 초기고가정책은 회사가 신상품을 시장에 도입했을 때 이익을 주는 수가 종종 있지만, 호텔과 식당으로서는 높은 가격이라는 부정적이고도 가끔은 지속적인 이미지를 주는 것이 보통이어서 피해야 할 일이다.

상품이 정말로 독특하고 특별한 경우에는 "이미지 높이기"를 사용하는 것이 더 좋다. 가격을 통해서 상품을 가시화시키는 예는 많이 있지만, 시장에서 이런 기회가 있는 것은 대단히 드물다. 그러므로 이러한 고가정책이 현실보다는 자기중심에 근거하는 것이라면 자기파멸적이 되기 쉽다.

가격정책상 또 다른 고객목표는 소비자로 하여금 가격에 둔감하게 만드는 것이다. 대표적인 경우가 Club Med이다. 클럽메드는 가격 하나로 모든 것을 해결하는 정책으로 출발했는데 심지어 항공료조차 포함되는 경우가 있다. 술이나 기타 부수적인 것들은 별도이지만, 프런트에서 사서 목걸이로 하는 색깔 있는 구슬까지도 돈을 지급하는 것이다. 체크아웃할 때까지는 의식하지 못하지만 실제로 그렇다.

훌륭한 가격/가치 관계는 또 다른 가격결정목표이며 호텔업계에서 많이 쓰는 정책이다. 이것도 이미지 제고를 위한 또 다른 형태라고 할 수 있는데, 시장이란 고액지출고객을 제외하고는 일반적으로 가격이나 가치에 민감하기 때문이다. 중급식당에서 광고에 항상 쓰는 기법이며 호텔도 자주 쓰고 있다.

두 가지 다른 고객목표도 알아둘 필요가 있는데, 하나는 가격을 상품차별화를 위해서 사용하는 것이다. 만약 상품이 본질적으로 동일하다면 소비자들이 서로의 차이를 느끼게 만드는 것은 가격의 차이를 이용하는 것이다. 즉 한 호텔의 안심 12파운드짜리가 16.95달러이라면 다른 곳에서 12.95달러짜리 같은 안심보다는 틀림없이 더 좋아야 한다. 또 다른 목표는 부가서비스나 시설을 도입하거나 판매하는 것이다. 공식상품 내에서 이런 서비스에 대한 가격차이를 정당화하기 어려우면 품위와 같은 핵심요소가 구매자들에게 값을 정당화시켜 줄 수가 있다.

Summary

요 약

지금까지의 설명내용을 요약정리하면 다음과 같다.

1) 가격은 우리가 원하는 물건이나 서비스에 대한 금전적 대가라고 할 수 있지만 그 이상의 의미가 있다.
2) 가격은 호텔사업의 여러 국면을 규제하는 규제요소이며 충분한 현금흐름을 이끌어 낼 수 있는 수단이 된다.
3) 가격은 최대이익을 보장할 수 있어야 하며 경쟁적이어야 한다.
4) 가격은 시장수요에 맞는 것이어야 한다.
5) 가격의 할인은 새로운 고객을 확실하게 보장하지 않는 한 하지 말아야 한다. 가격할인이 다른 고객을 보증하는 것은 아니기 때문이다.
6) 호텔의 시장과 경쟁자를 부단히 재평가하는 것이 반드시 필요하다.
7) 고객은 자기가 받은 가치에 대해서 돈을 지급하는 것이다.
8) 가격전략을 개발하는 데는 가격결정의 목표, 원가, 경쟁, 시장수요, 고객 등을 고려해야 한다.
9) 가격결정의 목표로는 재무적 목표, 매출목표, 고객목표를 생각해야 한다.
10) 호텔에 있어서는 원가, 가격, 이익간의 관계가 타산업에 비해 간접적이고 모호하다.
11) 높은 가격은 반드시 높은 이익을 보장하는 것은 아니다. 수요의 탄력성이 있기 때문이다.
12) 판매량을 측정하는데 널리 쓰는 방법이 시장점유율이다.
13) 초기 고가정책을 Skimming Price라고 하는데 호텔과 식당으로서는 가격이 높다는 부정적 이미지를 주는 경우가 보통이다.

[그림 6-1] 1988년 실시한 이 Hertz광고는 플로리다에서의 자동차대여를 촉진시키기 위하여 실시한 것으로 가족휴가 시장을 겨냥하고 있다. 백색차량이 광고의 표제 "Florida White Sale"을 극명하게 강조하고 있다.

(자료 : Alastair M. Morrison, Hospitality and Travel Marketing, (Albany, New York : Delmar Publishers Inc., 1989)

3. 가격정책의 유형

3-1. 원가중심가격정책

원가중심의 가격정책이 호텔산업에서는 여러 가지 형태로 나타나고 있는데, 가장 널리 알려진 것을 보면 Cost plus, Mark up, Break-even, Contribution Margin, $ 1 per thousand 등이다. 이들을 하나씩 설명해 보기로 한다.

① Cost plus **가격정책** : 이 방법은 상품의 제경비를 포함한 전체 원가에다 미리 정한 총이익 마진을 붙여서 가격을 결정하는 것이다. 식음료가격결정에 흔히 쓰이는 이 방법은 판매가격에다 총이익마진을 연관시키는 것이다. 가령 원가 40%에 총이익 마진율이 60%라고 한다면 4달러짜리 품목은 10달러로 가격이 정해지는 것이다. 각 제품이나 제품라인은 모든 형태의 비용은 물론 자체 변동원가도 적절히 배분되고 있는데, 기본의도는 각 제품은 자체가 이익을 얻을 수 있어야 한다는 생각이다.

이 방법은 총수입이라는 것이 어떤 제품이 이익을 내지는 못하지만, 전체에는 기여를 한다는 종합적인 노력이라는 개념을 무시하고 있다. 또한 감가상각, 영선유지비 같은 비용을 배분하지 않고 있다는 것이다. 이 방법은 가격결정에 융통성이 없으며 제품의 가치에 대한 소비자의 인식을 고려하지 않고 있다. 이것은 전적으로 원가지향적이며 수요를 무시하고 있다.

② Mark up **가격정책** : 이 방법은 식당업계에서 대단히 선호하는 방법인데, 그 품목의 변동비에 1달러씩 mark up하거나, 아니면 원하는 구성비용 비율에 몇 %를 mark up하거나 이 둘을 결합하는 방법이다. 10달러짜리 와인 한 병에 5달러씩 mark up하기로 하면 판매가는 15달러가 된다. 따라서 mark up비율은 50% 즉 판매가의 33⅓%에 해당된다. 한편, 50%와인 비용을 원하면 판매가가 20달러가 되려면 100% mark up이 된다.

음식업계에서는 이런 가격결정방법을 선호하는 것으로 보인다. 식재료원가와 음료원가비율이 결과를 측정하는 기준이 되고 있다.

이 방법의 약점은 특히 원가가 크게 등락하는 시대에 소비자들의 가치인식을 무시하고 있다는 점과 원가가 높은 품목을 소비자들이 지급하려고 하지 않는 수준까지 가격을 책정하기 쉽다는 점이다.

③ Break-even 가격 : 이것은 한 제품이 얼마만한 판매량과 가격에 손익분기가 이루어지는가를 결정하기 위하여 사용된다. 이것은 고정비와 변동비를 구분한다. 손익분기점은 동일한 고정비와 유동비를 사용하면서 여러 가지 가격을 그래프에서 찾는다. 또한 여러 가격에서 요구되는 양을 찾아냄으로써 여러 수요에서 종합적인 이익이 얻어질 수 있도록 수입선을 그리는 것이다.

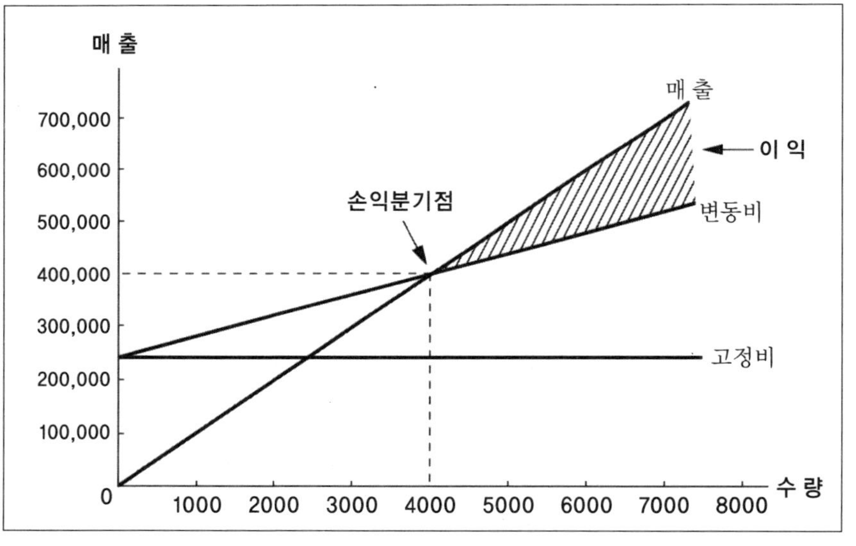

[그림 6-2] 손익분기점 가격(판매단가 $100 (예))

④ Contribution margin 가격 : 이것은 [그림 6-3]에서 보는 것처럼 변동비를 나타내는 선이 판매선과 같이 영점에서 출발하게 된다. 이것이 바로 기여의 개념으로서, 제품이 변동비보다 높은 가격으로 팔면 판매가 이익을 낼 만큼 높지 못할 때라도 고정비에 대해서 기여를 하게 된다는 것을 보여준다. 이 기법은 수요가 적을 때 호텔로서는 대단히 유용하다. 객실가는 객실을 이용토록 하려면 상당히 할인할 수

있다. 이익은 나지 않는다 해도 객실이 판매되지 않았을 때 생기는 고정비의 일부를 커버할 수 있을 것이다. 이 방법은 높은 원가품목을 지나치게 높게 책정하는 문제를 극복하기 위해 식음료가격을 결정하는데 유용하게 사용할 수 있다. 예를 들면 원가 50달러인 포도주 한 병은 기여마진 25달러로 판매가 75달러로 결정된다. 원가비율은 67%가 되어 업계기준에 비하면 대단히 높고 접근하기 힘든 비율이다. 그러나 그 기여마진은 와인 원가비율 50%씩 20달러짜리 판매가인 10달러짜리 두 병보다 더 높아진다.

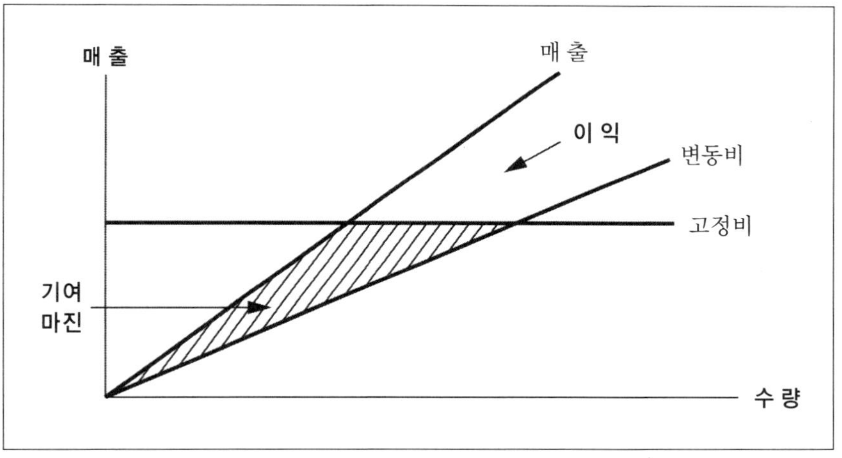

[그림 6-3] 기여마진 가격

⑤ **천당1달러 가격**: 이것은 호텔객실판매가를 결정하는데 독특한 방법이다. 너무나도 주먹구구식이긴 하지만 호텔산업에서는 널리 공표된 방법이다. 이것은 객실당 건설비 1,000달러당 1달러가 호텔의 평균객실료가 되어야 한다는 것이다. 그래서 실당건축 및 장식비가 8만 달러이면 객실의 평균 객실료는 80달러가 되는 것이다.

이러한 계산법은 오늘날과 같은 세상에서는 좀 고답적인 것이며 소비자의 인지나 수요는 전적으로 무시하고 있다. 그것은 무엇보다도 출발점으로 쓰여야 하고 호텔이 지어진 후에는 요금은 다른 요소에 따라 조정되어야 한다.

Summary

요 약

앞에서 설명한 내용을 요약하면 다음과 같다.

1) 호텔가격정책의 유형은 원가중심가격정책, 경쟁가격정책, 시장수요가격정책, 고객중심가격정책 등으로 나누어 생각해 볼 수 있다.
2) 원가중심의 가격정책유형은 Cost plus, Mark up, Break-even, Con- tribution Margin, $1 per thousand 등이 있다.
3) Cost plus는 상품의 전체 원가에다 미리 정한 총이익마진을 붙여서 가격을 결정하는 것이다.
4) Mark up 가격정책은 변동비나 아니면 원하는 구성비용비율에 일정퍼센트를 Mark up하는 방법이다.
5) Break-even가격정책은 손익분기점을 활용하여 가격을 결정하는 방법이다.
6) Contribution Margin가격은 제품을 변동비보다 높은 개념으로 팔면 판매가 이익을 내지 못할 때라도 고정비에 대해서는 기여를 한다는 개념에서 출발한다.
7) $1 per thousand 가격은 객실당 건설비 1000달러당 1달러가 호텔의 평균객실료가 되어야 한다는 방식이다.

3-2. 경쟁가격

가격을 결정하는 가장 직접적인 방법 중의 하나는 경쟁자가 정하는 가격에 기초하는 것이다. 이것은 선택의 여지없이 다른 업체들에 맞추어 동일한 제품급에 동일한 상품으로 머물러 있어야 한다. 보다 높은 가격을 정하기는 어려우며 보다 낮은 가격들은 아마도 경쟁자들도 그렇게 할 것이다. 경쟁자가격이란 공표된 것이든 실제의 것이든 훨씬 이용가능하고 그것을 기준으로 하기란 용이한 일이다.

경쟁자가격은 업체간의 뚜렷한 차이를 소비자가 느끼지 못하는 한, 한 가격구조가 그 수준의 가격을 용인하는 한 그리고 경쟁자의 가격은 처음부터 옳게 책정되었다고 가정하는 한 생존할 수 없다. 이 말은 시장이 그런 수준으로 사려고 하고 살 수 있어야 한다는 것을 의미하고 더욱이 고객이 생각하는 것이 가격에 대한 공정한 가치를 결정함을 의미하는 것이다.

예를 들어 신규 고급호텔은 현재의 고급호텔과 경쟁적으로 객실가를 정하려고 할 것이다. 그것은 수요가 있는 한 좋은 것으로 보인다. 그러나 만약 현재의 고급호텔이 객실이용률이 낮고 시장이 대체로 낮은 가격을 지향하고 있다면 이것은 순전한 어리석음에 불과할 수 있다. 2개 업체의 중간쯤에서 가격을 정함으로써 한 업체보다 제품은 좋으면서 다른 업체보다 가격은 낮게 하는 것은 이익이 될는지 모른다. 만약 현재의 고급호텔이 낮은 가격에 대응한다면 결과는 같아질 것이다. 그러나 적어도 고급업체가 다 같이 가격이 낮은 업체의 비즈니스를 다시 가져올 수 있다는 것은 긍정적인 효과일 것이다.

경쟁가격의 또 다른 측면은 증가된 제품이 설사 동일한 제품급에 있다 해도 동일한 경우가 드물다는 사실이다. 이것은 고객이 그렇다고 느끼지 않는 한 별 차이가 없게 된다. 그러한 인식을 하게 하는 한 방법은 제품믹스의 가시적 측면에서 가격을 정하는 것이다. 직접 경쟁업체보다 높게 가격을 정하면 보다 좋은 제품이 제공되고 있다고 알려진다. 그 반대의 경우도 사실이다. 최종분석에서 이것은 하나의 출발점에 불과하며 시장이 최종 결정을 하기 마련이다. 그래서 제품이 가격을 지원하기 위해 있지 않다면 가격으로 고객을 얻으려 하는 것은 본래부터 어리석은 것이다.

한 좋은 예로 뉴욕시의 한 호텔이 평균객실료가 86달러였다. 새로운 소유주가 이를 인수, 약간의 보수를 한 후 객실료를 올리기로 하고 객실료를 149달러와 169달러로 정했다. 고객시장은 이러한 보수로 이러한 가격을 받기에 부적절하다고 빠르게 인식했기 때문에 이용률이 떨어졌다. 실료가 109달러까지 떨어져서야 호텔은 시장점유율을 다시 확보했다. 똑같은 상황이 역으로 작용할 수도 있다. 동일 회사가 개보수한 호텔을 다른 지역에 개업하고 객실료를 95달러로 했다. 시장은 대단한 가치를 느꼈는데, 왜냐하면 그 지역에 비교되는 호텔들은 이미 125달러였기 때문이다.

경쟁자의 가격이동을 대처할 것인가 무시할 것인가에 대한 결정은 상황에 따른 것이다. 여기서 주의해야 할 것은 가격을 정하거나 다른 사람들의 가격에 대응하기 전에 제품, 시장, 그리고 경쟁에 대해서 철저히 분석해야 한다는 점이다. 앉아서 되는 대로 판단할 때가 아니다. 잘못된 결정은 거의 치명적이기 때문이다.

가격결정전략에 필요한 경쟁자의 정보를 보면 다음과 같다.[4)]

4) Robert C. Lewis and Richard E. Chambers, *Op. cit.*, p.371.

① 공표된 경쟁가격표 및 광고
② 과거의 가격이동에 대한 경쟁자의 반응
③ 경쟁자의 가격변동의 시기 및 변동요인
④ 경쟁자의 특별 캠페인에 대한 정보
⑤ 경쟁자의 제품라인 비교
⑥ 경쟁자의 가격결정목표나 마케팅목표 내용
⑦ 경쟁자의 재무실적표
⑧ 경쟁자의 비용(고정비, 유동비)의 추정치
⑨ 예상되는 가격보복
⑩ 경쟁자의 보복능력에 대한 분석
⑪ 가격전쟁에 따르는 재무적인 생존능력
⑫ 경쟁자의 전략적 입장
⑬ 전반적인 경쟁자의 공격성

Summary

요 약

위에서 설명한 내용을 요약하면 다음과 같다.

1) 경쟁가격은 경쟁자가 정하는 가격에 기초해서 가격을 정하는 것이다.
2) 경쟁가격상 동일한 제품급에 있다해도 동일한 경우는 드물다. 고객의 인식이 핵심이다.
3) 다른 업체의 가격에 대응하기전 제품, 시장, 경쟁에 대해서 철저히 분석하는 일이 중요하다.
4) 경쟁자에 대한 정보는 가격결정전략에 매우 필요하다.
5) 경쟁자의 가격이동에 대하여 대처할 것인가, 무시할 것인가에 대한 결정은 상황에 따라야 한다.

3-3. 시장수요가격

시장수요라는 말은 어떤 가격결정에 있어 고려해야 할 광범위한 요인들을 의미하는데, 이들 요인들에 대한 적절한 말은 수요분석일 것이다. 수요분석은 어떤 타당성 연구에서도 중요한 부분인데, 왜냐하면 이것은 제품판매에 가장 중요한 요소이기 때문이다. 수요분석은 제품수요 이상의 것을 의미한다. 수요분석이란 이 제품을 사려고 하고 살 수 있는 충분한 규모의 시장이 있는가를 물어보는 것을 말한다.

충분한 수요란 제품을 원하는 충분히 큰 시장이 있음을 의미한다. 사고자 한다는 말은 시장이 원할 뿐 아니라 실제로 사려고 하는 소비자 수가 충분하다는 것을 의미한다. 살 수 있다는 말은 사려고 하는 사람이 실제로 살 수 있음을 의미한다.

이러한 정보를 가지고 롤스로이스 자동차는 가격결정을 할 수 있다. 목표시장이 적기 때문에 많은 차가 팔릴 수 없고 규모의 경제도 있을 수 없다. 합당한 이익을 얻거나 투자회수를 얻기 위해서는 변동비보다 훨씬 높은 가격을 결정하지 않으면 안 되는 것이다. 목표시장은 이렇게 높은 가격을 지급할 것인가? 그런 의지도 능력도 존재한다. 실제로 이런 시장에서는 1만 달러, 2만 달러, 3만 달러 추가는 대단한 차이가 없다. 이 자동차는 그러므로 적절한 수준에서 가격결정을 할 수가 있다.

호텔객실이나 스테이크 저녁식사 기타 다른 것도 마찬가지 원리를 적용할 수 있다. 만약 사려고 해도 살 수 있는 충분한 시장이 없다면 그 제품은 실패하고 만다. 원가가 얼마이고, 투자회수가 어떻게 기대되고, 얼마나 많은 광고를 하며, 어떤 보증이 있는가 등등은 중요치 않다. 중요한 문제는 단순히 "시장이 받아들일 수 있는 가격수준이 얼마인가"이다.

그러나 대답은 그리 간단치 않다. 제품을 좋든 나쁘든 시장에 내놓고 난 후에야 알 수 있으며 시장을 사전에 면밀히 분석하는 것만이 가격결정을 할 때 훨씬 용이해질 수 있다. 앞에서 예로 든 뉴욕시의 한 호텔의 경우가 이에 해당된다. 이런 경우 시장은 비교적 확인하기가 쉬웠지마는 경영진이 그것을 무시해서 문제가 된 것이다.

수요분석에는 가격탄력성이라고 하는 또 다른 수요분석의 개념이 있다. 이것은 가격이 높으면 높을수록 수요는 적어진다는 개념이다. 그러나 앞에서의 롤스로이스 경우처럼 목표시장 내에서 그 제품은 비탄력이었다. 즉 몇천 달러가 추가되는 것은 수요에 영향을 미치지 않는 것이었다.

그러나 이러한 가격탄력성의 개념은 무시할 수가 없고 이러한 콘셉트가 해당 목표시장에 적용되어야 한다는 것도 무시할 수 없다. 이것은 여러 가지 대안이 있을 수 있는 호텔과 식당의 경우에는 특히 사실이다. 대안의 선택은 제품의 탄력성을 증가시킨다. 이것이 바로 호텔객실이 충분한 비즈니스를 얻기 위해 왜 대폭 할인하는가 하는 이유이다.

3-4. 고객가격

① **가격 / 가치** : 가격을 설정하는데 있어서 몇 가지 요소들이 특히 고객과 관련된 것인데, 이중 첫 번째 것이 가격/가치관계에 대한 인식이다. 고객이 살 용의가 있고 살 수 있다고 하더라도 이것은 구매결심과정에 있어서 첫 번째의 가격에 관한 생각이다. 정확한 말로 표현 못한다 해도 어떤 말 어떤 기준에 의하든지 간에 올바른 가격수준을 정하는 것은 이 요소이다. 가격/가치평가에 있어 고객을 상대할 기준은 많이 있다. 각 고객은 가격에 대한 위치를, 가격에 대한 품위를, 가격에 대한 서비스, 품질 등등 각기 다른 이익을 찾게 될 것이다. 모두가 전체적인 경험에 따라 평가할 것이지만, 각자는 각기 다른 기준에 따라 편익군을 평가할 것이다.

호텔산업에서는 가격/가치관계에 대해서 특별히 강조한다. 임원이나 지배인에게 마케팅 강점을 확인해 달라고 요청하면 “가격만큼 가치를 제공한다”거나 “우리의 강점은 우리가 제공하는 가격에 대한 가치”라고 동일하게 대답한다. 그렇지만 가격 / 가치에 대한 개념은 소비자의 마음보다는 제품의 질의 수준이나, 아니면 경영진의 마음속에 있는 경우가 많다.

가격/가치는 보다 잘 이해해야 할 필요가 있는 복잡한 소비자 개념이다. 수많은 다른 개념들을 포함하기 때문이다. 이러한 개념 속에는 객관적이고도 인식된 질, 금전적 그리고 비금전적인 희생, 질과 희생 간에 인식된 관계라고나 할 가치 등이 포함된다.

실제로 질은 경영진에 의해서 영업면에서 물리적으로 가장 많이 규정되고 있지만, 질은 성격상 객관적이어서 우리 서비스가 최고다, 우리 음식이 뛰어나다, 또는 우리 호텔로비는 세계에서 최고이다라는 말을 하게 된다. 본질적으로 이런 것들은 대상에 따른 인지적 신념인 것이다.

한편, 소비자들이 인지한 질은 특히 호텔서비스의 경우에는 좀더 감정적이고 경험적이기 쉽다. 호텔로비의 객관적인 질은 그곳을 지나 되울리는 소음을 경험한 인지된 질에 의해서 무시될 수 있다. 그래서 경영진이 정한 객관적 가격은 소비자들에게 인지된 가격과는 상당히 차이가 날 수 있다. 실제로 예의바르지 못한 데스크요원이나 웨이터는 "공정한" 객관적 가격을 불공정한 인지가격으로 순간적으로 바꿀 수 있다.

희생이란 금전적이든 비금전적이든 불편, 시간, 경험과 같은 것이다. 그래서 식사든 객실이든 그리고 각각의 객관적 질은 금전적 가격을 정당화할 수 있다. 그러나 버릇없는 종업원, 소음이 나는 로비, 오래 기다려야 하는 승강기, 라운지에서의 귀에 거슬리는 음악, 글자가 너무 작아 읽을 수 없는 메뉴 등과 같은 인지된 질은 금전적이든 비금전적인 희생을 정당화하지는 못할 것이다.

이 같은 설명은 소위 가격 / 가치관계가 실제로는 보다 복잡하다는 의미이다. 경영진의 최후목표는 인지된 가치를 증가시키는 것이어야 한다는 것이다. 만약 경영진이 "우리의 독특한 차이는 인지적 가치가 보다 크다는 점이다"라고 진실로 말할 수 있다면, 그제서야 그리고 그런 때만이 최후의 목표에 도달한 것이다. 이 말은 인지된 가치란 객관적 및 인지된 질, 금전적 및 비금전적 희생의 함수관계라는 것을 경영진이 인식하고 있다는 것을 의미한다.

호텔산업에서 질에 관한 논의가 많지만 그러나 그 질이 고객의 인지에 의해서 측정되지 않는 경우가 너무나 많다. 고객의 인지를 기준으로 해서만이 경영진은 소위 가격/가치관계를 증가시키고 또한 가격의 인상을 진정으로 정당화하는 가치를 부가시키는 방법에 대한 정보를 갖게 해줄 것이다.

② **기대가격** : 소비자는 기대에 근거해서 문제해결을 구매하는 것이다. 달리 말하면 소비자들은 그들이 문제해결을 위해서 지급하기를 기대하는 가격을 염두에 두고 있다는 것이다. 가격에 대한 반응이라는

것은 이러한 기대가격에 따라 달라지는 것이다. 이것은 파악해야 할 중요한 개념이다.
소비자만족도 조사를 통해서 만족은 실제경험이 기대보다 같거나 보다 클 때 일어나는 것이다. 그래서 소비자들은 지급된 가격이 지급하기로 했던 가격과 같거나 그보다 낮을 때 가장 만족하는 것이다. "지급하는 것만큼 얻는다"라는 옛말은 여러 번 옳지 않은 것으로 입증되었지만, 그럼에도 불구하고 소비자 기대의 기초를 이루고 있다. 만족은 소비자들이 지급한 만큼 얻었다고 느낄 때 일어난다.

조사에 의하면 소비자들은 약간은 의도적으로 너무 비싸다고 생각되는 높은 수준의 가격과 제품의 질이 의심받을 수준이하의 낮은 가격수준을 설정한다. 이 중간에 있는 것이 무관심가격인데, 주어진 시장의 제품에 대해서 정상적이라고 느껴지는 가격이다. 이 정상가격은 이전의 경험, 자기 이미지, 사회적 기대 그리고 구매의 내용에 따라 달라진다. 이 개념이 가격민감성이다.

분명히 같은 지역이든 다른 지역이든 가격을 달리 지급하기를 바라는 어떤 호텔과 식당이 있다. 기대하지 않았던 가격에 놀랄 때 약간 화가 나는 경향이 있다. 그래서 가격결정자는 소비자를 놀라지 않게 해야 한다. 가격결정에 있어서 기대가 포함되어야 한다. 조사해 보면 그 제품이 가격을 어떻게 해야 한다고 시장이 생각하는가를 결정할 수 있다. 이것은 가격기준이 기대를 갖기에 부족한 서비스의 가격을 정하는데 특히 유용할 수 있다. 조사결과는 서비스는 보다 높게 가격을 정할 수 있다고 하지만, 반대로 기대보다 낮은 가격은 경쟁적 이점을 제공할 수 있다.

가격기대에 대해서 알면 높은 가격과 낮은 가격책정을 피할 수 있고 질이 의심받는 일이나 제품이 너무 싸게 포지션되어 가격이 오르고 난 후에 그 포지션이 유지되어 후에 높은 가격을 정한 것으로 인식되는 일을 피할 수 있도록 해준다. 사람들은 가격수준에 적응키 위해 그들의 기대를 변경시킨다. 호텔객실에서 하고 있는 큰 폭의 할인은 소비자들이 최근에 지속적인 가격인상에 실제로 적응하지 못하고 있음을 암시하는 것이다.

③ **심리적 가격** : 가격은 마치 기압이 그러듯이 소비자의 입장에 심리적인 반응을 일으키는 원인이 된다. 살펴보았듯이 높은 가격은 높은 질을 의미하고 낮은 가격은 낮은 질을 의미할 수 있다. 그래서 높은 가격품목은 더 잘 팔리는 반면 낮은 가격품목은 잘 팔리지 않을 수 있다. 심리적 반응은 그러나 반드시 현실과 일치하는 것은 아니며 소비자들이 실수를 했다는 것을 아는 것도 흔한 일이다. 현실이 인지와 일치할 때 심리적 가격은 고객을 창출하고 유지하는데 성공할 수 있다. 이것은 호텔업에서는 특히 사실인데 가시적 요인 때문이다. 고급호텔이나 식당에서 "보인다"는 것은 어떤 고객에게는 대단히 중요하다. 예를 들면 사업가는 자기 아파트를 위해서는 비싸지 않은 가구를 살 수도 있고 집에서는 마티니로 Gilbeys gin을 마실 수 있다. 바로 이 사람이 동료와 고객에게 인상을 주려고 애쓰면서 호텔라운지의 고가구를 격찬하고 마티니에 Beefeater gin을 격찬할 것이다. 다른 말로 하면 그는 최고로 가능한 가시적 요소를 제공하는 제품으로 보이기를 원하는 것이다.

제품의 구매자와 비구매자도 역시 가격에 대한 인지가 다르다. 이러한 대조는 고급레스토랑의 경우에서 가장 잘 나타날 수 있다. 그런 호텔의 대부분은 한 번도 그곳에 가본 일이 없는 사람들에게는 실제보다 훨씬 더 비싸게 느껴지는 것이다. 시장점유율 증가를 위해서는 이용자는 물론이지만 비이용자의 가격인지를 이해하는 것이 중요하다.

또 다른 심리가격기법은 Price-lining라는 것이다. 이 기법은 가격들을 한데 묶어 상당히 증가된 질을 인지하게 만드는 것이다. 예를 들면 와인리스트에 보면 8달러~10달러 범위의 와인, 다른 그룹은 14달러~16달러가 있다. 그러면 인지는 사실이 그렇던지 아니든지 간에 질이 분명 증가된 것으로 느껴진다.

심리가격의 또 다른 종류는 소위 홀수가격이라 할 수 있는 것인데, 우리 모두에게 익숙한 전술이다. 한 품목이 7달러보다는 6.99달러 팔리는데 낮은 가격이라는 인지를 주기 위함이다. 이러한 전술은 메뉴가격 결정에서 가장 보편적으로 사용되는 것이다. Kreul이 조사한 바에 의하면 242개 식당을 조사했는데 메뉴가격의 58%가 9로, 35%가

5자로 끝나고, 단지 6%만이 0으로 되어 있었다는 것이다.5) 이런 기법의 효과는 의심스럽지만 그럼에도 불구하고 널리 사용되고 있다.

소비자인지에 있어서의 이 모든 차이가 아마도 가격결정을 불가능한 일로 만드는 것 같다. 이것이 아마도 호텔과 식당이 고객을 무시하면서 다른 요인에 따라 가격을 결정하는 이유일는지 모른다. 그러나 소비자중심의 가격결정은 불가능하지 않다. 비교적 동질의 시장들을 찾고 제품과 가격을 그 시장에 맞게 결정한다는 것은 목표마케팅의 강점이 된다.

마케팅담당자들은 소비자들이 경쟁상품과 서비스를 차별화하기 위해 가격을 어떻게 이용하는가를 숙지하여야 한다. 이것이 가격포지셔닝의 핵심이다. 그 인지된 가치가 실제적이든 상상의 것이든 간에 가치인지라는 것은 항상 경쟁과 관계가 있다.

소비자의사결정과정의 단순성이나 복잡성은 이 모든 것을 가려내는 하나의 방법이다. 그래서 이 과정을 이해하는 것은 마케팅담당자나 가격결정자의 일이다.

이와 같이 가격믹스를 고려해 볼 때 그것은 근본적으로 수요시장과의 상관관계에서 결정되어야 하며 또한 고려되어야 할 대목이다. 그럼에도 불구하고 우리는 다음에서 보는 바와 같이 가격결정상 많은 오류를 범하기 쉽다. 가격결정이란 가장 융통성이 있는 부분이므로 지속적인 평가를 요구하는 부분이다. 가격결정을 평가하는 사람들은 이와 같은 내용을 참고하여 가격정책을 확인해 볼 필요가 있다.

첫째, 가격은 역시 원가지향적이라는 것이다. 원가가 오르게 되면 그만큼을 커버하기 위해 가격은 오르게 되는 것이며 소비자수요의 강도와 소비자심리를 고려할 여지가 없다는 것이다.

둘째, 가격정책은 변화하는 시장여건에 적용되지 않는다는 것이다. 일단 정해지면 가격은 시멘트처럼 굳어버린다는 생각이다.

셋째, 가격은 포지셔닝전략의 한 요소라기보다 오히려 제품믹스와는

5) Lee M.Kreul, "Magic Numbers: Psychological Aspects of Menu Pricing" *Cornell Hotel and Restaurant Administration Quarterly* (Aug.1982), pp.70~75.

상관없이 결정된다는 생각이다. 지금까지의 설명에서 보듯 마케팅믹스의 모든 요소들은 통합하는 것이 필수불가분한 일이다.

넷째, 가격은 경험, 가치의식 및 전체상품에 대한 소비자의 심리를 무시한다는 생각이다. 그러나 이것들은 소비자들의 선택과정에 영향을 미치는 가격인지의 진정한 요소들인 것이다.

다섯째, 가격은 마케팅상의 문제라기보다 경영진의 결정사항이라는 생각이다. 사실 가격이란 마케팅믹스의 하나일 뿐이다. 마케팅믹스란 마케팅 목표를 달성하기 위한 전술적 수단을 의미한다. 그러므로 가격 하나만으로 마케팅목표를 달성하리라는 생각은 근본부터가 잘못된 것이다. 제품과 유통과 촉진의 수단들이 조화되고 통합되는 가운데 비로소 가격도 중요해지는 것이다. 그러므로 결론적으로 말하면 모든 전반적인 부분에 가장 훌륭한 공헌을 할 수 있는 가격이야말로 가장 훌륭한 가격인 것이다.

Summary

요 약

위에서 설명한 내용을 요약정리하면 다음과 같다.

1) 시장수요가격정책의 전제조건은 철저한 수요분석이다.
2) 충분한 수요란 제품을 원하는 충분히 큰 시장이 있음을 의미한다.
3) 수요분석에는 가격탄력성을 고려해야 한다.
4) 각 고객은 가격에 대한 위치, 가격에 대한 품위, 가격에 대한 서비스, 질 등등 각기 다른 이익을 추구한다.
5) 가격 / 가치의 관계에서 경영진의 최후목표는 인지된 가치를 증가시켜야 한다는 것이다.
6) 기대가격은 소비자들이 문제해결을 위해서 지급하기를 기대하는 가격을 말한다.
7) 심리적 가격은 소비자의 입장에 심리적인 반응에 기초하는 것이다.
8) 마케팅담당자들은 소비자들이 경쟁상품과 서비스를 차별화하기 위해 가격을 어떻게 이용하는가를 숙지해야 한다.
9) 홀수가격은 한 품목이 낮은 가격이라는 인지를 주기 위하여 쓰이는 것으로 메뉴가격 결정에 가장 보편적으로 사용된다.
10) 가격결정시 여러 가지 잘못을 범하기 쉬우므로 이를 확인하는 노력이 필요하다.
11) 가격믹스만이 마케팅목표를 달성하는 유일한 수단은 아니다.

4. 시장에 맞는 호텔상품가격

한 호텔은 분명 여러 개의 시장을 가지고 있다. 그렇지만 같은 날 같은 호텔에서 유사한 시설을 쓰고 있는 고객들이라 하더라도 이들 모두가 같은 요금을 지급해야 할 이유는 없다. 마찬가지로 모든 사람이 비슷한 숙박시설을 이용한다 해서 같은 요금을 지급해야 하는 이유는 없다. 다만, 다양한 시즌별로 부과되는 최고의 요금을 책정할 것을 요구한다. 말하자면 시장에 맞는 호텔상품가격을 책정해야 한다는 말이다.

그러므로 거대한 재구매자를 위해서나 단체를 위해서는 빈틈없는 거래를 할 것을 주저해서는 안 된다. 모든 거래대로 하고 규제요인들과 일치하는 요금을 정할 필요가 있다.

- 시즌 중 : 시즌 후
- 주중 : 주말
- 예약이 많을 때 : 적을 때
- 예약의 비용
- 특별수요

이런 정책을 철저히 하지 못하면 판매감소가 생길 위험이 있다. 평균객실료(Average rate per occupied room)가 프런트 근무자들의 판매효율성을 측정하는 기준이며, 또한 요금구조에 대한 크나큰 정책가이드가 되는 것이다. 그러나 정상효율을 유지하려고 노력하고 최고가격의 객실을 먼저 판매하도록 언제나 노력해야 한다. 가격을 결정함에 있어서는 지급의무금의 비용을 측정해야 하고 시장의 욕구와 필요에 대해 공정한 이익을 고려해야 한다.

따라서 가격정책이란 탄력성을 필요로 한다. 가격정책이란 프런트데스크에서 마음대로 변경시킬 수 없는 정해진 가격으로 출발하지 않으면 안 된다. 가격변화는 관리정책의 문제이다. 단지 톱매니지먼트만이 객실요금을 변경할 권한이 주어져야 한다.

특별한 거래를 할 수 있는 권한을 가지고 있는 사람은 톱매니지먼트와 톱세일즈맨 뿐이다. 이들이 할 수 있는 요금형태는 다음과 같다.

· 투어단체를 위한 고정요금
· 컨벤션 요금
· 객실, 식사, 팁, 야외레크리에이션이나 관광티켓, 기타 특별 주말패키지, 허니문 패키지, 골프 패키지

경영진과 판매요원들은 회의시설 사용에 대하여 대금을 청구할 것인가도 결정해야 하는데, 보통 호텔객실을 이용하는 단체고객의 수에 따라 결정되는 것이 보통이다. 회의에 참석하는 대부분의 사람들이 호텔 내 투숙을 하는 경우는 회의실 사용은 무료로 하는 게 보통이지만 예외가 있을 수도 있다.

그러나 컨벤션과 관련된 전시회를 위하여 공공장소를 이용하는 것은 요금청구를 하는 것이 보통이다. 만약 호텔이 전시를 원하는 단체에게 장소사용을 허락했다 하더라도 전시회를 개최하는 협회나 단체가 개별전시자에게 그 장소가 판매된 경우라면 호텔은 장소사용에 대해서 요금을 청구한다. 그러나 그 전시가 순수한 교육적 목적이거나 비영리적이라면 장소사용은 무료로 하는 것이 보통이다.

식음료의 가격결정이란 완전히 다른 문제이다. 마음대로 변경할 수 없는 부분이 있는데, 호텔에서 판매하는 음식은 정해진 가격으로 외부에서 구매되어야 하기 때문이다. 일반적으로 호텔에서 구매하는 식사는 판매가격의 33%이상 초과되어서는 안 된다. 뱅킷을 위해서는 25%의 식사원가가 되어야 한다. 버리는 음식, 부패, 태우는 음식, 부족되는 구매량, 훔치기 및 기타 요소들을 고려해야 한다. 노동원가는 32%가 알맞다. 기타요소라 함은 린넨, 도기류, 유리그릇, 은제그릇, 가구, 장비대치 등 포함해서 전체수입의 15~20%에 이르고 있다.[6)]

호텔과 리조트 식사부의 대부분은 임차, 중기관리비, 영선유지, 심지어 광고비에 대해서 비용부담을 시키지 않는다. 또한 식사부의 영업비에 대해서 이들 비용을 부분적으로 배분시키려 하지 않는다.

음료부서에서도 거의 마찬가지만 이익의 비율은 훨씬 높다. 음료원가는 오락, 리조트냐 상업호텔이냐 그리고 현지의 음료규정에 따라 약간 다르긴

6) D.C. Coffman, *Op. cit.*, p.153.

해도 28~30%가 되어야 하고, 노동비는 20%, 기타는 약 5%가 되어야 한다. 이론적으로는 적어도 광열비와 기타 제 비용전 부문이익이 45%는 되어야 한다.

그래서 식사부문 이익 15%, 음료부문 45%, 그리고 식음료이익 종합이익 22%는 달성할 수 있을 터인즉 이 정도가 가격을 책정하는데 정당한 목표가 된다. 그렇지만 이 부분에 대해서도 시장의 욕구와 필요를 측정하지 않으면 안 된다. 신혼여행을 온 부부들과 대학생들과의 지급욕구는 다를 것이기 때문이다.

식음료부분의 목표를 완전히 달성하지 못한다 해도 이익을 개선할 수 있는 또 다른 요소가 있다. 그것은 곧 경영이다. 통제를 강화하는 것이다. 도둑을 없애는 것이다. 구매품 도착 즉시 확인하는 것이다. 무게가 모자라거나 개수가 모자라면 즉시 돌려보내는 것이다.

객실부문의 경우에도 객실요금의 인하가 반드시 보다 많은 고객이 이용할 것이라는 보증은 될 수 없다. 그러므로 객실료를 할인해 주기 전에 장기적 전망을 해보아야 하며, 더욱 중요한 것은 효과적으로 영업을 통제하여야 한다. 객실료를 올리는 것이 훌륭한 만병통치일 수는 없기 때문에 경영기술과 기법을 연마하는 것이 중요하다. 이상하게도 객실료 할인의 결과로 예정된 객실이용률이 결코 실현되지는 않는다. 그렇기 때문에 가격할인의 결과로 좀 더 많은 이익을 얻을 수 있다는 보장이 있기 전에는 요금을 깎아서는 안 된다.

또 한 가지 중요한 것은 시장을 무시하는 가격을 스스로 결정하지 말라는 것이다. 한때 바하마 군도나 푸에토리코에서는 호텔요금이 주로 조합의 요구로 자꾸 오르게 되어 휴가여행시장으로부터 최대이익을 얻을 수가 있었다. 호텔업자들은 최대의 이익을 얻는 고객들을 접대하는데 바빠 새로운 리조트의 경쟁이 생기고 있음을 간파하지 못했었다. 따라서 카리브지역의 아웃호텔들과의 경쟁은 물론이고 모로코, 스페인, 포르투갈, 그리스, 이스라엘 등지와 갑작스런 경쟁을 하게 되었다. 값싼 항공요금, 값싼 호텔요금, 그리고 더 멀리 여행할 수 있는 매력이 주어져 바하마로 오는 같은 가격으로 마드리드나 카사블랑카, 타이티 등지로 갈 수 있게 된 것이다.

그렇기 때문에 호텔의 시장과 경쟁자를 언제나 부단하게 재평가하는 것은 반드시 필요한 일이다. 리조트에서는 더욱 그것이 필요한데, 왜냐하면 재조정이 바하마나 푸에르토리코의 형편을 변화시키지는 못했을지 모르지만, 시장과 경쟁추세를 보다 면밀히 주목했었다면 이곳 호텔들의 폐업을 예방할 수 있었을 것이다.

고객들은 퍽 높은 가격을 지급한다. 그렇지만 떨어지는 상품에 대해서 높은 가격을 지급하지는 않는다. 구매고객 가운데는 좀 어리숙한 고객도 있지만, 그러나 모든 구매고객들이 어리숙하다는 잘못된 생각을 해서는 안 된다. 고객은 결코 어리숙하지 않다.

고객은 자기가 받은 가치에 대해서 돈을 지급하는 것이다.

Summary

요 약

1) 호텔상품가격은 시장과 일치하는 것이어야 한다.
2) 호텔판매는 정상요율을 유지하려고 노력하고 최고가격의 객실을 먼저 판매하도록 노력해야 한다.
3) 특별한 거래를 할 수 있는 권한을 가지고 있는 사람은 톱매니지먼트와 톱세일즈맨 뿐이어야 한다.
4) 특별요금형태를 취하는 것은 투어 단체요금, 컨벤션 요금, 객실, 허니문패키지, 특별주말패키지, 골프패키지 등이다.
5) 식음료부분의 목표를 완전히 달성치 못했다 하더라도 이익을 개선할 수 있는 요소는 곧 경영이다. 통제를 강화하는 것이다.
6) 객실료의 인하가 반드시 보다 많은 고객이 이용할 것이라는 보증은 될 수 없다.
7) 호텔의 시장과 경쟁자를 언제나 부단하게 재평가해야 한다.
8) 고객은 자기가 받은 가치에 대해서 돈을 지급하는 것이다.

Hotel Marketing

제7장 호텔촉진믹스

1. 호텔촉진믹스의 구성

촉진믹스는 마케팅믹스의 마지막 구성요소이다. 지금까지 우리는 호텔상품의 구성과 가격구조에 대하여 살펴보았지만, 사실 호텔상품과 가격만으로 이익이 오는 것은 아니다. 그것은 그 호텔상품을 이용해 줄 고객 즉 시장과의 커뮤니케이션을 남겨 두고 있기 때문이다. 그러므로 호텔상품과 가격이 주로 호텔 내부에서 이루어진 준비된 작품이라고 한다면 촉진믹스는 그것을 시장에게 알리고 설득하고 구매토록 하는 호텔의 노력이라고 말할 수 있다. 그러므로 촉진믹스는 커뮤니케이션 믹스(communication mix)라고 불리기도 한다.

따라서 촉진믹스를 정의하면 다음과 같다.

촉진믹스는 기업과 목표시장 간에 제품믹스의 유형성을 증대시키는, 소비자의 기대를 갖게 하거나 통제하는, 그리고 소비자들로 하여금 구매하도록 설득하는 모든 커뮤니케이션을 말한다.[1]

위의 정의로 본다면 촉진믹스는 몇 가지 본질적인 기능을 수행하는 것

1) Robert. C. Lewis and Richard E. Chambers, Marketing Leadership in Hospitality : Foundations and Practices (Yew York: Van Nostrand Reinhold, 1989), p.389.

을 알 수 있다.

첫째, 촉진믹스는 기업과 목표시장간에 이루어지는 커뮤니케이션이라는 것이다. 이것은 촉진믹스가 쌍방 커뮤니케이션(Two-way communication)임을 말한다. 그러므로 촉진믹스는 회사가 단순히 커뮤니케이션 하는 것뿐만 아니라 기업이 얼마나 잘 커뮤니케이션을 하고 있으며 얼마나 잘 하고 있는지를 전해 주는 목표시장으로부터의 피드백이 있어야 함을 의미하고 있다.

둘째로 제품믹스의 가시성을 증대시켜 준다. 제품의 가시성은 상품을 정시함으로써 증가시킬 수 있지만, 촉진믹스는 상품 그 자체가 아닌 말과 기호로서 상품의 가시성을 높여 주게 된다.

셋째, 촉진믹스는 소비자들의 기대를 생기게 하거나 통제해 주는 기능을 한다. 촉진믹스는 커뮤니케이션을 통해서 기대를 가지게 하면서도 또한 그 기대가 변하거나 기대가 충족되지 못 할 때에는 경고를 마련해 준다.

끝으로 촉진믹스는 소비자들로 하여금 구매하도록 설득하는 기능을 한다. 물론 촉진믹스는 특히 광고와 PR은 주의를 환기시킨다거나 기업이미지를 제고시킨다거나 하는 특별한 목표를 가질 수도 있지만, 궁극적인 목표는 구매를 위한 설득이라고 할 수 있다.

이와 같이 촉진믹스는 기업과 고객간의 커뮤니케이션이라고 정의하고 그 기능이 주로 정보의 제공과 설득의 기능이라고 했다. 그런데 이와 같은 커뮤니케이션에서 가장 강력한 형태의 커뮤니케이션은 구전광고(word-of-mouth)라는 사실을 잊어서는 안 된다. 어떤 경우 이 구전광고는 어떤 형태의 커뮤니케이션보다도 백배나 더 강력한 것이다. 많은 개별식당에서는 공식적으로 어떤 촉진믹스를 쓰지 않는 경우가 많은데, 이런 식당에서의 구전광고효과란 대단한 것이다.

사실 우리는 이 구전광고를 무시하지는 않지만, 커뮤니케이션 믹스를 통해서 통제를 못하고 있을 뿐이다. 물론 촉진믹스들은 구전광고행동에 영향을 미치고 있다. 광고를 볼 수도 있고, 홍보물을 읽거나 들을 수도 있고, 판매원에게 이야기를 할 수도 있고, 그런 경험을 통해서 인지와 기대가 형성되는 것이다. 따라서 우리는 그 제품을 실제로 이용해 본 일은 없을지라도 그렇게 생긴 인지(認知)를 말을 통해서 다른 사람에게 전달할 수가 있다.

이런 의미에서 촉진믹스는 구전광고에 영향을 주며 간접적으로는 어떤 사람으로 하여금 구매하도록 아니면 구매하지 말도록 설득할 수 있다. 이것은 하나의 부산물이며, 우리는 구전광고를 실제적으로 무시하는 것이 아니라 촉진믹스의 하나로 포함시키고 있다.

그러나 대체로 구전광고행동이란 실제 경험에서거나 아니면 실제 경험이 있는 사람들의 구전에서 생겨나는 것이다. 그래서 우리는 말을 해서가 아니라 행동함으로써 더욱 행위를 통제한다. 따라서 그것을 통제할 수 있는 커뮤니케이션 믹스의 별도 구성요소로 포함시키지 않고 있다.

그러므로 촉진은 다른 모든 마케팅믹스에게 의미와 실천을 제공하는 것이다. 촉진은 마케팅이 발생토록 하는 행동이며 따라서 마케팅 세계에서의 핵심이 되는 활동이다.

그렇지만 촉진은 혼자만으로는 역할을 할 수 없으며 다른 모든 마케팅 믹스들의 도움과 지원이 있어야 한다. 호텔판매수단들을 열거해 보면 다음과 같다.

· 인적 판매(Personal selling)
· 광고(Advertising)
· PR 및 홍보(Public relation & publicity)
· 판매촉진(Sales promotion)

인적 판매는 상품판매자나 대리업자가 고객과 직접적으로 접촉하고 판매 메시지나 전시를 통해서 판매를 달성하는 것을 말하는 것으로 전화판매, 단체판매, 설명회 등이 포함된다.

광고는 매체의 지면이나 시간을 사서 물건이나 서비스의 판매를 이루기 위하여 사용되는 판매활동으로서 지면광고, DM, TV와 라디오광고 등으로 분류된다.

지면광고에는 신문, 정기간행물, 야외입간판, 포스터, 영화, 슬라이드 등이 이용되고, DM에는 편지, 특별 유인물, 우편엽서, 전보 등이 포함된다.

PR과 홍보는 유인물이나 대중연설, 방송, 영화, 텔레비전 프로그램 속에서 어떤 개인이나 기관, 서비스에 대하여 감사의 언급을 함으로써 기업의 좋은 이미지를 수립해 나가는 경영활동이다. 말할 것도 없이 호텔은 고객, 경쟁호텔, 정부, 언론, 노동조합, 종업원, 주주, 소유주, 지역사회 등과 공공관계를 가지게 마련이며, 이러한 공공관계가 원만하고 부드럽게 유지해야 한다. 그렇지 못하면 그것은 눈에 보이지 않는 마이너스 효과를 초래하고야 만다.

판매촉진은 박람회, 전시회, 견본시장 등을 통해서 판매상품에 대한 수요를 환기시키고자 하는 판매노력이다. 지나친 판매촉진은 상품판매에 도움을 주지 못할 수 있지만, 다른 촉진믹스들과 잘 조화된 판매촉진은 판매에 미치는 효과가 크게 마련이다.

2. 커뮤니케이션 전략

커뮤니케이션 전략은 고객과의 설득 커뮤니케이션을 계획하고 실시하고 통제하는 일과 관련된 것이다. 전략이란 계획을 말하는 것이고 전술이란 실시를 의미한다. 이것은 중요한 구분인데, 왜냐하면 마케팅 커뮤니케이션을 실시함에 있어 전술적으로 궁지에 몰리는 일은 대단히 쉬운 일이기 때문이다. 이런 일이 생길 때에는 커뮤니케이션 전술이 전략목표와 일치하지 않을 때 자주 일어난다.

예를 들어 인적 판매에 있어 그 고객이 다음 번 단체회의를 우리 호텔에 예약하도록 확신시킬 것을 희망하면서 고객을 방문할 수 있다. 그의 차기 회의가 언제 개최될 것을 알고 그 기간에 예약을 하도록 설득하려 한다. 그것은 전술이다. 그러나 이미 그 사람은 다른 호텔에 그 회의를 예약했다. 결과는 판매가 이루어지지 못했으며, 따라서 그의 다음 번 회합을 위해서 똑같은 운동을 하지 않으면 안될 것이다.

하지만 호텔로서는 전략적 설득을 사용할 수 있다. 호텔의 전략적 목표는 그 고객에게 모든 호텔 중에서 우리 호텔이 그의 회의 개최 욕구를 가장 잘 이해하고 그의 회의문제를 해결해 줄 수 있다고 설득하는 것이다. 날짜도 말하지 않고 제품도 팔지 않는다. 그의 욕구를 조정하고 판매가 없는 대신에 그 사람의 반응을 듣는다. "다음 회의는 이미 예약했지만 그 다음 회의시에는 연락하겠소." 호텔의 설득이 성공적이었다면 그 사람은 그렇게 할 것이다.

커뮤니케이션 전략의 첫 단계는 호텔이 목표가 무엇이며 무엇을 이루고 싶은가를 결정하는 것이다. 모든 우리의 커뮤니케이션 노력을 위한 우산막이 노릇을 해 줄 목표는 광범위하다. 즉 광고, 판매, 촉진, 상품화, PR을 파고들 것이다. 이런 요소들의 일부 또는 전부는 또한 하위목표를 가질 수 있지만, 그 목표들은 주된 목표하에 모두 흡수될 것이다. 마찬가지로 단번에 한 가지 이상의 목표를 가질 수 있다. 어떤 경우이든 그 목표들이 서로 일치되기를 원한다. 가능한 주된 목표에는 몇 가지가 있을 수 있는데, 이미지를 창출하는 것, 포지션, 편익의 창출, 문제해결, 주의환기, 신뢰구축, 태도변화, 기대창출, 실행토록 하는 것 등이다. 이런 것들이 전략적 목표이며 커뮤니케이션 전 과정을 안내하는 것은 그 전략이다.

커뮤니케이션 과정에는 다섯 가지 단계가 있는데,[2] 그 첫 단계는 무엇을 말할 것인가이다. 전략적 목표를 기억할 때 이 단계는 주제, 특성, 개념, 포지셔닝, 제공편익, 약속 등의 측면에서 지침을 정하는 것이다.

둘째 단계는 목표시장을 정하는 것이다. 즉 누구에게 무엇을 말할 것인가이다. 적절한 조사를 실시하여 목표시장의 필요와 욕구가 명백히 밝혀졌으면 이 단계는 그 목표의 실행에 대한 지침을 정하는 것이다.

셋째 단계는 어떻게 말할 것인가의 단계이다. 이것은 카피요 소비자에 대한 소구이며 실시단계이다. 많은 선택이 있을 수 있지만, 어느 것이 가장 잘 작동할 것인가, 어느 것이 가장 정확하게 확인된 목표시장과 일치하는 목표를 이룰 수 있는가.

넷째 단계는 소비자지향적 그리고 예산지향적 단계이다. 선별적인 기억유지를 돕기 위해 반복이 도입됐는데, 한 번 보고는 그것을 무시해 버리는 소비자들의 망각기능을 증대시키기 위함이었다. 그러므로 이 단계는 언제 말할 것인가는 물론 항상 예산제한이 따르는 얼마나 자주 말할 것인가를 신중히 생각할 것을 요구한다.

다섯 번째 단계는 어디서 말할 것인가이다. 인적 판매, 촉진, 상품화, PR 등 어느 것을 통해서 또는 이 모두를 통해서 처음 4단계를 수행할 것인가를 결정할 수 있다. 중요한 것은 전략이 내내 일치되어야 한다는 것이고 한 수단은 다른 수단과 갈등을 일으켜서는 안 된다는 점이다.

판매의 효율성은 상품화를 먼저 시도하기 전에 기울인 기획의 양에 항상 정비례하는 것이므로 판매의 양을 늘리고자 하여 아무렇게나 시도할 수는 없다. 시간을 갖고 판매 캠페인을 계획하는 것이 중요하다. 치고 빠지는 판매라는 것은 비효과적이기도 하고 또한 낭비적일 수밖에 없다. 한 번의 노력만으로 성공하는 판매란 있을 수 없기 때문이다.

2) Robert C. Lewis and Richard E. Chambers, *Op., cit.*, pp.396~397.

그러므로 성공적인 판매를 하기 위해서는 사전계획을 치밀하게 해야 한다. 프로젝트를 검토하고 계획을 세우고 일을 수행하는데 필요한 예산을 확보하고 그 일이 끝날 때까지 계획을 밀고 나가야 한다. 성공적인 판매의 가장 기본적인 원칙은 지속성과 반복성이다.

지속성이란 계획대로 시행하는 것을 말한다. 판매계획이 마침내 완성되면 그것을 지키는 일이다. 이것은 판매가 끝나기 전에 포기하지 말아야 함을 말하는 것이고, 판매를 위해 쓰일 돈이 보다 절실해 보이는 다른 목적으로 전환되어서는 안 된다는 말이다.

일단 새로운 판매노력을 해야 할 필요가 분명해졌다면 앞에서 말한 여러 가지 촉진믹스들을 사용할 수 있다. 물론 판매를 위해 어떤 수단들이 효과적인가 하는 데는 정해진 법칙은 없지만 기본적으로 생각해야 할 일들이 몇 가지 있다.[3]

① 전적으로 새로운 시장을 개발하려고 하지 말아야 한다. 과거 거래가 있었던 알려진 분야에서 시작해야 한다. 전적으로 새로운 고객을 만들기보다는 옛 고객을 다시 오게 만드는 것이 훨씬 쉽고 돈도 적게 드는 법이다. 만약 새로운 시장이 어떤 가능성을 가지고 있다고 생각되면 우선 소규모의 사전연구를 시작해서 개척해 볼 가치가 있는지를 검토하는 것이 좋다.

② 집중공략해야 한다. 무엇인가 이루어질 것이라는 막연한 기대로 막연한 노력을 하기보다 정확한 목표를 겨냥함이 효과적이다. 많은 시장을 상대로 한 속삭임보다 이를 모아 한 시장을 상대로 크게 외치는 것이 효과적이다.

③ 전에 먹혀들었던 판매수단을 사용해야 한다. 전에 신문광고가 효과가 있었으면 계속해서 사용하는 것이 좋다. 새로운 판매수단을 쓸 때는 정말로 전문가의 충고가 있을 때만 사용해야 한다.

④ 고객층에 맞는 수단을 사용해야 한다. 상대고객이 판매원이라고 한다면 호텔의 사교적 분위기를 강조하는 것은 낭비이다. 고객층에 맞는 판매강점을 보여야 한다.

특정판매문제를 해결하는 당연한 접근방법은 이러하다. 장사를 잘 되게

3) C. D. Coffman, *Marketing for a Full House* (Ithaca, New York: Cornell University, 1984), p.168.

하기 위해서 필요한 일이 무엇인가, 그 비용은 얼마나 드나, 가장 확실한 고객이 될 만한 시장은 어떤 것인가, 그리고는 필요한 돈을 계산해서 계획된 판매목적에만 그 돈을 쓰도록 주의하는 것이다.

지금까지 잘 진행되었으면 다음은 전문가의 도움을 구해야 한다. 이들 전문가는 제품분석과 상품분석을 해 줄 것이며, 여러 가지 조사분석을 해서 전체적인 판매계획을 연구하고 프로그램을 마련해 주게 된다. 이와 같은 도움을 받는 경우 비용 기준으로 전문가들에게 지불할 수가 있다. 이러한 전문가를 얻기가 불가능하다면 광고대행사를 이용하는 것이 좋다. 일단 전문가도 고용하고 그와 예비계획을 합의했으면 종업원들로 하여금 이루고자 하는 목표를 말하고 예비 계획을 보여주고 나서 의견을 들어보는 것이 판매계획의 성공을 보장하는 데 더욱 도움이 된다. 모든 판매원들의 관심을 고조시키며 그들로 하여금 판매 캠페인이 성공할 수 있게끔 할 것이기 때문이다.

다음 단계로 해야 할 일은 감독자가 필요하다. 판매의 관리책임이 분산되면 판매업무는 효과적일 수 없다. 감독, 집행, 사후관리의 책임은 한 사람이 관장해야 한다.

Summary

요 약

지금까지 설명한 내용을 요약하면 다음과 같다.

1) 촉진믹스는 고객들로 하여금 호텔상품을 알게 하고 설득하는 기능을 수행한다.
2) 촉진믹스는 인적 판매, 광고, 홍보 및 판매촉진 등으로 구성된다.
3) 이들 촉진믹스는 서로 협조적이고 보완적일 때 가장 효과적일 수 있다.
4) 성공적인 판매는 사전에 준비한 계획의 양과 정비례한다.
5) 성공적인 판매의 원칙은 지속성과 반복성이다.
6) 판매를 위해서 어떤 촉진수단들이 가장 효과적인가에 대해서는 정해진 법칙은 없지만 기본적으로 생각해야 할 것은 전적으로 새로운 시장을 개발하려 하지 말 것, 한 시장을 집중 공략할 것, 전에 효험이 있었던 판매 수단을 사용할 것, 고객층에 맞는 판매 수단을 사용할 것 등이다.
7) 성공적인 판매 캠페인은 단계별로 치밀한 계획을 세우고 실시하는 것이 좋다. 판매는 전문 영역이다.
8) 촉진믹스는 쌍방 커뮤니케이션이다.
9) 커뮤니케이션 과정은 무엇을, 누구에게, 어떻게, 언제, 어디서 말할 것인가의 다섯 단계를 가지고 있다.
10) 가장 강력한 형태의 커뮤니케이션은 구전 광고(Word-of-Mouth)이다.

마지막 단계는 이제 호텔종업원 모두에게 지금 하려고 하는 것이 무엇인지, 판매캠페인이 무엇에 관한 것인지, 이루고자 하는 것이 무엇이며, 도와줄 수 있는 방법이 어떤 것이며, 어떻게 하면 이익을 얻을 수 있는지를 자세히 알려주는 일이다.

3. 호텔 판매부서의 구성

아무리 작은 기업이라도 반드시 판매부서가 있어야 하고, 상품이나 서비스를 판매하는 담당자가 있어야 한다.

판매 프로그램이 없이는 성공적인 판매가 있을 수 없으며 또한 모든 판매 프로그램을 감독하고 집행할 기구나 사람이 없어서는 판매 프로그램이란 있을 수 없다. 관리요원들의 책무를 세심하게 검토해 보면 한 사람에게 판매관리의 책임을 맡기도록 재배치하는 것은 불가능하지 않을 것이다.

호텔과 모텔의 경우 가장 이상적인 것은 판매전담임원을 두는 것이다. 가장 이상적인 것은 다음 각 부서가 판매부장(Director of Sales)의 직속하에 두는 것이다.

- 프런트 오피스
- 연회부
- 컨벤션부
- 게스트 히스토리부
- 광고 사무실
- PR 및 홍보부
- 식음료 전체 프로그램
- 내적 판매부

판매 프로그램이나 판매부서의 일반적인 패턴은 고객관계, 업계관계, 종사원관계 등 뚜렷한 구분을 가지고 있다.

고객관계는 판매부서와 모든 고객 또는 잠재고객간의 계약관계로서 이것은 제일 큰 부분이긴 해도 혼자 독립할 수는 없다. 업계관계는 자기호텔과 경쟁호텔 및 부하 직원들과의 선의와 접촉의 유지를 말한다. 업계에 있는 모든 사람은 잠재성 있는 거래처이고 더구나 잠재적인 판매원이다. 종사원관계는 주로 내적 부서간 협조로 이루어지며 전체경영에 따라 통제할 수 있지만, 또한 판매부서의 집중노력을 요구한다.

어떤 조직에서든지 가장 중요한 것은 판매노력에서 오는 업무를 취급할 타부서 종업원들 간에 다정함과 선의의 정신을 가지는 일이다. 호텔 내 전체에서 이같이 필요한 선의를 유지하는 것은 판매부서에 달려 있다. 선의뿐만 아니라 종사원관계는 판매노력이 미치는 모든 부서간, 이 노력이 얻기를 바라는 것, 그리고 언제, 어떻게 각 부서가 판매부서를 지원하는가를 이해하고 인식함을 의미한다.

연회유치를 위한 DM 프로그램을 교환원이나 호스티스가 잘 알지 못한다면 문의사항을 효율적으로 다정하게 취급하지 못함으로써 효율성은 떨어질 수밖에 없고, 특별오찬을 판매하는 신문광고는 웨이터나 웨이트리스가 광고게재에 대해서 모르고 있거나 실제 광고문안조차 모르고 있다면 쓸데없는 노력이 된다.

판매부서를 운영하는 일반적 기제는 다양하겠지만, 어떤 경우이든 단순한 방법과 시스템이 이용되면 가장 효과적이다.[4)]

1) 컨벤션 파일

어떤 판매부서이든 가장 중요하고도 단순한 운영은 정확하고도 최신의 파일시스템을 유지하는 것이다. 상세하고 치밀한 파일기록이 없으면 탄환이 없는 판매부이다.

2) 사후관리 시스템

어떤 판매부서이든 단순하고도 가장 중요한 절차는 사후관리 시스템이다. 이것은 파일을 사후관리 접촉을 위해서 적시에 판매담당자가 볼 수 있

4) 이와 같은 판매부서의 운영시스템은 호텔기업의 전산화 프로그램에 따라 상당부분 컴퓨터 이용이 가능해지고 있다.

도록 가져오는 절차일 뿐이다.

3) 실무카드

이것은 특별고객에 대한 거래를 요약한 것인데, 전체 카드를 보지 않고서도 특정고객에 대한 최근의 상황을 알아볼 수 있게 만든 것이다. 그렇지만 매일 기록하지 않으면 의미가 없는 것이다. 그렇지만 해당 시점, 해당 지역시장, 해당 거래량 등에 대해 잠재고객을 알 수 있다는 이점이 있다.

4) 파일카드

파일 캐비닛을 보지 않고서도 해당 기관에 대한 현존 파일을 즉각 알아낼 수 있도록 해 놓은 것이다.

5) 우편 발송록

개별거래, 연회, 컨벤션 개최에 대한 정확하고도 최근의 우편발송록은 필요불가분하다. 이 우편발송록은 정기적으로 검토해서 최신의 것으로 유지해야 하고, 새 발송자가 생길 때마다 해당 카드가 발송록에 첨부되어야 한다.

6) 업무흐름도

어떤 판매 프로그램을 시작하기 전에 업무흐름도를 만들어야 한다. 이것은 일 년을 열두 달로 나누고 객실이용률이나 달러 수입량 등으로 나누어 만든 그래프 타입의 차트를 말하는 것이다. 월별 거래의 흐름을 나타내는 선은 비즈니스를 위해 집중해야 할 시기 그리고 추가 판매노력을 해야 할 기간들을 지적해 준다. 주일별로도 유사한 차트를 만들 수 있다. 이러한 차트는 비교적 간단한 것이지만, 연간 보고를 신중히 연구하지 않고 그것을 그래프로 차트화하지 않고서도 업무의 흐름을 정확하게 안다고 생각해서는 안 된다.

7) 행사예약부(Function Book)

판매부서 운영에는 행사예약부가 있어야 한다. 그러나 효과적인 계획이나 예약은 이것 없이는 할 수가 없다. 많은 연회, 회의, 컨벤션이 많은 곳에서는 행사예약부가 없이는 효율적으로 처리될 수 없다.

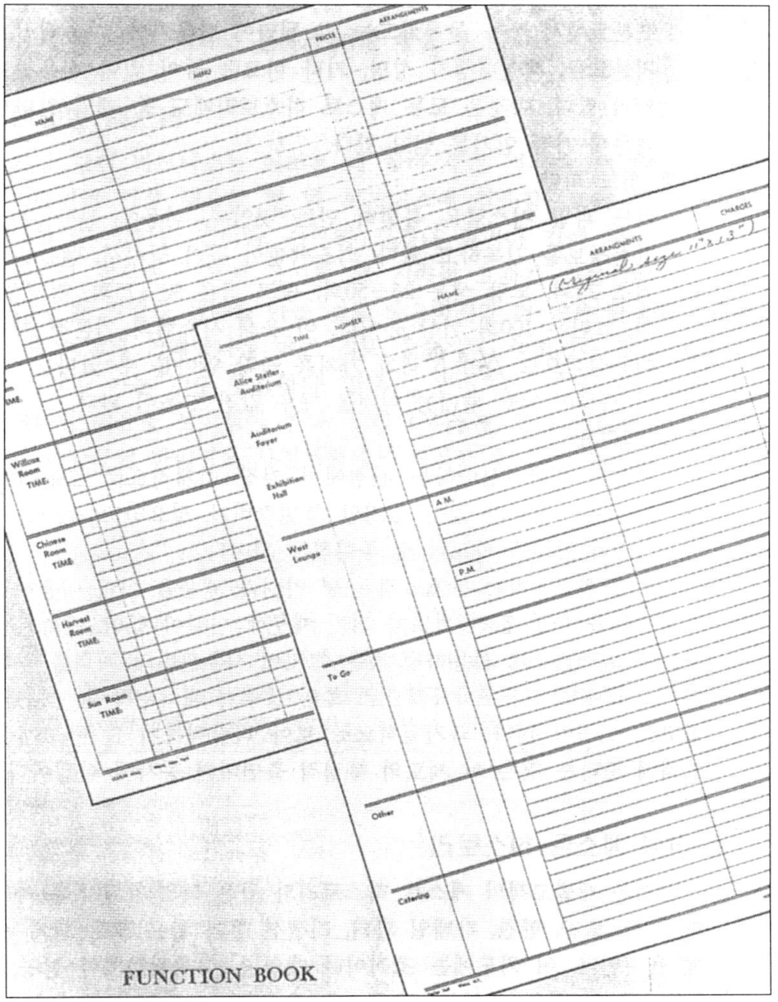

[그림 7-1] 행사예약부의 예

이 책은 매일 각 페이지로 되어 있어서 왼쪽 편에는 이용가능한 연회실이 기입되어 있다. 이용 빈도수에 따라서 각 방마다 6개의 선이 있어 이것이 같은 날 한 방을 조찬, 아침회의, 오찬, 오후회의 만찬, 야간행사 등으로 예약공간을 두는 것이다. 윗면 꼭대기에는 부서명, 개인명, 만찬 타입, 야간, 참석자, 가격, 예약자, 셉업, 책임자 주소, 전화번호, 기타 등으로 나뉘어져 있다.

8) 게스트 히스토리

운영규모에 상관없이 게스트 히스토리 제도는 단순하고도 가장 값진 개별거래 촉진수단이 되었다. 게스트 히스토리를 두고 운영하는 제도는 많지만, 가장 소규모 영업자도 간단한 방법으로 할 수 있는 참으로 값진 게스트히스토리 제도를 가질 수 있다.

게스트 히스토리는 개별고객에 관한 호텔방문기록, 사용객실, 지급요금, 숙박시설 선호도를 포함(리조트의 경우 레크리에이션과 스포츠의 선호도), 개별고객에 관한 완벽한 정보가 기록된 이야기일 뿐이다.

운영 형식에는 등록카드, 카드파일, 참고표(Visible Index) 등이 있다.

① 등록카드

프런트에서 쓰는 등록카드는 그 뒷면에 방문기록, 사용객실, 일행수, 지급요금, 객실배정자 성명, 기타 비고란 등이 있어 신용정보가 기록되어 있다. 이것은 모든 게스트 히스토리제도 중 제일 간단한 것이기 때문에 가장 인기를 얻고 있다.

② 카드 파일

카드 파일 시스템은 특별히 만든 것인데, 신용에 관한 부분이 있는 일반정보를 기록하고 있다. 카드색깔이 각기 달라서, 예를 들면 흰색은 최초 25회, 노랑색은 25~50회, 핑크색은 50~75회, 청색은 75~100회, 그린은 100회 이상 등이다. 이 유색 시스템의 기본적 가치는 과거 이용실적으로 보아 고객의 가치를 즉각 알아볼 수 있다는 점이다. 특히 사람이 많을 때에는 이것은 매우 값진 도움이 된다.

③ 참고표

이것은 취급시설이라는 관점에서 가장 기계적으로 효율적인 제도이다. 같은 정보가 들어 있지만 특별장비가 필요하고 운영 유지하기가 비싸기 때문에 비교적 덜 좋아하는 편이다.

게스트 히스토리는 잠재고객일 뿐 아니라 제품을 이미 이용하는 사람들에게 DM을 위한 값진 자료가 되기 때문에 이점이 있다. 게스트 히스토리 제도를 실제적으로 사용하는 것은 그것이 사후관리의 기회를 주기 때문이다. 그 외에도 신용조사목적으로 혹은 성수기 예약수락 등 비즈니스 촉진 말고도 이점이 많다. 과거실적으로 보아 바람직하지 않은 고객을 분명히 지적해 준다는 것은 이 제도의 부정적 측면이며 동시에 이점이다.

9) 연회 게스트 히스토리

이것은 개별고객의 게스트 히스토리와 같은 타입의 정보를 가지고 있으며 조찬, 오찬, 만찬, 칵테일 파티, 리셉션 등과 같은 모든 단체 식사를 위해 유지된다. 이 카드에는 조직이나 개인명, 수배책임자의 성명, 주소, 전화번호부 등이 들어 있고, 각 연회는 별도 상세히 기록되어 일자, 연회 타입, 참가자 수, 1인당 가격 기타 특별 서비스 등이 기록된다.

10) 지리적 파일

이것은 주요 도시별로 또는 국가별로 분류한 기록으로 주로 협회명, 회사명, 주요 인사들의 이름을 적은 것이다. 한 지방을 방문할 때 그 지역의 핵심 접촉인사를 대하면 결과가 가장 좋을 수 있다.

11) 연대별 시스템

가장 값진 비즈니스는 어려운 때 찾아 주는 것이다. 연대별 카드는 판매지배인이 가장 필요로 한 때 비즈니스에 집중함으로써 직접 비수기를 겨냥할 수 있다는 점이다. 아무리 크거나 작거나 간에 판매 프로그램은 거래마다 정확한 기록이 유지될 때 지속적 효과가 있는 것이다. 자기가 얼마나 한 거래를 했나를 아는 것도 중요하지만, 더 많은 판매를 추적할 때 어떻게 거래했나를 아는 것도 중요하다. 놓쳤거나 팔지 못한 거래를 상세히 아는 것도 중요하다. 결혼식, 판매회의, 컨벤션을 경쟁자에 빼앗겼다면 이유를 보여줘야 한다. 그래야 다음엔 전에 거래를 놓쳤던 불리점이나 잘못된 판매점을 사전계획에서 제거할 수 있을 것이다.

Summary

요 약

지금까지의 설명 내용을 요약정리하면 다음과 같다.

1) 아무리 작은 기업이라도 반드시 판매부서가 있어야 한다.
2) 호텔에서 가장 이상적인 것은 판매전담이사를 두는 것이며 프런트 오피스, 연회부, 컨벤션부, 게스트 히스토리부, 광고사무실, PR 및 홍보부, 내적 판매 전부를 판매부장이 관할하는 것이 이상적이다.
3) 판매부서를 운영하는 일반적 기제는 다양하다.

Hotel Marketing

제8장 인적 판매

1. 인적 판매의 역할

판매를 위한 가장 잠재적인 수단은 인적 판매이다. 앞에서 말한 바와 같이 인적 판매는 고객과의 직접적인 면담을 통하여 반대를 극복하며, 문제를 해결하고 판매를 체결, 사후관리를 할 수 있기 때문이다. 그러므로 호텔판매원과 고객간에 나눈 말은 인적 판매여야 하며 그것은 전적으로 판매원에게 달려 있는 문제이다.

인적 판매는 호텔산업에 있어 매우 중요한 역할을 수행하고 있는데 그 중요한 역할을 보면 다음과 같다.[1)]

① 인적 판매는 의사결정권자, 결정과정 및 자격을 갖춘 구매자를 확인할 수 있다.

② 인적 판매는 기업, 여행업계, 기타 단체를 상대로 촉진역할을 수행한다.

③ 인적 판매는 구매현장에서 판매를 증가시킬 수 있다.

④ 인적 판매는 관광업계에 상세하고도 최신의 정보를 공급해 준다.

⑤ 인적 판매는 핵심고객과의 인간적 관계를 유지할 수 있다.

1) Alastair M. Morrison, *Hospitality and Travel Marketing* (Albany, New York: Delmar Publishers Inc., 1989), p.394.

⑥ 인적 판매는 경쟁자의 촉진에 대한 정보를 수집할 수 있다.

인적 판매가 의사결정권자, 결정과정 및 자격 있는 구매자를 확인할 수 있다고 하는 것은 기업이나 협회 또는 기타 단체들을 목표로 할 때 가장 구매가 확실한 사람이나 의사결정에 결정적 역할을 할 핵심적 인사, 그리고 그 구매과정을 확인하기란 대단히 어려운 일이다. 이러한 중요한 정보가 판매원의 판매방문을 통해서 또는 판매 대행기관의 문의를 통해서 효과적으로 얻어질 수 있기 때문에 부적절한 시기에 부적절한 인사와 커뮤니케이션을 한다던가 또는 판매 대행기관과 관련 없는 주문을 요구한다던가 하는 값비싼 헛된 노력을 피할 수 있다.

기업과 여행업계 기타 단체를 상대로 촉진역할을 수행한다는 것은 인적 판매가 이들 기관들의 영향력 있는 인사, 컨벤션 기획자 또는 여행사에게 촉진활동을 전개하는 데 가장 효과적인 수단이 된다는 말이다. 이런 사람들의 의사결정은 많은 개별여행자들의 여행계획에 영향을 미치게 됨은 물론 그 구매력은 대단히 높아서 인적 판매비용을 투입할 만 한 것이다.

인적 판매가 구매현장에서 판매를 증가시킬 수 있다는 것은 판매점에서 효과적으로 활용하기만 한다면 인적 판매는 고객의 구매가능성과 구매액도 상당히 증가시킬 수 있다는 말이다. 호텔예약시 보다 높은 등급의 객실을 판매한다든가, 카렌탈데스크에서 좀 더 비싼 자동차 모델을 판매한다든가, 식당에서 보다 비싼 메뉴 품목을 판매한다든가, 여행사에서 항공예약을 포함해서 호텔과 자동차를 예약하게 하는 경우이다. 또 한 가지 중요한 판매지점은 전화문의를 대답하고 예약을 받는 곳이다. 이러한 판매증가를 가져올 수 있는 것은 판매원들로 하여금 인적 판매기법을 적절히 훈련시킨 데서 오는 것이다.

관광업계에 대하여 상세하고도 최신의 정보를 공급한다고 하는 것은 대부분의 광고와 판매촉진이 한정된 정보만을 제공할 수 있는데 비해 인적 판매는 기업으로 하여금 좀 더 상세한 정보를 전달할 수 있게 할 뿐만 아니라 고객의 관심과 질문도 즉시 처리할 수 있는 기회를 제공해 준다는 말이다. 이것은 사업의 일부나 전부를 관광 중간 매체에 의존하는 업체에겐 특히 중요하다. 이런 경우 고객과 효과적으로 커뮤니케이션하기 위해서 그 업체의 서비스를 충분히 이해하는 것이 특히 중요한 일이다.

핵심고객과의 인간적인 관계를 유지할 수 있다는 것은 판매원이나 예약담당자들과의 커뮤니케이션을 통해서 대중매체를 통해서는 효과적으로 창출할 수 없는 개성을 인적 판매는 가질 수 있다는 말이다. 그러니까 인적 판매원은 비인격적인 기업이나 정보기관의 인격적인 반영을 나타내고 있다고 봐야 한다. 그러므로 인적판매원은 그 기업의 질적 수준과 이미지를 반영해야만 한다.

우리는 단체의 일원으로서가 아니라 개인적으로 접근될 때 대부분이 호의적인 반응을 보인다. 그러므로 개인적인 욕구와 요구에 대해서 세심한 주의를 기울이는 것이 가장 강력한 마케팅 형태이다. 그러므로 인적 판매는 인격화한 마케팅인 셈이다. 핵심고객들은 판매원이나 예약담당자로부터 받은 개인적인 관심을 실제로 높이 평가하기 때문에 이것이 판매증가와 반복구매를 낳게 되는 것이 보통이다.

인적 판매가 경쟁자의 촉진에 관한 정보를 수집할 수 있다. 판매원들은 많은 잠재고객들을 부단히 상대하고 있는데, 이 고객들은 역시 경쟁자의 목표고객이기도 하다. 많은 판매고객들은 경쟁자의 판매 노력에 대한 정보를 스스로 전해 주기 때문에 판매원들은 경쟁자의 정보의 중요한 원천이 될 수 있다.

호텔에서의 인적 판매는 현장판매, 전화판매, 내부판매 등 세 가지 주요 영역으로 나누어 생각할 수 있다.[2)]

현장판매(Field sales)는 호텔 밖에서 판매원에 의해 일어나는 판매노력을 말한다. 흔히 판매방문(Sales call)이라고도 말하는데, 이것은 예비고객과의 대면을 통해서 판매하는 것을 포함하는 말이다. 호텔 판매원이 컨벤션 기획자와 항공사, 쿠르즈 선박회사, 여행도매업자 등을 방문하는 경우와 카렌탈 회사 직원이 여행사를 방문하는 경우가 모두 여기에 속한다. 이것은 가장 값비싼 인적 판매의 형태인데, 왜냐하면 판매원을 고용하는 문제라든가, 이들이 본사를 떠나 출장을 갈 때 여비가 추가되기 때문이다. 물론 슬라이드 상영, 비디오테이프, 사진 매뉴얼 등과 같은 판매지원물에 대해서도 투자가 있어야만 한다.

2) *Ibid.*, p.395.

전화판매(Telephone sale)는 후에 상세히 설명하겠지만, 전화를 통하여 직·간접적으로 판매를 유도하는 커뮤니케이션이다. 전화판매는 인적판매에서 매우 중요한 역할을 하는 것인데, 이 전화가 예상고객을 확인하고 그 고객의 잠재적 가치와 수준을 정하는 아주 효율적인 방법이기 때문이다. 전화는 판매방문을 위한 약속을 정하고, 판매방문을 하기 전에 중요한 배경정보를 수집하고, 약속한 정보를 관리하고 고객의 세부 요구사항을 확인하는 데도 사용된다. 어떤 경우는 판매방문의 대용수단으로도 사용된다.

호텔업계에서 또 하나의 중요한 역할은 전화예약을 받고 문의사항을 처리한다는 점이다. 하나의 판매수단으로 딱히 인정되지는 못했어도 전화는 컴퓨터 통신과 더불어 판매유통에 큰 역할을 하고 있다. 현재는 수신자부담 전화를 통해서 전화로 예약하고 정보를 얻는 일이 용이해졌으므로 전화판매를 취급하는 요원들을 단순한 주문 받는 사람 정도가 아니라 판매원 수준으로 교육하는 것이 중요하다.

[그림 8-1] 호텔 내 영업장에서는 종사원의 제안판매를 통해서 판매가능성을 높일 수 있다.
자료 : James R. Abbey, *Hospitality Sales and Advertising*, 1989, p.199.

내부판매(Internal sales)는 호텔 내의 영업장에서 판매가능성을 높이기 위해서거나 고객의 평균판매수준보다 더 많이 판매하려고 하는 노력이다. 훌륭한 서비스와 효과적인 내적 판매를 구분하는 것은 대단히 어렵지만, 구분할 만한 내적 판매형태는 제안판매(Suggestive selling)인데, 이것은 종사원이 보다 높은 가격의 품목이나 추가품목을 제안하거나 추천하는 것이다.

2. 판매원의 관리

이와 같이 인적 판매가 호텔판매에 있어 주요한 역할을 한다고 할 때 사실 중요한 과제로 떠오르는 것은 판매원의 관리문제이다. 판매원의 관리과정은 모집, 선발, 교육훈련, 배치, 동기화, 평가 및 사후관리 등으로 구분해 볼 수 있는데, 이것은 물론 기업의 판매원목표, 판매원전략, 판매원구조, 판매원 규모 및 급여 등이 이미 결정되었음을 전제로 한 것이다.[3)]

선발기준이 정해지고 난 후에 판매원을 모집해야 한다. 판매원 모집에는 여러 가지 수단을 통해서 이루어지는데, 구인광고, 학교추천, 취업알선기관, 현행 판매원의 추천 등의 방법이 동원된다. 이러한 모집이 성공적이기 위해서는 많은 지원자를 모집할 수 있어야 하며, 기업은 가장 훌륭한 판매원을 선발할 필요가 있다. 선발절차는 단순한 비공식 면접에서부터 각종 검사 및 인터뷰에 이르기까지 다양하다. 공식적인 검사를 실시하는 기업도 많지만, 실제로는 지원자의 개인적인 특성, 추천인, 과거의 취업경력, 그리고 면접자의 견해 등을 참고로 해서 판매원 선발이 이루어지고 있다.

선발된 판매원은 교육훈련을 통하여 새로운 환경에 적응해야 하고 훌륭한 판매결과를 얻도록 준비되어야 한다. 이러한 교육훈련은 여러 가지 목표를 가질 수 있는데, 이를 요약해 보면 다음과 같다.

① 판매원으로 하여금 회사에 대하여 알게 만들고 확인할 수 있게한다. 많은 기업에서는 그렇기 때문에 교육훈련계획의 초기에는 그 기업의 역사와 목표, 조직체계, 주요 간부, 재무구조 및 시설, 주요 상품 및

3) 최태광, 관광마케팅, [개정 신판] (서울 : 백산출판사, 1995), pp.211~215.

매출액 등을 설명하는 데 할애한다.

② 판매원으로 하여금 회사의 제품을 알게 한다. 따라서 판매원들에게 제품의 제조과정과 사용할 때의 주요 기능 등을 배우게 된다.

③ 판매원으로 하여금 고객들의 특성과 경쟁자들의 특성을 알게한다. 판매원들은 다양한 형태의 고객들과 그들의 욕구, 구매동기 그리고 구매습관 등을 배우게 된다. 또한 판매원들은 기업과 경쟁자의 전략과 정책들에 대해서도 교육받게 된다.

④ 판매원으로 하여금 보다 효과적인 판매정시법을 배우게 한다. 판매원들은 세일즈맨십의 원리에 대해서 훈련을 받고 또한 회사는 각 상품별 주요 특징을 요약설명하고 판매 메시지도 준비해 준다.

⑤ 판매원들은 실제 판매상의 절차와 책임사항에 대해서 알게 한다. 따라서 판매원은 현재고객과 잠재고객 간의 시간배분방법, 비용계산방법, 보고서 준비방법, 판매경로의 효율적 계획 방법 등을 배우게 된다.

교육훈련을 받은 판매원은 실전에 배치된다. 판매구역, 급여기준 및 훈련의 과제는 물론 감독이란 과제도 받게 된다. 감독이란 판매원의 운명이라 할 수 있다. 이것은 고용자가 판매원에 가지게 되는 자연스럽고도 지속적인 관심의 표현이라고 말할 수 있다. 이런 감독을 통해서 고용자들은 판매원들이 더욱 일을 잘할 수 있도록 지시하고 동기화하기를 바라는 것이다. 대부분의 기업에서는 판매량, 이익잠재성, 성장가능성 등에 따라 고객을 A, B, C 등으로 구분하고, 각 고객층마다 바람직한 방문수를 정해 놓고 있다. 가령 A급은 연 9회, B급은 연 6회, C급은 연 3회와 같은 식이다.

그러나 실제의 문제는 그러한 연간방문 횟수를 통해서 특정고객으로부터 얼마나 많은 판매량을 얻을 수 있느냐는 문제이다. Magee는 유사한 고객들을 무작위로 뽑아 세 그룹을 만들고, 첫째 그룹에는 월 5시간 미만, 둘째 그룹에는 5시간에서 9시간, 셋째 그룹에는 9시간 이상을 판매방문시 사용하도록 하는 실험을 한 결과 추가방문 수가 있으면 판매도 증가한 것을 보여 주었는데, 그 판매증가의 양이 추가비용을 정당화했는지는 문제로 남겨 놓았다.

또한 기업에서는 새로운 예비고객을 찾는데 얼마나 시간을 보내야 하는가를 명시해 놓는 경우가 많다. 이렇게 기준을 정해 놓는 것은 여러 가지 이유가 있다. 그렇지 않으면 대부분의 시간을 현재의 고객에만 보낼 것이기 때문이다. 현재의 고객은 잘 알려진 수량이다. 판매원은 현재의 고객에 의존하는 반면 신규고객은 거래가 없을 수도 있다. 그러므로 신규고객에 대한 보상을 주지 않으면 신규고객 개발을 기피할는지도 모른다.

판매원들은 그들의 시간을 효율적으로 사용할 줄 알아야 한다. 그 한 가지 수단이 연간 방문계획인데, 이것은 어느 달에 어느 고객을 어떤 활동을 수행하기 위해서 방문한다는 것을 보여주는 것이다. 또 한 가지 수단은 시간과 의무분석(Time-and-duty analysis)이라는 방법이다.

판매원의 시간은 출장여행, 식사와 휴식, 대기, 판매, 관리 등 여러 가지 방법으로 보내어진다. 그러니까 실제의 판매시간은 총 근무시간의 15% 미만에 불과하다. 따라서 이러한 15%가 20%로 향상되었으면 33%의 개선이 되는 셈이다. 그렇기 때문에 기업으로서는 판매원으로 하여금 시간을 유효하게 관리하도록 하는 방법을 부단히 모색하고 있다. 경영진은 조직의 분위기, 판매할당 그리고 적극적인 인센티브 제도 등을 통해서 판매원의 사기와 실적에 영향을 줄 수 있다. 조직의 분위기란 판매원들이 훌륭한 실적을 얻을 수 있는 기회나 가치 그리고 보상에 관해서 느끼는 기분을 말하는 것이다. 따라서 판매원에 대한 기업의 태도는 자기충족의 예언처럼 작용하여 판매원들이 대접을 받으면 이직률은 거의 없이 높은 실적을 얻게 된다. 바로 직상급자의 인간적 대우가 조직분위기의 중요한 국면이 되는 것이다.

판매할당(Sales quota)은 일정 기간 동안 제품별로 팔아야 할 양이 정해진 것인데, 판매원들의 보상은 판매할당량의 수행 여부와 관련되어 있다. 판매할당은 연간 마케팅계획을 수립하는 과정에서 나오는 것인데, 기업은 우선 합리적으로 달성할 수 있는 판매예측을 결정한다. 이것이 생산, 노동력 규모, 재무적 소요 등을 계획하는 기초가 되는 것이다. 그리고 나면 경영진은 지역별, 권력별, 인원별, 판매 할당을 정하게 되는데, 일반적으로 판매예측보다 높게 책정하게 되는 그 이유는 판매원들로 하여금 최선의 노력을 하도록 하기 위함이다.

적극적인 인센티브라 함은 회사가 판매원들의 노력을 자극하기 위해 사용하는 여러 가지 수단들을 말한다. 정기적 판매회의는 교제의 기회, 일상업무에서 잠시 벗어날 수 있는 기회, 회사 고위층과 만나 환담할 수 있는 기회를 마련해 준다. 판매 콘테스트는 판매원들로 하여금 특별판매 노력을 하도록 해 준다. 명예를 부여하거나 시상을 한다든지 이익분배계획 같은 것도 이런 인센티브에 속한다.

판매원의 평가 및 사후관리는 판매원관리과정의 마지막 단계이다. 이러한 공식적인 판매원에 대한 평가는 세 가지 편익을 주게 되는데, 첫째는 경영진이 판매실적을 평가하기 위한 명백한 기준을 정해서 알려야 한다는 것이고, 둘째로는 경영진이 각 판매원들에 대한 정확한 정보를 수집하도록 동기화된다는 것이며, 셋째로 판매원은 판매지배인과 마주 앉아 어떤 목적달성을 위한 그들의 성공, 실패를 설명해야 된다는 것이다. 평가의 방법으로서는 판매원 대 판매원간의 비교, 과거실적과 현재의 실적의 대비 등과 같은 양적인 평가방법이 있고, 판매원들의 상품지식, 성격, 외모, 언변, 기질 등과 같은 질적인 평가방법이 사용되기도 한다.

Summary

요 약

지금까지 설명한 내용을 요약하면 다음과 같다.

1) 인적 판매는 고객과의 직접적인 면담을 통하여 반대를 극복하며 문제를 해결하고 판매를 체결, 사후관리를 할 수 있기 때문에 중요한 판매수단이 된다.
2) 인적 판매는 의사결정권자, 결정과정 및 자격을 갖춘 구매자를 확인할 수 있다.
3) 인적 판매는 기업, 여행업계, 기타 단체를 상대로 촉진역할을 수행한다.
4) 인적 판매는 구매현장에서 판매를 증가시킬 수 있다.
5) 인적 판매는 관광업계에 상세하고도 최신의 정보를 공급해 준다.
6) 인적 판매는 핵심고객과의 인간적 관계를 유지할 수 있다.
7) 인적 판매는 경쟁자의 촉진에 대한 정보를 수집할 수 있다.
8) 호텔에서의 인적 판매는 현장판매, 전화판매, 내부판매 등 세 가지 영역으로 구성되어 있다.
9) 판매원의 관리과정은 모집, 선발, 교육훈련, 배치, 동기화, 평가 및 사후관리 등으로 구성된다.
10) 판매원의 평가는 판매원 대 판매원간의 비교, 과거실적과 현재실적의 대비 등과 같은 양적인 방법과 판매원들의 상품지식, 성격, 외모, 언변, 기질 등과 같은 질적인 평가방법이 사용된다.
11) 인적 판매는 결론적으로 보면 인격화한 마케팅활동이라고 할 수 있다.

3. 판매과정

판매원관리와 관련하여 설명해야 할 것은 판매과정에 대한 것이다. 판매과정은 다음과 같이 8단계로 구성되어 있으며 이와 같은 판매과정에 충실치 않은 판매활동은 효과적일 수 없다.[4)]

① 방문고객 확인
② 방문고객 예비접촉
③ 방문고객 접촉
④ 상품정시
⑤ 시험구매요청
⑥ 구매반대처리
⑦ 판매체결
⑧ 사후관리

방문고객 확인단계는 판매과정의 제 1 단계이다. 현재고객을 통해서 고객의 이름을 얻을 수도 있고 다른 자료를 통해서 예상고객의 이름을 찾아내거나 예상고객이 속한 단체에 가입하는 방법도 생각해 볼 수 있다. 방문고객의 선정은 재무능력이나 거래량, 특별 요건, 위치, 영업지속성 등에 따라 결정하며, 판매원은 방문할 만한가를 알아보기 위해 전화를 하거나 서신으로 연락을 해야 한다.

예비접촉단계에서는 판매원은 방문예정고객에 대해서 가능한 한 많이 알고 있어야 한다. 이미 나와 있는 자료를 참고하거나 알고 있는 사람들과 상의해야 한다. 이때 방문목적을 설정하고 최선의 접근방법을 결정해야 하며, 어떤 때가 가장 적절한 방문시기인가를 생각해야 하며, 방문고객에 대한 전반적인 판매전략을 고려해야 한다.

방문고객 접촉단계에서는 판매원은 고객을 어떻게 만나고 인사를 나누어 좋은 출발을 할 수 있게끔 관계를 유지할 것인가를 알아야 한다. 여기서 중요시되는 것이 판매원의 외모, 인사말, 그리고 후속 말이다. 판매원은

4) Charles Futrell, *Fundamentals of Selling,* 2nd, ed., (Homewood, Ill : Irwin, 1988), p.175.

고객이 입은 옷과 비슷한 옷을 착용하고 고객에게 예절과 주의를 기울여야 하며 불쾌한 매너리즘을 피해야 한다.

상품정시단계에서는 판매원은 고객에게 상품을 정시하면서 고객이 얻을 수 있는 편익을 강조해야 한다. 이때 소책자, 도표, 슬라이드, 영화, 신제품 견본 등이 도움이 될 수 있다. 판매원은 자기 회사의 명성과 경험을 강조하거나 자사 제품이나 고객의 입장에 대한 깊은 지식을 보여주거나, 사용해 본 사람들의 이야기를 활용하거나, 서로의 유대를 강화하거나, 교감을 높이기 위해 개인적인 호의를 베풀거나, 자신의 좋은 이미지를 전달하거나 해서 방문고객에게 영향을 주도록 해야 한다.

시험구매요청단계는 상품의 정시가 끝난 후 고객의 구매의사를 일차적으로 확인하는 단계이다. 물론 이러한 일차적인 시도가 판매 체결로 끝난다면 판매에 성공한 것이지만, 모든 판매가 그렇게 단번에 끝맺음을 할 수는 없다. 고객 나름대로의 조건이 있기 마련이고 이것이 곧 판매저항을 유발할 것이기 때문이다.

구매반대 처리단계는 이러한 판매저항을 해결해야 하는 단계이다. 따라서 판매원은 적극적인 접근을 시도하면서 고객으로 하여금 반대이유와 또 그 반대에 따른 의견을 묻고 반대이유에 타당성이 없음을 설득한 끝에 고객의 반대를 물건을 사도록 하는 이유가 되도록 전환시켜야 한다. 이 경우 판매원은 폭넓은 교섭기술이 훈련되어 있어야 한다.

판매체결단계는 판매가 종결되는 단계이다. 판매원은 고객으로부터 신체적인 행동이나 설명 또는 질문을 통해서 판매체결의 징후들을 이해하고 주문을 요구하거나, 합의점을 재확인하거나, 물건을 선택하게 하거나, 특별가격을 제시하거나 선물을 제공함으로써 판매체결로 유도한다.

사후관리단계는 판매과정의 마지막 단계로서 고객의 만족이나 반복구매를 보장하기 위해서 필요한 것이다. 판매체결이 있은 후 판매원은 배달시간, 구매조건, 기타사항 등에 관한 세부사항을 작성해야 한다.

이러한 판매과정의 흐름에서 볼 때 중요시되는 것은 인간적인 관계를 유지하는 일이 판매원으로서는 필요하다는 점이다. 인간적인 관계를 유지한다는 것은 그만큼 상호간의 이해와 신뢰가 바탕이 된다는 것인데, 판매원으로서는 자기가 대하고 있는 고객을 올바르게 그리고 신속히 이해하는 일이 중요하다고 말할 수 있다.

Summary

요 약

지금까지의 설명내용을 요약하면 다음과 같다.

1) 판매과정은 방문고객 확인, 예비접촉, 접촉, 상품정시, 시험구매 요청, 구매반대 처리, 판매체결, 사후관리 등 8단계로 구성된다.
2) 판매과정에 충실한 판매라야 효과적일 수 있다.
3) 판매과정상 중요시되는 것은 인간적인 관계를 유지하는 일이다.
4) 판매원으로서는 자기가 대하고 있는 고객을 올바르게 그리고 신속히 이해하는 일이 중요하다.
5) 구매반대이유로서는 돈이 없다, 필요 없다, 생각해 보겠다, 구매하고 싶지 않다는 것이 대표적 이유이다.

4. 호텔판매원의 선발

호텔의 인적 판매는 지배인으로부터 시작되는데, 판매지배인은 한 호텔의 모든 판매노력을 이끌어 나가야 한다. 그러나 판매지배인은 컨벤션과 같은 단체고객에게만 관심을 가져서는 안 된다. 그는 모든 판매를 관리해야 하기 때문이다. 판매 프로그램을 취급하는 사람이 갖추어야 하는 기본사항을 보면 다음과 같다.[5)]

1) 지적 능력

이것은 정식교육의 정도를 말하는 것이 아니라 사고능력, 결단력, 실천능력을 의미한다. 판매는 고객의 거래가치를 이해하는 능력과 판매체결을 유도하기 위한 이유와 논점을 이해할 만큼 빠른 사고력을 필요로 한다.

2) 지식

이것은 일반지식을 의미함이 아니라 사업, 제품, 판매서비스에 대한 전

5) C. D. Coffman., *Marketing for a Full House* (Ithaca, New York : Cornell University, 1984), p.181.

문적인 지식을 의미한다. 그러므로 다른 분야 사람을 숙박, 음식분야 산업에 초빙하는 것은 결과가 좋아질 때까지 기다릴 만한 충분한 시간이 없다면 바람직하지 못하다. 그러나 전문지식 그 자체만으로 충분한 것은 아니다.

3) 기획력

모든 판매 프로그램은 지속성을 필요로 하기 때문에 그런 판매 프로그램의 관리자는 앞을 내다보고 신중한 계획을 세우면 그것을 실천하려는 노력을 가져야 한다.

4) 피알 센스

이것은 다른 사람들과의 유대, 협회 사람들과의 즐김, 그리고 무엇보다도 전반적인 명랑한 성품을 의미하는 것이다.

5) 상식

위의 네 가지를 다 갖추었다 해도 "안 된다"고 말할 능력은 갖지 못한다. 분명 이익이 되지 않는 거래나 필요치 않을 때 오는 거래 따위를 거절할 수 있는 것도 중요하다. 너무 판매지향적인 사람들은 훌륭한 영업의 다른 국면에 대해서는 못 보는 경우가 많다.

사실 한 호텔의 판매라는 것은 판매 프로그램의 취급자에 국한되는 것은 아니다. 판매란 호텔의 모든 부서에 근무하는 종업원 모두에 의해서 이루어지는 것이므로 판매원으로서의 기본적 자질을 강조하지 않을 수 없다.

판매원들의 기본적 자질로 거론되는 것은 다음과 같다.

① 예절　② 신체적 조건　③ 외모
④ 상품에 대한 지식　⑤ 근무 의욕　⑥ 인격

판매원들은 자기가 예의바른 사람이어야 한다는 것을 인식할 때까지 다른 자질을 배울 시도를 해서도 안 되고 심지어 판매를 하려고 해도 안 된다. 예절이란 말은 다정함과 예의바름을 함께 칭하는 말이며 보수적이며 흥분되지 않음을 말한다. “죄송하지만”이나 “감사하다”는 말을 사용할 줄 아는 것을 말한다. 이것은 다른 사람의 평안과 즐거움 그리고 복지에 대한 관심과 존경과 배려인 것이다. 신체적 조건은 체격에서 잘 나타나는 것이다. 체격, 전반적인 단정함, 얼굴 표정의 즐거움 등을 종합적으로 나타내는 것이다.

외모는 어떤 직급이든지 간에 복장의 단정함을 반영하는 것이다. 야하다고 생각되는 부분을 없애고 머리도 잘 빗어야 한다. 여자인 경우 너무 긴 머리가 되어 어깨에 내려온다든가 크게 묶지 말아야 하며 언제나 깔끔히 손질해야 한다.

어떤 판매원이든 복장에서부터 신체 위생에 이르기까지 깨끗해야 하고, 남자는 언제나 깨끗이 면도가 되어 있어야 한다. 여자의 경우 가능한 가벼운 화장을 해야 하며, 손톱 손질도 깨끗해야 한다. 음식을 취급하는 판매원은 유색 매니큐어의 사용을 삼가야 한다. 구두는 언제나 깨끗하고 잘 닦아야 하고 모든 옷은 깨끗이 다려 입어야 한다. 남자는 흰 셔츠를 입어야 하고, 여자는 너무 많은 보석류를 사용하지 말아야 한다. 모든 판매요원은 높은 수준의 건강과 구강위생을 지켜야 한다.

상품에 대한 지식의 문제는 판매원이라면 자기가 팔려고 하는 모든 상품에 대해서 상세하게 설명할 준비가 되어 있어야 한다. 상품구매자가 제기할는지도 모르는 질문에 답할 준비가 되어 있어야 하며 반대의사도 해결할 수 있어야 한다.

연회판매원은 호텔 내 여러 연회실의 수용능력과 가능한 셋업을 정확히 알고 있어야 한다. 이용가능한 메뉴의 가격범위는 물론이고 음악, 확성기, 꽃장식 등 부수적인 서비스에 대한 모든 것을 알아야 한다.

웨이터나 웨이트리스는 그날 메뉴의 모든 품목들은 물론 각 품목의 준비 내용에 대해서도 알고 있어야 하며, 객실판매원은 자기가 팔려고 하는 객실의 정신적 이미지, 타입 등을 알고 있어야 한다. 개인적인 매력이 아무리 있다고 해서 무지함이나 지식의 모자람을 극복할 수는 없는 것이다. 일할 의욕은 부지런히 일하려고 하는 의지를 말함이다. 이 부분은 모든 판매원 교육에서 강조되는 부분이다. 가장 성공한 사람은 최대 방문 수를 기록한 사람이다. 말하자면 판매원은 계속해서 노력해야 한다.

판매원의 성격문제는 판매원의 자질 가운데 가장 눈에 띄지 않는 부분인데, 이것은 지금까지 이야기한 여러 가지 자질에다 성실성 그리고 다른 사람들과 끊임없는 친근감을 가져오는 능력을 복합시킨 개념이다. 재미있는 대화를 할 수 있는 재수 좋은 사람들만의 자질이 아니라 예절과 체격과 외모를 최대로 개발한 사람들의 재산이다.

일반적으로 현저한 신체적 결함이 있거나 불쾌한 타성에 젖어 있는 사람들은 판매원으로 내보내서는 안 된다. 그러나 위와 같은 자질을 갖추고 있는 사람은 판매를 잘할 수 있다. 요즘은 뛰어난 판매지배인 중에는 여자가 많으며 많은 사람들이 두각을 나타내고 있다.

요컨대 호텔종사원은 누구나 그 호텔을 판매하는 판매원이며 그가 보여주는 작은 접객태도 하나하나가 그 판매의 성공 여부를 판가름한다고 보아야 한다. 그러므로 고객들과의 훌륭한 판매관계를 유지하는 다음과 같은 10계명을 기억해 두는 것은 매우 유익한 일이 될 것이다.[6)]

① 사람들에게 말을 하라. 즐거운 인사 한 마디처럼 즐거운 것은 없다.
② 미소를 지어라. 얼굴을 찡그리는 데는 72개의 근육이 필요하지만 웃는 데는 단지 14개의 근육만이 필요하다.
③ 사람들의 이름을 부르라. 자기 이름을 부르는 소리만큼 달콤한 음악은 없다.
④ 다정하고 도움을 주라. 만약 당신이 친구를 원한다면 다정해져야 한다.
⑤ 진정으로 대하라. 당신이 행하는 모든 것이 진정한 기쁨인 것처럼 말하고 행동하라
⑥ 사람들에게 진정으로 관심을 가지라. 당신이 하고자 한다면 모든 사람을 좋아할 수 있다.
⑦ 칭찬에는 관대하고 비판에는 신중하라.
⑧ 다른 사람의 기분을 생각하라. 깊이 감사할 것이다.
⑨ 다른 사람들의 의견을 생각하라. 논의에는 세 가지 측면이 있는데 당신의 것, 상대방의 것, 그리고 정당한 것이다.
⑩ 봉사하라. 인생에서 진정으로 중요한 것은 우리가 남을 위해서 무엇을 하느냐이다.

6) *Ibid.*, p. 184.

Summary

요 약

지금까지의 설명을 요약하면 다음과 같다.

1) 인적판매는 고객과의 직접적인 면담을 통해 반대를 극복하며, 문제를 해결하고 판매를 체결, 사후관리를 할 수 있는 강력한 촉진 수단이다.
2) 판매를 관리하는 사람은 지적 능력, 지식, 기획력, 피알 센스, 상품에 대한 지식, 근무의욕, 인격 등이 요구된다.
3) 판매원에게 요구되는 자질은 예절성, 신체적 조건, 외모, 상품에 대한 지식, 근무의욕, 인격 등이 요구된다.
4) 호텔에 근무하는 모든 사람은 호텔 판매원이라는 인식이 필요하다.
5) 훌륭한 판매관계를 유지하는 10계명이란 판매원의 접객태도의 중요성을 일깨워 주고 있다.

5. 호텔의 판매방문

판매방문이란 친선방문이 아니라 실제 판매활동이란 점에 유의해야 한다. 그러므로 판매방문에는 그 방문에 대한 분명한 이유가 있어야 한다는 것을 우선 고려하여야 한다. 그러므로 낮시간을 보내기 위해서 고객을 방문하는 것은 결코 해서는 안 되는 것이다. 방문할 가치가 충분히 있는 사람은 그의 시간도 값이 있는 것이고 그 시간을 환담이나 하면서 보낼 수는 없는 것이다. 그러므로 분명한 목표가 있어야 하고 방문할 때마다 얻으려 하는 목표가 있어야 한다.

둘째로는 판매방문을 하기 전에 사용하려고 계획하는 판매강점(Selling point)을 정리해서 판매방문시 세심하게 제시하도록 해야 한다는 것이다. 물론 판매방문을 한다는 것은 원래가 특정주문을 받고자 하는 것이어야 한다. 대체적인 합의를 얻고 싶어 하는 것은 가능은 하겠지만, 원하는 바는 고객이 다음 사교행사를 호텔식당에서 개최할 것을 바란다던가, 아니면 다른 사람으로 하여금 식당을 이용해 달라고 추천해 주길 바랄 수도 있고, 또는 새로 단장된 식당의 사진을 그저 보여주기만을 원할 수도 있다. 문제는 판매방문에 있어서는 반드시 목표가 있어야 한다는 것이고, 그 목표를 달성키 위해 가능한 모든 일을 해야 하며 목표를 이루고는 떠나라는 것이다.

두 번째의 중요한 문제는 의도한 상품전시(presentation)를 실시하는 것인데, 이것은 방문의 이유 즉 분명한 목표가 있다면 이루어질 수 있는 것이다. 그러므로 이러한 목표를 규정하고 그에게 전달하고자 하는 공식적인 내용을 준비해야 한다. 즉 고객이 얻을 수 있는 편익을 줄 수 있는가와 결론 등을 정해진 순서에 따라 정해야 하며 판매방문 전에는 이들 내용을 재검토해야 한다.

연회나 컨벤션 예약을 얻기 위해 나서는 판매원은 고객으로 하여금 이런 업무에 참여하도록 하는 것일 것이다. 그러나 이런 방문을 하는 이유는 그저 호텔시설을 답사해 보도록 요청하는 것일 수도 있다. 판매원이 말하고자 하는 내용은 그러니까 조심스럽게 구성해야 한다. 말하고자 하는 내용을 정확히 계획하지 않으면 이야기 중에 뒤바뀌어 세일즈 포인트 중의 하나를 놓쳐 버릴 수도 있다.

이야기 중에 강조되는 모든 이유와 편익은 결국 우리 호텔이 다른 경쟁 호텔보다 우수한 호텔이라는 것을 입증하는 것이다. 따라서 판매원의 결론은 ① 분명한 참여를 얻어내는 것이고, ② 적어도 잠정 예약이라도 얻어내는 것이며, ③ 고객이 시설을 직접 답사하도록 하게 하는 것이다. 판매체결은 판매과정에서 가장 중요한 고리이다.

판매방문의 목적이 뚜렷하고 제시하고자 하는 판매강점이 확실하다고 하더라도 만나야 할 사람이 쉽게 만나지는 것은 아니다. 비서진의 제지나 구실이 있을 수 있기 때문이다. 따라서 이때에 필요한 것은 판매예절인데, 다음과 같은 일반적인 수칙들을 유의할 필요가 있다.[7)]

① 항상 자기소개를 분명히 해야 한다. 판매방문한 고객이 판매원이 누구이며 원하는 것이 무엇인지를 다 알고 있다고 생각해서는 안 된다. 비서들이 연출할 무대를 차려 줄 것으로 생각하지 말아야 한다. 전에 만난 일이 있더라도 기억해 줄 것을 기대하지 말고 본인의 이름과 회사의 이름, 방문한 이유 등을 정확히 말해야 한다. 이렇게 하는 것은 그로 하여금 기억을 더듬어야 할 필요도 없게 할 뿐더러 시간을 허락해 주는 계기가 될 것이다. 그러나 권고 받기 전에 먼저 착석해

7) Alastair M.; Morrison, *Op. cit.*, p.406.

서는 안 된다.

② 즉시 본론에 들어가야 한다. 방문자의 시간을 낭비하지 않게 하면 감사를 받을 것이다. 상대방이 대화를 다른 방향으로 유도하지 않는 한 사업얘기를 하는 것이 더 현명하다.

③ 상대방으로 하여금 중요한 사람으로 느끼게 하여야 한다. 판매원에게 호의를 베풀어주도록 하기 위해 방문하였음을 기억해야 한다. 적어도 이런 상황에서는 그는 대단히 중요한 사람이다. 호텔산업의 거물 가운데 뛰어난 성격의 하나는 겸손이다. 설혹 그것이 판매유혹의 하나인 줄 알지만, 세상 모든 사람은 아첨을 좋아하는 법이다.

④ 불필요한 대화를 없애야 한다. 영리하고 민첩한 사업가를 상대하는 것이므로 요점 없는 대화로 부담을 주지 않는 것이 좋다.

⑤ 고객과 보조를 맞추어야 한다. 고객이 시간을 내어 판매원과의 만남을 즐기는 한에는 서두르지 말아야 한다. 그렇다고 개인적인 매력에 끌렸다고 생각해서는 안 된다. 바쁜 내색을 보이거나 전화가 걸려 오거나 분명한 부담이 되는 경우는 일을 마치면 즉시 나와야 한다.

⑥ 경청해야 한다. 고객은 팔리어지는 것보다 사는 것을 좋아한다는 것이 뛰어난 판매원들의 일치된 의견이다. 고객이 말을 계속하는 한 결코 중단시켜서는 안 된다. 그는 많은 방문수에 따라 구매를 할 것이다. 그가 말을 계속하기를 원할 땐 조용히 경청하고 그가 말하는 것을 관심을 가지고 들어주는 것이 좋다.

⑦ 일이 끝났을 때는 떠나야 한다. 그가 거절했더라도 언제나 감사해야 한다. 왜냐하면 자기의 바쁜 시간을 할애해 주었기 때문이다. 쓸데없는 대화로 고객의 호의를 해쳐서는 안 된다. 나올 때에는 비서에게 감사하는 것도 잊지 않아야 한다. 다음 방문에 편의를 볼 수 있게 될 것이다. 그의 이름을 물어서 기억하는 것이 좋다.

판매원이 사용하는 명함(Business card)은 분명 판매수단이 된다. 인상을 오래가도록 명함의 다양성을 시도하는 것도 좋다.

판매권위자들이 지적하고 있는 판매원들의 수칙을 정리해 보면 다음과 같다.[8)]

8) C. D. Coffman, *Op. cit.,* pp.188~189.

1) 상대방과의 대화시 일어나는 실수

① 말하는 스타일을 변경하는 것을 자연스럽게 하라
② 화제를 독점하거나 고객이 이야기의 흐름을 끌어 나가고 싶어 할 때 판매원이 끌어 나가려 하거나 통제하려고 하는 것
③ 고객의 말을 중단시키는 일
④ 고객의 이야기 중에 주의를 기울이지 않는 일
⑤ 쓸데없는 말을 하는 것
⑥ 방문목적과는 상관없는 것을 화제로 삼는 것
⑦ 입에 껌, 담배, 파이프 등을 넣고 말하는 것
⑧ 너무 빨리 말하기 또는 판매를 다그치는 고압적 대화를 하는 것

2) 판매원이 판매를 망치는 까닭

① 너무 많이 이야기함
② 판매전시를 계획된 대로 하지 못함
③ 고객과의 논쟁을 크게 벌이는 일
④ 고객의 질문에 대답하지 못하는 경우
⑤ 경쟁자를 욕하기
⑥ 입증을 하지 못하는 경우
⑦ 고객에게 분명한 물품구매를 요구하지 않는 경우

3) 판매시 기억해 두어야 할 일

① 고객은 자기 자신에게만 관심이 있고 판매원이 그를 위해 어떤 서비스를 해 줄 수 있는가에 대한 것에만 관심이 있다.
② 자기 판매 상품에 대해 진정으로 열의를 보일 것
③ 고객과는 항상 의견의 일치를 보일 것. 결코 논쟁하지 말 것
④ 경청할 것
⑤ 고객을 방문한 것을 결코 사과하지 말 것. 고객으로 하여금 이것이 특

별한 방문임을 생각하게 하고 그를 만나기 위해 먼 길 찾아왔다는 것을 생각토록 할 것. 결코 지나는 길에 잠시 들렀다고 하지 말 것

⑥ 추천인을 이용할 것. 이미 상품이나 서비스를 이용해 본 중요한 사람이나 기관의 이름을 활용할 것

⑦ 완강한 고객이 최선의 고객이 될 수 있다. 첫 번째 방문에서 실패했다고 해서 포기해서는 안 된다. 같이 지내기 어려운 고객도 계속 상대를 하면 가장 충실한 고객의 하나가 되는 것이다.

⑧ 친할수록 예의를 지켜야 한다. 고객은 적어도 판매원의 후원자로 남고 싶은 것이다. 그의 벗이 되려고 애쓰지 말 것

⑨ 고객이 설사 약을 올린다 해도 결코 화내지 말 것

⑩ 지난 번 방문시 어떤 일이 일어났는가, 전에 만족스럽게 대답하지 못했던 반대에 대답을 준비했거나 사후관리상 가능한 나쁜 곳을 비켜갈 수 있도록 방문시마다 기록을 유지해야 한다. 자기가 성공한 판매를 생각해서 성공패턴을 만들어야 한다. 잘못된 판매를 분석하고 그 이유를 찾도록 노력해야 한다.

4) 상품을 제시할 때 범하기 쉬운 오류

① 지키지 못할 약속은 결코 하지 말 것. 판매약속을 지키지 못하는 것은 고객의 재구매를 없애 버리는 가장 확실한 방법이다.

② 너무 꾀를 부리거나 비정상적으로 하지 말 것. 견고하고 안전하며 원칙을 굳게 지키는 방법이 항상 최고이다. 고객을 우롱하려 하지 말 것

③ 큰 인물처럼 행세하지 말 것. 조직상 지위가 무엇이든 간에 고객에게 당신의 중요성으로 인상주려 하지 말 것

④ 열두 가지 그렇고 그런 판매 강점보다 하나라도 강력한 판매강점이 훨씬 좋다. 팔려고 하는 상품이 뛰어난 자질을 가지고 있으면 그것을 강조해야 한다.

⑤ 고객이 판매원에 주문해 줄 것으로 생각하지 말 것. 실제로 주문서를 작성하도록 계획할 것

⑥ 화를 내지 말 것. 그로 하여금 구매하도록 요구해야 한다.

5) 신체적 결함

이 부분은 판매원의 판매노력이 아무리 좋아도 자기의 판매전시를 해칠 만한 충분한 신체적 결함을 열거하였다.

① 허름한 옷차림
② 충치
③ 니코틴이 진하게 묻은 손가락
④ 몰아쉬는 숨결
⑤ 사시(斜視)
⑥ 심각한 문법적 에러
⑦ 허술한 생김새, 처진 어깨, 새가슴, 게을러 보이는 신체적 활동
⑧ 말더듬이

Summary

요 약

지금까지 설명한 내용을 요약하면 다음과 같다.

1) 판매방문에는 분명한 목표가 있어야 하고 방문시 활용하려고 하는 판매강점이 있어야 한다.
2) 판매방문에는 확실한 주문을 얻는다는 것과 의도한 상품전시가 중요하다.
3) 고객접객시 지켜야 할 예절이 중요하다. 분명한 자기소개, 지체 없는 본론제기, 불필요한 잡담 금지, 고객과의 보조맞추기, 경청하는 자세, 일이 끝났을 때 즉시 떠나기 등이 그것이다.
4) 판매방문시 사용하는 명함은 확실한 판매수단이다.
5) 고객접근시 일어날 수 있는 여러 가지 사안들을 기억하여 활용하는 것이 중요하다.

6. 전화판매

광고, DM, 홍보, 인적 판매 등의 판매수단 등을 결합한 것이 전화판매이다. 전화로 업무촉진을 할 뿐만 아니라 다른 수단에 의한 판매 노력의 결과 고객으로부터 걸려 온 전화는 판매체결에 근접해 온 것이다. 그러므

로 전화란 고객과의 직접적인 접촉이란 점에서 매우 중요한 판매수단이며 동시에 가장 예절을 요구하는 수단이라고 할 수 있다. 전화판매 권위자들이 추천하는 전화예절을 알아보면 다음과 같다.[9)]

① **전화를 즉시 받을 것**: 이것은 교환원이든 부서사람이든 여건 여하를 불문하고 바쁜 영업시간에 전화를 받지 않고 내버려두어서는 안 된다. 전화교환원은 전화연결을 빠르게 하고, 연결이 안 되는 경우나 연결이 늦어지는 경우 송화자에게 알려 주어야 한다.

② **확실하게 신원을 밝힐 것**: 전화번호를 반복해 일러주는 것을 송화자는 원치 않을 것이다. 그가 호텔의 이름을 분명하고 또렷하게 듣게 될 때까지는 그가 원하는 전화가 연결되었는지를 모르게 된다. 전화를 받는 사람은 부서명과 자신을 밝혀야 한다. 교환원은 회사이름을 말하고, 비서는 부서명과 이름을 말하고 임원은 자기 이름을 대답하는 식으로 한다.

③ **유쾌하게 말할 것**: 송화자가 받는 유일한 인상은 목소리를 통해서라는 점을 기억해야 한다. 그 목소리가 수화자의 인격을 전달해줄 뿐이다. 목소리가 명랑치 못하면 말하고 싶은 마음이 생기지 않을 것이다.

④ **사라지지 말라**: 자리를 떠나 있어야 한다면 전화를 대신 받아줄 사람에게 돌아올 시간이나 연락방법 등을 알려 주어야 한다. 송화자의 입장에서는 교환원이 찾는 사람이 있는 곳도 모르고 결국 찾아내지도 못하는 것처럼 화나게 하는 것은 없다. 송화자의 시간은 낭비되고 대답 없는 전화만을 들고 있게 하는 것은 결코 판매가 이루어질 수 없다.

⑤ **메모할 것**: 송화자가 말하는 것을 받아 쓸 수 있도록 항상 준비하는 것이 좋다. 기억에만 의존하지 말고 또한 종이와 연필을 찾는 동안 송화자를 기다리게 해서는 안 된다.

⑥ **송화자를 응답 없이 내버려두지 말 것**: 송화자에게 일어날 수 있는 가장 괴로운 일 중의 하나는 응답 없는 전화를 들고 있게 내버려두거나 기다리는 동안 끊어져 버리는 것이다. 송화자가 기다려야 한다면 교환원은 적어도 일분마다 통화중임을 알려야 한다. 2분 이상일

---

9) James R.Abbey, *Hospitality Sales and Advertising* (East Lansing, Michigan: AHMA, 1989), pp. 135～136.

때에는 다시 걸어 주기를 요구해야 한다.

⑦ **결론** : 통화를 마치고 전화를 끊고 싶으면 분명히 말하는 것이 좋다. 감사하다든가, 안녕히 계십시오라고 말함으로써 상대방이 오해하지 않도록 함이 중요하다.

전화판매는 오늘날 이용할 수 있는 인적 판매에 가장 가까운 방법이다. 전화판매는 두 가지 국면이 있다. 걸려오는 전화(Incoming calls)와 고객에게 거는 전화(Outgoing calls)가 있다. 어느 것이든지 인적 판매의 대화원칙이 대단히 중요하고 또 중요한 것은 예절과 상품에 대한 지식이다. 신체적 외모는 실제로 보이지 않는 것이므로 예절과 상품지식은 더욱 강조될 수 밖에 없고 통화는 언제나 정확해야 한다.

인적 판매보다 전화판매에서는 상품정시가 더욱 중요한데, 인간적인 접촉이 없이 기계적인 수단만으로 하는 것이니까 판매접근이나 정시는 정확하지 않으면 안 된다.

인적 판매에서 그랬듯이 자기회사와 자신을 명백히 소개하고 즉시 전화를 건 목적을 말한다. 불필요한 대화를 하지 않고 고객과 보조를 맞추면서 경청해야 하고 계속 말하고자 할 때 중단시켜서는 안 된다. 통화 중 필요한 정보를 제공토록 해야 하며 기다리는 말은 결국 판매를 실패시키는 것이다. 물론 전화판매는 인적 판매를 대신할 수 있는 것은 아니지만, 질문에 답할 수 있고 반대를 해결해서 판매체결을 할 수 있게 하는 유일한 대안이다.

전화를 받을 때 유의해야 할 사항을 들어보면 다음과 같다.

① 오감의 능력을 총동원해야 한다. 청각, 미각, 촉각, 취각, 청각 등을 하나로 하여 소리에 귀를 기울여야 한다. 이것이 비록 관찰되지는 않지만 전화판매의 실패를 낳는 이유가 된다.

② 고객의 말을 해야 한다. 팔려고 하는 상품이나 서비스를 고객에게 친숙하고 이해되는 말을 써서 표현하는 법을 배워야 한다.

③ 판매부문별로 판매해야 한다. 모든 사업은 경쟁자에 대해 자체의 차이가 있다. 서비스, 가격, 위치, 특별제공물, 회사 이미지 등 이런 것들이 규정되고 개발되어 하나의 상품을 이루는 것인데, 이것들이 전

화판매자들에게 가르쳐서 고객과의 어떤 상황에서도 자동적으로 응용할 수 있게 해야 한다.

④ 인적 판매와 전화판매의 심리적 차이를 인정해야 한다. 고객과 직접 만나서 판매하면 보여줄 수 있는 이점이 있지만, 전화판매에서는 전화라는 제한성 때문에 얼굴도 볼 수 없고 전시하지도 못한다. 또한 인적 판매보다 더 짧은 시간에 모든 것을 해야 한다.

⑤ 판매를 종결지을 수 있도록 유도질문을 하지 않으면 안 된다. 인적 판매에서는 판매체결을 위한 기회가 명백하지만, 전화판매에서는 이런 기회를 만들어 내지 않으면 안 된다.

⑥ 대부분의 사람들은 남의 말의 약 15~20%만 기억할 수 있다는 것을 기억해야 한다. 이 때문에 판매원의 설명은 짧아야 하고 그 설명을 통해서 고객으로 하여금 최종구매에 이르도록 유도해야 한다.

외부와의 전화(Outgoing calls)시에도 지켜야 할 점들이 있음을 유의해야 한다.

① 고객과 전화를 해야 하는 이유를 사전에 우편이나 홍보 또는 앞으로의 행사 등을 통해 미리 알려져야 한다. 대화중에는 그러한 관계설정이 태도, 칭찬, 조언을 구함, 선도적 질문 "감사합니다"방법, 특별 서비스 등을 통해서 도움을 받게 된다.

② 고객은 당신의 얘기를 들음으로써 이익을 얻을 수 있어야 한다. 그런 이익이 있어야 그의 주의를 끌 수 있고 그의 관심을 더욱 일깨울 수 있으며 판매가능한 여건을 만들게 된다.

③ 기본강점을 제일 먼저 팔아야 한다. 그런 후에 하나하나씩 파는 것이다. 예를 들면 연회 메뉴를 우선 팔고 다음 칵테일이나 와인, 오더불, 꽃, 시가 등등이다. 가격을 먼저 얘기하지 않는 한 높은 가격부터 시작해서 낮은 가격으로 내려간다.

④ 실천방안을 연구해야 한다. 구매행동을 일으키는 데는 지렛대가 필요하다. 고객들로 하여금 따라 갈 준비를 갖추도록 해야 한다. 그리고 거래를 종결해야 한다.

⑤ 신의 이익을 측정해야 한다. 고객이 시장에 있는지, 이번 전화로 팔

릴 수 있는지, 사후관리를 필요로 하는지, 계속해서 전화판매를 해야 하는지를 결정하는데 도움을 주는 유사한 상황에 있는지를 일찍 확인해야 한다.

⑥ 판매를 가능한 한 빨리 종결지어야 한다.

⑦ 분명한 이해와 의무가 양측으로부터 얻어졌는가를 확인해야 한다.

⑧ 고객을 붙들어 계속 교섭하려면 확실한 행동계획이 필요한가 사후관리하여야 한다.

오늘날 인적 판매비용이 급상승하고 있으므로 텔레마케팅(Telemarketing)은 고객과의 직접적인 접촉과 즉각적인 피드백, 접근방법의 다양화를 마련해 주는 유효한 판매수단이다. 텔레마케팅은 일반 전화판매와 혼동되기도 하지만, 이들은 전혀 별개의 세계이다. 텔레마케팅은 즉각적인 정보를 제공하는 컴퓨터와 다른 기술과 함께 고도로 훈련된 텔레마케팅 전문요원에 의해서 전화를 체계적으로 활용한다는 데 특징이 있다.[10)]

유능한 텔레마케팅 요원은 하루에 50명에 달하는 의사결정권자에게 전화를 할 수 있다고 한다. 조심스럽게 작성된 메시지를 사용해서 단순히 정보를 얻거나 판매메시지를 전달할 수도 있고 판매를 종결지을 수도 있다.

텔레마케팅은 가볍게 취급되어서는 안 된다. 호텔에서는 텔레마케팅을 시도하기 위해 다른 부서의 사무요원들을 차출하는 일은 삼가야 한다. 텔레마케팅 기능만을 담당하는 고도로 훈련된 요원이야말로 호텔이 이런 판매를 하는데는 가장 효율적인 방법이다. 모든 텔레마케팅 담당자들은 훌륭한 커뮤니케이션 기술, 끈질김, 거절을 다루는 능력, 훌륭한 구성능력, 새로운 상황과 각양각태의 고객에 적응하는 능력 그리고 가장 중요한 것은 열성과 친근감 및 융통성이 있어서 판매를 증가시키고 있다.

텔레마케팅 담당자들은 고객과 효과적으로 통화할 수 있도록 작성된 텔레마케팅 원고를 사용하는 법을 익혀야 하고, 판매를 하거나 전화를 사후관리하기 위해 필요한 정보를 수집해야 한다. 텔레마케팅 양식을 작성해서 호텔 판매부에 넘겨서 평가하고 가능한 사후관리를 할 수 있도록 해야 한다.

텔레마케팅 원고의 내용은 물론 호텔의 텔레마케팅 목표에 따라 결정된

10) James R. Abbey, *Ibid.*, p. 149.

다. 정보를 얻기 위함인가 판매원들이 관리할 판매기간을 얻고자 함인가. 예약에 대해서 특별 편익이나 프리미엄이 있는가에 따라 다르다. 그러나 텔레마케팅 목표가 무엇이든 간에 텔레마케팅 원고는 일반적으로 다음과 같아야 한다.

① 짧아야 한다. 오랫동안 조사를 하거나 상품설명을 하면 고객을 화나게 하거나 흥미를 잃게 만든다. 고객의 시간을 너무 많이 쓰지 않도록 해야 한다.
② 특정한 것이어야 한다. 원고내용은 요점이 있어야 한다. 상대방에게 제공할 수 있는 편익은 일찍 강조되어야 한다.
③ 단순해야 한다. 긴말이나 호텔전문용어는 피해야 한다. 상품설명은 쉽게 이해할 수 있어야 한다.
④ 구성의 체계가 있어야 한다. 원고는 일반적인 질문으로 시작해서보다 전문적이거나 예민한 것으로 진행되어야 한다. 예를 들어 고객과 그의 사업에 대한 일반적인 질문부터 시작하면 고객과의 인간관계를 얻기가 훨씬 용이해진다.

텔레마케팅 원고를 만들 때에는 그 원고가 정보를 얻고 메시지를 전하고 판매를 종결지을 수 있을 만큼 고객과 대화가 가능토록 해야 한다. 이렇게 하기 위해서 원고는 고객의 참여를 유도해야 하고 고객이 관심 있는 편익을 제공할 수 있어야 한다.

텔레마케팅은 대단히 중요한 것이기 때문에 텔레마케팅 계획도 다른 직접판매처럼 통제된 것이어야 한다. 세심하게 개발한 제작 형태, 텔레마케팅 요원의 전문적인 교육훈련, 지속적인 감시감독, 결과측정이 있어야 한다. 호텔요원이 텔레마케팅요원을 맡게 되는 경우라도 교육훈련을 실시해야 하며 노련한 텔레마케팅 전문가를 프로그램 담당 부장이나 아니면 컨설턴트로 고용하여야 한다.

어떤 성공적인 텔레마케팅 프로그램도 세부적인 마케팅계획과 상당한 정도의 전문성에 의존하는 것이지만, 고객을 직접 찾아내고 진정한 고객에 판매하고 정규 고객과의 접촉을 유지하고자 하는 오늘날의 욕구에 대해서 텔레마케팅은 하나의 유효한 해답이 되고 있다.

Summary

요 약

지금까지 설명한 내용을 요약하면 다음과 같다.

1) 전화판매는 고객과의 직접적인 접촉이란 점에서 매우 중요한 판매수단이 된다.
2) 전화판매는 예절을 중시하는 바탕 위에서 호텔로 걸려 오는 전화와 외부로 거는 전화라는 두 가지 측면이 있다.
3) 전화예절은 여러 가지가 있으나, 그 기본은 모든 종사원이 전화가 곧 판매와의 연결되는 중요한 수단임을 인식, 신속, 정확, 명랑하게 받도록 훈련되어야 한다는 것이다.
4) 걸려 온 전화는 전화라는 제한성 때문에 짧은 시간에 판매체결을 얻도록 세심한 주의를 기울일 필요가 있다.
5) 외부로 거는 전화에서 요구되는 것은 철저한 준비이다. 고객과의 접촉, 줄 수 있는 편익 그리고 강력한 판매강점 등을 제시하면서 확실한 행동계획을 수립, 관리하는 것이다.
6) 텔레마케팅은 컴퓨터와 다른 기술, 고도로 훈련된 텔레마케팅 요원에 의해서 전화를 유효한 판매수단으로 활용하는 판매활동을 말한다.
7) 텔레마케팅 계획도 세심하게 개발한 제작형태, 요원의 전문적 교육훈련, 지속적인 감시감독, 결과측정이 있어야 한다.

7. 종사원에 의한 판매

앞서 얘기한 바와 같이 호텔의 모든 종사원은 호텔판매원이다. 따라서 판매지배인의 노력은 당직 지배인, 객실요원, 회계원, 웨이터, 벨멘이 다 함께 호텔을 판매한다면 판매결과는 10배나 더 증가할 것이다. 그러므로 이들 모든 접객요원들에게 판매를 가르치는 일이 판매지배인이 해야 할 일이다. 따라서 현존하는 판매관련 교재들을 섭렵하여 판매지식으로 무장해서 많은 판매 아이디어들을 전달해야 한다.

처음 부서장들과의 만남에서는 무엇을 하고 있고, 부서장들의 도움이 필요하고, 다 함께 거래실적을 올려놓으면 모든 사람들의 일자리가 안전하고 재미있는 것이 되리라는 것을 설명한다. 두 번째 만남에서는 부서별로 회합을 갖게 해서 그동안 수집한 모든 판매 아이디어들을 제시한다. 세 번째 만남에서는 각 부서장들이 실무에 나설 수 있도록 인센티브 계획을 실시토록 한다.

몇 가지 아이디어들을 들어보면 이런 것이 있을 수 있다. 프런트데스크의 회계담당원은 출숙절차를 받는 고객에게 "다음 번 방문을 위해서 지금 예약해 드릴까요. 이 완불된 우편엽서를 한 장 가져가십시오" 하면서 스탬프가 찍힌 엽서를 제공한다. 이것은 물론 그가 다음에 예약을 할 경우 점수를 얻게 되는 것이다.

모든 프런트데스크 요원과 벨멘은 고객과의 환담을 통해서 "혹시 친지분 중에서 저희 호텔에 머무르실 분이 안 계십니까" 하면서 카드를 주어 그분의 이름과 주소를 얻게 되면 판매지배인에게 전달하는 것이다.

모든 식음료부서 요원과 프런트데스크 요원 및 벨멘들은 고객과 환담하면서 "클럽이나 협회에 많이 가입하고 계시지요" 라고 말하고는 대답할 시간을 기다렸다가 "누가 연회 수배를 책임지고 있습니까, 누가 각 부서의 장이십니까" 고 물으면 연회, 컨벤션, 기타 모든 행사의 주기가 거기서 밝혀질 수 있다.

호텔종사원의 판매 모임 중 또 하나의 패턴은 모든 부서의 접객 요원들이 한 부서의 상품 판매에 집중하는 형식이다. 예를 들면 식당, 칵테일 라운지, 신문 판매대, 세탁 서비스, 룸서비스 등을 2주 또는 30일 동안 한 부서만을 집중 판매하는 것이다.

이 회의는 주로 두 개 부분으로 구성해야 하는데, 하나는 종사원에 대한 호텔의 관심, 수리계획, 단체건강계획 등에 관한 뉴스를 전하는 것과 또 하나는 그 날의 판매과제에 관한 것이다. 이와 같은 회의 중에는 종사원들로 하여금 건의나 전체 토론자의 역할을 수행하도록 하는 것이 좋다.

건의나 전체 토론이 있는 경우 미리 알려 줌으로써 토론에 참여할 수 있도록 준비시키는 것이 좋고, 그들이 참여하게 되었을 때 회의를 즐기게 된다. 플래카드 게시로 꼭 이런 회의를 지원할 필요는 없지만, 도움은 될 수 있을 것이며, 회의 간 배포자료는 월급봉투에 넣어 지난 회의에 대한 설명을 하면 큰 도움이 된다. 이 경우 팸플릿은 짧아야 하며 회의의 주제를 재확인해 주어야 한다.

그러나 가장 중요한 일은 접객종사원들에게 일반적이 아니라 특정한 예를 들어 무엇을 해 주기를 바란다고 말하는 것이다. 그들에게 그들이 하는 일이 어떤 의미가 있는가라는 관점에서 왜 그 일을 해 주길 바라는지 말하고 어떻게 하는가를 일러주어야 한다.

호텔종사원들이 서비스하는데 도와주기 위해서는 두 가지를 고려해야 하는데, 하나는 종사원들이 근무해야 하는 시설이란 점이고 또 하나는 고객과 직접 접촉하는 종사원들의 실제행동이다.

어떤 판매계획이 결정되든 간에 고객과 직접 접촉하는 모든 종사원들이 그 계획에 관해 설명을 해야 한다. 무엇이 이루어지고 있고 그것이 호텔에 어떤 의미가 있으며 본인에게는 어떤 의미가 있으며 그가 어떻게 도울 수 있을지를 알고 있어야 한다.

Summary

요 약

지금까지 설명한 내용을 요약하면 다음과 같다.

1) 호텔의 모든 종사원들은 호텔판매원이다.
2) 모든 호텔종사원은 판매활동에 적극적으로 참여하여야 하고 모든 판매계획에 의해 동기화되어야 한다.

Hotel Marketing

제9장 호텔광고

1. 광고의 기본개념과 계획

광고는 촉진믹스를 구성하는 요소 중의 하나로서 광고의 기본개념은 다음과 같다.[1)]

① 광고는 유료의 형태로 이루어진다.
② 광고는 비인격적 정시이다. (Non-personal presentation)
③ 광고는 아이디어, 상품, 서비스를 그 내용으로 한다.
④ 광고는 광고주를 명시하여야 한다.

많은 사람들은 촉진을 생각하면 곧 광고를 먼저 생각하지만, 광고보다 판매에 보다 큰 영향을 주는 촉진믹스가 많다. 결국 이러한 촉진믹스 가운데 어떤 믹스를 사용할 것인가는 목표시장, 마케팅목표, 고객구매 결심과정, 경쟁사와의 촉진활동, 그리고 이용가능한 전체 촉진예산 등에 기초해서 신중히 결정되어야 한다.

일단 마케팅목표를 정하고서도 각 촉진믹스를 별개로 보는 경향이 있

1) 최태광, 관광마케팅, [개정신판] (서울: 백산출판사, 1995), p.226.

다. 이것은 훌륭한 접근방법이 못된다. 촉진이란 각각의 믹스들이 서로 지원하고 보완적으로 작용할 때 더욱 더 효과적이다. 그러므로 촉진믹스 각개의 세부적인 계획을 세우기 전에 전체 촉진믹스 계획을 먼저 세워야 한다. 광고목표가 세워지기 전에 전반적인 촉진목표가 수립되어야 하며 최종 광고예산이 결정되기 전에 잠정적인 촉진예산이 책정이 되어야 한다.

기업에서는 광고를 포함하여 각 촉진믹스들에 대해 문서로 된 계획을 작성해야 하는데, 광고계획의 수립과 실시에는 다음과 같은 10가지 단계가 포함된다.[2)]

① 광고목적을 세운다.
② 대내 광고부서로 할 것인가, 광고회사로 할 것인가를 결정한다.
③ 임시광고예산을 수립한다.
④ 협동광고를 고려한다.
⑤ 광고메시지 전략을 결정한다.
⑥ 광고매체를 선정한다.
⑦ 광고의 시기를 결정한다.
⑧ 광고를 사전 시험한다.
⑨ 최종 광고계획과 예산을 준비한다.
⑩ 광고효과를 측정하고 평가한다.

모든 계획이 그렇지만 광고계획을 시작하는 가장 좋은 방법은 광고목적을 정하는 것이다. 마케팅목표와 마찬가지로 광고목표는 이중목적으로 활용될 수 있어야 하는데, 그 목표가 계획수립의 지침이 되어야 하며, 또한 광고효과를 측정하고 평가하는 방법이 되어야 한다는 것이다.

촉진의 세 가지 주요 목표는 고객에게 정보를 제공하고 설득을 하며 기억나게 한다는 것이다. 광고의 목표도 흔히 이와 같은 부류로 나누어질 수 있다. 즉 정보를 제공하는 내용의 광고, 설득목적의 광고, 기억환기목적의 광고가 그것이다.[3)]

2) Alastair M. Morrison, *Hospitality and Travel Marketing* (Albany, New York : Delmar Publishers Inc., 1989), p.327.

3) *Ibid.*, p.328.

정보제공목적의 광고는 다음과 같은 것들이다.

① 새로 도입된 서비스를 주지시키고자 함
② 새로운 서비스의 특성을 설명하고자 함
③ 고객에게 가격변화를 알림
④ 기업의 서비스에 대한 잘못된 인상을 시정코자 함
⑤ 새로운 목표시장에 어필코자 함
⑥ 서비스 구매에 따른 불안이나 공포를 줄이고자 함
⑦ 기업의 이미지를 세우거나 높이고자 함

설득목적의 광고는 다음과 같은 것들이다.

① 기업의 서비스에 대한 고객의 선호도를 높이고자 함
② 기업이나 브랜드에 대한 고객충성도를 높이고자 함
③ 고객으로 하여금 경쟁자의 서비스를 전환하도록 촉구하기 위함
④ 고객으로 하여금 지금 또는 가까운 장래에 서비스를 구매하거나 또는 예약하도록 확신시킴
⑤ 제공된 서비스의 질과 형태에 관한 소비자의 인식을 변화시키고자 함

기억환기목적의 광고는 다음과 같은 것들이다.

① 고객들에게 어디서 서비스를 구매하거나 예약할 수 있는가를 기억되게 함
② 고객들에게 광고주 업체에게만 있는 시설과 서비스에 대해서 기억되게 함
③ 고객들에게 언제 서비스를 예약해야 하는가를 기억되게 함
④ 고객들에게 서비스의 존재를 기억되게 함

광고를 실시함에 있어서 호텔 자체에서 할 것인가, 외부광고회사를 이용할 것인가를 결정하는 것이 그 다음 단계이다. 중·대업체에서는 외부업체를 이용해 광고를 실시하고 있지만, 이러한 광고회사의 선택은 그 광고회사의 광고캠페인의 성공 여부에 따라 결정되는 경우가 많다.

광고예산을 결정하는 방법 가운데 하나는 과업 대 목표접근방법이다.

이 방법은 목표를 설정하고 그것을 달성하기 위해 필요한 특수 활동에 대해 예산을 수립하는 것이다. 마케팅담당자가 필요한 촉진 자금을 언제나 얻을 수 있다고 느낀다면 좋긴 해도 비현실적이다. 모든 기업은 마케팅보다는 다른 우선순위를 가지고 있으며, 따라서 마케팅과 촉진에 이용가능한 자금은 다른 활동과 주장에 크게 영향을 받게 된다.

광고예산을 수립하기 시작하는 실제시간은 마케팅과 촉진의 잠정 예산이 수립된 후이다. 촉진믹스를 위해서 책정된 이 전체예산은 잠정적으로 각 믹스에게 우선배정하여야 한다. 각 촉진믹스들의 모든 세부계획이 수립되었을 때 이것을 잠정예산과 대비해야 한다. 그렇게 되면 각 계획들은 계획의 광고비와 잠정적인 배분을 보다 잘 일치하도록 조정되어야 하고 다시 계산되어야 한다. 본질적으로 촉진믹스를 위한 예산책정과정은 다단계 과정이어야 한다.

협동광고를 생각한다는 것은 관광업체는 서로 이질적이고 보완적이기 때문에 이들 간의 밀접한 협조는 필수적인 것이다. 그러므로 두 개 이상의 업체들이 함께 협동광고를 하거나 광고캠페인의 비용을 분담할 수도 있다. 특히 여행업계와 호텔과의 협동광고는 그 좋은 예가 된다.

협동광고를 실시하는 것은 여러 가지 이점이 있을 수 있다. 우선 협동광고는 광고를 위해 쓸 수 있는 전체예산을 증가시킨다. 이것은 보다 많은 광고게재를 가능케 하고 보다 비싼 매체를 이용할 수 있게 하며, 광고의 크기나 설득효과를 증가시킬 수 있게 한다. 또한 협동광고는 광고주의 이미지나 포지셔닝을 증가시킨다. 예를 들면 아메리칸 익스프레스 카드사와 제휴하는 호텔은 보다 많은 비즈니스 여행자들이나 순수관광 여행자들에게 소구할 수 있으므로 이미지를 증가시킬 수 있다. 협동광고는 고객의 욕구와 파트너의 서비스간의 더 좋은 결합을 전해 줄 수 있다. 광고는 또한 파트너의 서비스나 목적지와의 편리한 패키징 때문에 보다 설득력이 높아진다.

물론 협동광고가 이러한 이점이 있긴 하지만 약점 또한 가지고 있다. 모든 협동자들이 준비에 만족해야 하므로 광고를 계획하는데 시간이 많이 소요되며 각 광고주는 광고메시지 전략에 완전한 통제를 할 수가 없게 된다. 따라서 각 파트너들은 자기만의 서비스나 관광지를 보여 줄 기회를 잃게 되면서 촉진목표와 광고목표에 대한 타협이 필요하고 신중히 생각해 볼 필요가 있다.

[그림 9-1] Southwest 항공사와 Westin 호텔체인이 합동으로 촉진패키지를 제시하고 있다. 이런 식의 광고에서는 광고비는 광고주들이 분담하게 되고 서로의 품위와 편익을 공유하게 된다.

자료 : James R. Abbey, Hospitality Sales and Advertising, 1989, p.257

광고메시지 전략을 결정하는 단계에서는 메시지 아이디어, 카피 플랫폼 그리고 메시지 형식을 결정해야 한다. 메시지 아이디어는 광고에서 전달된 주제, 소구, 편익 등을 말한다. 카피 플랫폼이란 메시지 아이디어를 충분히 기술하는 내용이다. 이것은 광고문안의 기초를 이루는 것이다. 한 페이지 정도로 해서 광고사가 준비한다. 이것은 다음 7가지 항목을 포함해야 한다.

① 목표시장 (어느 시장이 목표인가)
② 주소구점이나 편익 (메시지 아이디어는 무엇인가)
③ 정지원 (광고주의 요구를 지원하기 위해서 어떤 통계나 정보를 사용할 것인가)
④ 포지셔닝 접근방법 (광고주는 경쟁자에 비해 어떻게 인식되기를 바라는가)
⑤ 주장의 강도 (핵심 소구점이나 편익을 감정적으로 아니면 이성적으로 표현할 것인가, 경쟁자를 언급할 것인가, 메시지를 어떤 강도로 전달할 것인가)
⑥ 합리성 (광고목표 달성을 위해서 위의 다섯 항목들이 어떻게 작동할 것인가)
⑦ 타 촉진믹스와의 제휴 (광고를 다른 촉진믹스와 어떻게 혼용할 것인가)

메시지 형식이란 메시지 아이디어를 목표청중에게 전달하기 위해 쓰이는 폭넓은 창조적 접근방법인데, 잘 알려진 포맷을 보면 다음과 같다.

1) **증언** : 증언형식의 광고는 명사, 권위자, 만족고객들이 서비스나 상품을 추천하는 것이다. 명사들은 광고에 주의를 끌며 경쟁촉진활동으로부터 눈에 띄게 되고 광고주의 주장을 후원하게 된다.
2) **생활의 일단면** : 이것은 일상생활의 짧은 미니 드라마 같은 것으로 그 속에서 광고주의 서비스나 제품이 고객문제를 해결하도록 제시된다.
3) **유추, 연상, 상징주의** : 이것은 고객에게 편익을 전달하기 위해 유추, 영상, 기호를 이용하는 것이다.
4) **트릭 사진 혹은 과장된 상황** : 이것은 텔레비전 사진상 속임이나 과장된 상황을 이용해서 광고자의 메시지를 강조하거나 명백히 하는 것이다.
5) **말장난과 꾸민 말** : 이 형식은 인쇄매체에 주로 사용되는 것으로 유머가

담긴 말이나 말장난 같은 것을 통해서 주의와 관심을 끄는 방법이다.

6) **공포** : 공포접근법은 부정적인 감정적 소구를 이용해서 고객으로 하여금 구매토록 하거나 태도를 변화시키도록 하는 방법이다. 이런 방법은 보험, 여행자수표, 사회적으로 지향하는 목적 등을 판매하려 할 때 사용된다.
7) **비교** : 이것은 광고주와 경쟁자간의 직접적인 비교를 하는 것이다.

광고매체 선정이란 것은 매우 어려운 단계이다. 왜냐하면 광고매체로 신문, 잡지, 저널, 협회명부, 텔레비전, 라디오 등 이용가능한 매체가 다양하기 때문이다. 이와 같은 매체를 크게 분류하면 인쇄매체, 방송매체로 분류한다.

광고에 가장 적합한 매체를 선정한다는 것은 광고계획에 있어서 가장 중요한 요소가 되는데, 이러한 매체선정은 다음 사항들을 충분히 고려한 바탕에서 이루어져야 한다.

① 목표시장과 그들이 읽고 보고 듣는 습관
② 포지셔닝 접근, 촉진목표 및 광고목표
③ 매체평가기준
④ 각 매체별 상대적 강점, 약점
⑤ 창작 요구도
⑥ 경쟁매체
⑦ 총 광고예산 가용액

광고매체가 선정된 후 봉착하는 또 한 가지 주요한 과제는 언제 얼마나 자주 광고를 할 것인가 하는 문제이다. 여러 가지 계획방법이 있지만, 그 선택이란 주로 고객의 의사결정과정과 광고주의 광고목표에 기초하는 것이다. 대안방법들을 선택하기 전에 거시적 계획법과 미시적 계획법이 있다는 것을 이해하는 것이 중요하다.

거시적 계획법이라는 것은 어느 달 어느 시즌에 광고할 것을 의미하는 것이고, 미시적 계획법은 어느 주 어느 날의 특정시간을 정하는 것을 말한다. 주요 계획법은 세 가지가 있는데, 하나는 어떤 기간별로 중간 중간 광고를 하는 방법이고, 둘째는 계획 기간 중 특정기간에만 집중 실시하고 다른 기간에는 실시하지 않는 방법이며, 셋째로는 계획기간 중 지속적으로 광고를 실시하는 방법이다.

광고 사전 테스트 단계에서는 광고가 광고주가 의도하는 대로 소비자에게 정보를 전달하고 있는가를 알아보기 위해서 마케팅 조사기법을 사용하는 것이다.

사실 광고란 의도된 결과를 백 퍼센트 정확히 가져다 줄 수는 없지만, 위기를 감소시킬 수 있는 방법이 있는데 그것이 사전 테스트이다. 이 사전 테스트는 여러 가지 용도로 쓰일 수 있지만, 광고의 창조적 포맷과 매체선정의 효과성을 측정하는 데 가장 값진 것이다.

광고 사전 테스트는 세 가지 목적이 있는데, 완성된 광고를 만들기 전에 광고초안을 가지고 시험하는 것, 매체에다 광고를 실시하기 전에 광고완성안을 가지고 시험하는 것, 그리고 광고 캠페인에 있어서 각 광고를 최초로 얼마나 자주 사용할 것인가를 정하는 것이다.

최종 광고계획과 예산을 준비하는 단계는 광고 사전 테스트를 통해서이다. 마케팅계획과 마찬가지로 문서화된 광고계획은 목표, 조사결과, 선택사유, 예산, 시행계획표 등을 명확히 기술한다. 또한 메시지 전략을 종합적으로 기술해야만 한다. 상세한 광고비가 명시되어야 하며 잠정광고예산과 더불어 대비되어야 한다. 이러한 비교를 통해서 전체 계획에 대한 그리고 기타 촉진믹스에 대한 수정을 가할 수 있게 된다.

광고효과의 측정과 평가는 세심하게 통제되어야 하고 측정되어야 한다. 광고 캠페인은 막대한 돈이 소요되는 경우가 많기 때문에 조심스럽게 그리고 지속적으로 측정 검토되어야 한다. 광고 실시 후 테스트하는 것도 광고를 실시한 후 광고의 효과를 결정하기 위하여 다양한 마케팅 조사기법을 위해 흔히 사용하는 용어이다. 광고 후 테스트 방법의 선택은 광고의 목적과 선정된 매체에 따라 결정되는 것이지만, 다음과 같은 기준으로 측정될 수 있다.

① 노출 조사(광고에 노출된 잠재고객은 얼마나 많은가)
② 반응도 조사(광고에 대한 고객의 반응은 어떠한가)
③ 커뮤니케이션 효과측정(고객은 광고 목표에서 의도한 대로 반응하

였는가)

④ 목표대상 행위조사 (목표고객은 우리가 원하는 행동을 하였는가)

⑤ 판매 또는 시장점유율 조사 (우리가 원하는 판매나 시장점유율을 얻었는가)

⑥ 이익측정 (우리는 원했던 이익을 얻었는가)

Summary

요 약

지금까지 설명한 것을 요약하면 다음과 같다.

1) 광고는 유료성, 비인격적 정시성, 광고주 명시성, 아이디어, 상품 서비스의 내용성이 기본개념이다.
2) 광고는 판매에 영향을 주는 촉진믹스 중의 하나이다.
3) 광고계획은 광고목적, 대내 광고부서 결정, 임시광고예산 수립, 협동 광고, 광고 메시지 전략, 광고매체 선정, 광고시기, 광고의 사전시험, 최종광고계획과 예산준비, 광고효과 측정평가 등을 그 내용으로 한다.
4) 광고의 목적에 따라 정보제공, 설득, 기억환기를 목적으로 하는 광고로 분류할 수 있다.
5) 광고의 메시지 형식이란 메시지 아이디어를 목표 편중에게 전달하기 위해 쓰이는 것으로 증언, 유추, 연상, 공포, 비교 등을 활용한다.
6) 광고에 가장 적합한 매체를 선정한다는 것은 광고계획에 있어서 가장 중요한 요소가 된다.
7) 광고 효과의 측정과 평가방법에는 노출조사, 반응도조사, 커뮤니케이션 효과 측정, 목표대상 행위조사, 시장점유율 조사, 이익측정방법 등이 있다.

2. 호텔광고의 실제

호텔 광고에는 신문 잡지 광고, 텔레비전과 라디오, 야외 입간판, 포스터와 플래카드 그리고 내부 모든 유인물이 포함된다. 광고의 목적은 말할 것도 없이 객실 식음료 및 호텔시설을 팔고자 함이다. 그러나 모든 매체가 모두 호텔에 맞는 것도 아니며 또한 최고의 판매 수단이 되는 것도 아니다. 어떤 매체를 쓰느냐, 언제 어디서 쓰느냐는 시장과 상품 그리고 촉진 예산에 달려 있다. 광고예산을 얼마로 할 것이냐는 물론 지금이나 앞으로의 수입과 관련되는 것이지만, 일반적으로 판매예산을 책정하는 몇 가지 지침을 보면 다음과 같다.

· 호텔 / 체인이 크면 클수록 매출의 비율도 점점 커진다.
· 호텔 요금이 높으면 높을수록 매출의 비율도 점점 커진다.
· 신규 호텔의 개업, 신규 시설이나 개·보수, 신시장 개척, 새로운 경쟁의 극복, 좋지 못한 사건의 제거 등과 같은 특수목적을 달성하기 위해서는 예산이 필요하다.

프랜차이즈에 가입한 경우 본부에서 전체 가입자에 대한 광고를 실시하고 또한 각개 가입자들에게 판촉물들을 공급해준다. 각 가입자는 이 광고에 대한 비용을 지급하지만, 자체 광고대행사를 유지할 수도 있다. 광고대행사는 현재의 시장을 알아내기 위해 시장조사를 실시하고 그 시장에 맞는 광고 프로그램을 설계하며 광고계획의 사후관리를 도와주기도 한다.

2-1. 호텔광고

광고를 실시하기 전에 고려해야 할 것은 광고란 대단히 전문적인 업무라는 것이다. 그러므로 반드시 전문가인 광고대행사와 상의하여야 한다. 광고계획을 생각하기 전에 철저한 시장조사를 하는 것이 필수적이다. 지리적·경제적 분석뿐만 아니라 광고계획 작성시에는 두 가지 패턴을 고려해야 한다. 하나는 판매광고이다. 이것은 특수한 판매를 개발하는 것이 목적인데, 고객을 호텔로 오게 한다던가, 전화로 예약을 하게 한다던가, 예약을 요구하는 서신을 보내게 하는 것 등이다. 또 하나는 PR광고인데, 이것은 선의를 구축하려 하거나 지역사회의 관심을 얻으려는 것이다. PR광고는 어떠한 경우에도 광고대행사의 자문 없이 실시하지 말아야 한다.

훌륭한 잡지광고가 갖는 다섯 가지 기본요소를 말하면 다음과 같다.[4)]

4) C. D. Coffmam, *Marketing for a Full* (Ithaca, New York : Cornell University, 1984), p.797.

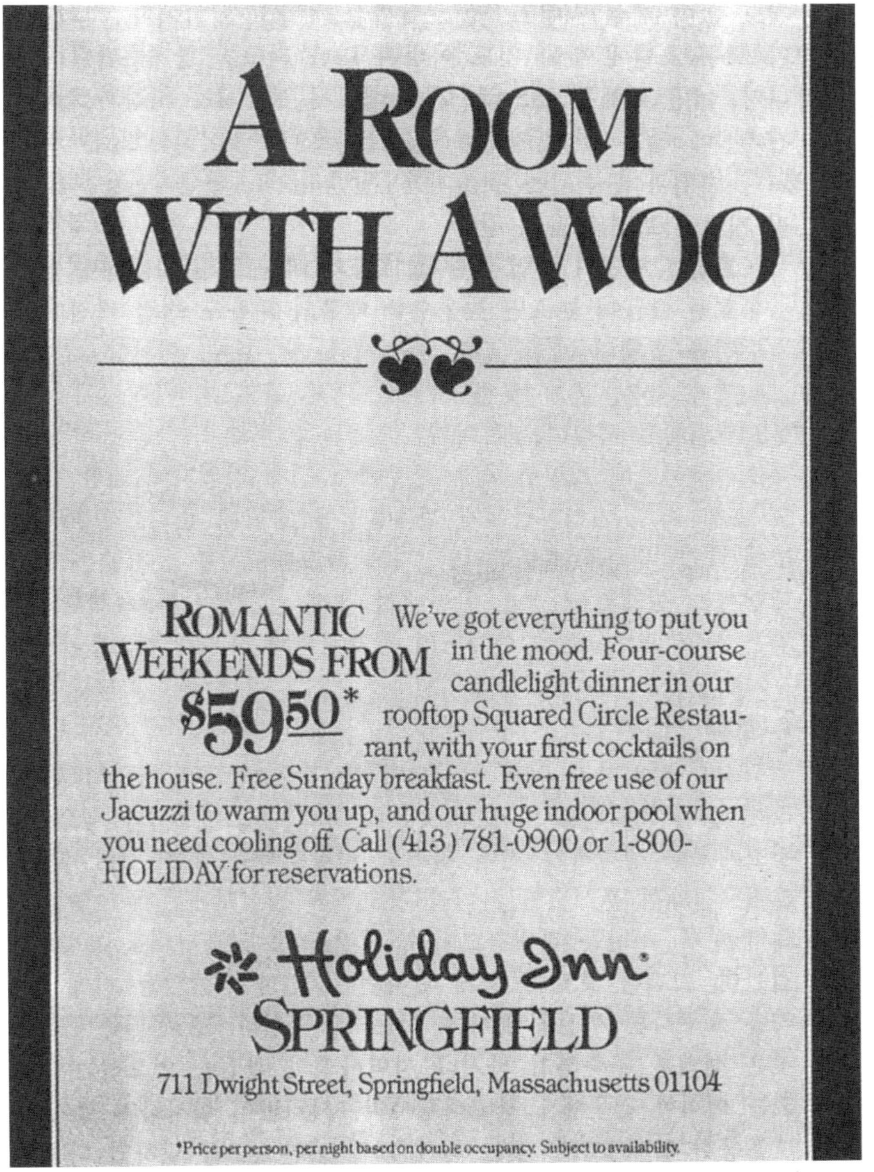

[그림 9-2]　주말고객을 유치하기 위한 이 광고는 신문의 비즈니스 섹션(피로한 임원을 유치하기 위해), 1면 뉴스 섹션(많은 독자들이 읽는 지면) 아니면 라디오, 텔레비전 섹션에 게재할 수 있다.

자료 : James R. Abbey, Op. cit., p.298.

① 눈을 끄는 소구가 있어야 한다. 광고의 일반적인 패턴은 놀랍도록 흥미가 있어서 다른 광고보다는 눈에 띄어 독자들이 머물며 읽을 수 있는 것이어야 한다.
② 독자에게 이익을 주어야 한다. 광고의 문안은 독자들에게 광고되는 상품이나 서비스를 구매함으로써 이익을 얻거나 저축할 수 있음을 지적하고 있어야 한다.
③ 입증하는 것이어야 한다. 광고의 이야기는 제품에 대한 주장을 입증하는 사실을 포함하고 있어야 한다. 이 사실 입증은 추천, 보증, 사업성공이나 특별판매 프로그램에 대한 공공반응 등과 같은 사실의 형태 등이다.
④ 설득의 내용이 있어야 한다. 광고문안은 판매상품이 제공하는 이익을 독자들에게 설득해야 한다. 독자들에게 광고메시지에 대한 반응을 요구하지 않은 채 그저 말하거나 입증만을 제시해서는 안 된다.
⑤ 독자들에게 구매할 것을 요구해야 한다. 가능하면 어디서든지 광고는 특별주문이나 예약을 요구해야 한다.
⑥ 응답체계를 갖추어야 한다. 전화번호, 연락주소, 그리고 적절하다면 개인의 이름까지 적어 놓아야 한다.

철저한 초기분석을 통해서 가장 많은 구매를 가져 올 시장층이나 위치를 정했을 것이고 그들의 계층이나 경제적 수준을 결정했을 것이다. 그러나 문제는 그들을 어떻게 해서 도달할 것인가, 어떤 매체나 수단이 도달코자 하는 사람들에게 직접 말할 수 있을 것인가이다.

신문은 광고를 게재하는 데 특별한 매력을 가지고 있는데, 이것은 어떤 특정한 지리적 위치를 겨냥할 수 있기 때문이다. 예를 들어 사업가를 겨냥하는 광고는 뉴스 섹션신문 첫 페이지에 게재한다던가, 여성고객에 대한 것은 여성란 또는 가능한 한 거기에 제일 가까운 곳에 게재한다는 것이다. 신혼부부에 대한 광고도 같은 위치에 게재하고 풍선껌 광고는 희극 페이지에 게재하는 것이다.

뉴욕 타임스와 시카고 투리뷴지 같은 신문은 일요판 여행섹션이 있어서 여행관련 기사나 수많은 호텔광고들이 지역별로 개재된다. 여행을 계획하는 사람들은 호텔광고를 검토하기 위해 이 여행섹션을 읽으며 심지어 아주 작은 광고까지도 주의를 끌게 된다. 그러므로 광고를 게재하고 싶은 신문의 구성을 검토하고 위의 광고원리를 참고해서 훌륭한 효과적인 광고를 연구해야 한다.

잡지는 보다 분명한 계층의 사람들을 겨냥한다. 가령 포춘지 같으면 대기업가 층, 리더스다이제스트 같으면 일반계층을 독자층으로 하고 있다. 타임지나 뉴스위크지는 기업체 간부와 전문가들을 겨냥한 것이다.

업계지는 특정기업이나 전문가들이 읽는 것이다. 의사들에게만 배포되는 간행물이 있고 백화점 고객들만을 위한 것도 있다. Meetings & Convention 같은 잡지는 컨벤션을 개최하는 협회나 기타 기구의 임원들을 위한 것이다. 이러한 간행물에 호텔광고를 하는 것은 특별 서비스를 인센티브로 준비하고 있음이다. 전문적 간행물과 교육간행물은 자체 독자들에게만 배포되지만 관심분야의 내용을 다루고 있다.

신문이나 잡지광고에서는 경쟁이 되지 않는 관련상품들의 합동 판매의 기회를 가질 수 있고, 지역광고 업무제휴도 관계가 되고 있다. 전화번호부를 포함한 모든 명부도 광고를 게재할 수 있는 좋은 기회이다. 디자인, 레이아웃, 카피 등에서 눈길을 끌 수 있는 기본요소가 있어야 한다. 이와 관련, 광고에 기본적으로 고려해야 할 사항들을 말하면 다음과 같다.

1) 광고는 치밀한 목표대상이 있어야 한다. 훌륭한 고객 1천 명을 바라면서 대략 10만 명을 대상으로 광고한다고 해서는 안 된다.
2) 광고는 반복되어야 한다. 효과가 나는 1회용 광고란 있을 수 없다. 광고는 효과가 축적되는 것이고 어쨌든 효과를 얻으려면 일관성을 요구한다.
3) 광고의 전반적 주장이나 모양새는 호텔의 것을 정확히 반영해야 한다. 만약 호텔의 장식이 보수적이라면 광고도 외모가 현대적이어서는 안 된다.
4) 광고는 고객의 말을 대변해야 한다. 가령 광고가 스포츠면에 관한 것이라면 우아하다거나 매력적이란 말은 어울리지 않는다. 시장을 조심스럽게 분석하고 호텔의 주장을 반영하려고 한다면 광고는 당연히 고객이 될 사람들을 겨냥해야 하고 의당 그들의 말을 대변해야 한다.

특별한 광고를 하고자 한다면 다음과 같은 점을 유의하여야 한다.[5)]

① 모든 광고는 한정된 역할이 있고 이루려고 하는 분명한 목적이 있다. 그것은 개업을 알린다던가 예약을 바란다던가, 새로운 가격정책에 주의를 환기시킨다던가 하는 것이다. 단순광고나 연속광고에 있어 첫 단계가 계획되기 전 목표를 분명히 해 두는 것이다.

② 광고는 모양이나 메시지의 단순성을 가져야 한다. 복잡한 레이아웃은 매력이 없으며 한 광고에 많은 메시지를 넣는 것은 독자를 혼란시킬 염려가 있다. 광고의 레이아웃은 깨끗하고 산뜻하면 할수록 더 좋다.

③ 하나의 판매강점만을 강조해야 한다. 목표가 되는 한 가지 판매강점을 주장해야 한다. 이와 같은 원칙들은 호텔의 고객시장을 면밀히 분석해서 결정하지 않으면 아무런 의미도 없게 된다.

광고메시지는 직접 고객을 상대해야 한다. 시장을 당연한 것으로 여기거나 추정하면 1/3은 잘못된 것이다.

광고판매계획에 힘을 주는 중요한 요소 중의 하나는 조정된 모양새를 갖추는 것이다. 이것은 모든 광고판매물이 외모가 비슷해야 한다는 것을 의미한다. 그래야 어떤 고객이든 새로운 고객이 될 사람이든 즉각적으로 그 판촉물이 무엇인지를 알 수가 있다.

모든 광고전문가들이 주장하는 바로는 모든 광고의 동일성을 주고 사람들이 쉽게 알아볼 수 있도록 로고(Logo)를 가지는 것이 중요하다고 한다. 그러나 조정된 다시 말하면 조화로운 모양새를 갖추는 것이 이보다 더 중요하다. 문방구류, 신문광고, 메뉴, 성냥광고, 길가에 세운 입간판 등 이 모든 판촉물들이 단조롭지 않으면서도 비슷하게 보이도록 할 수 있다.

한 고객이 신문을 대충 훑어보면서 호텔식당광고를 보고 광고문안 하나도 보기 전에 알아 볼 수 있었다면 그 광고는 효과가 있는 것이다. 외모의 이와 같은 친숙성은 호텔광고를 흥미 있고 주목을 끌 수 있게 하는 최선의 원리 중의 하나이며, 또한 강력한 판매캠페인이 되는 것이다. 그것은

5) Robert D. Reid, Foodservice and Restaurant Marketing (Boston, Mass; CBI Publishing Company, Inc., 1983), p.253.

이미 호텔을 잘 알고 있는 사람들과 가장 확실하게 고객이 될 사람들에게 특히 효과가 높다.

광고시기를 정하는 중요한 요소는 원하는 때에 결과를 얻을 수 있도록 판매노력을 계획하는 일이다. 지속성과 일치성의 중요성을 유의한다고 해서 매주, 매월, 한 번 또는 이와 비슷한 간격으로 기준해서 광고시기를 결정할 필요는 없다.

일반적으로 식당광고는 당장 효과를 얻으려 한다. 어떤 특수 클럽은 유명 연예인이 출연한 후 2~3주 지나서 효과를 얻으려 할 수도 있다. 시중 호텔이나 모텔광고는 대체로 즉각적인 효과를 기대하지만, 리조트광고는 최고 수용인원이 되는 시점에서 2주~6주 전부터 시작된다.

광고시점에 관한 원칙 중의 하나는 더 이상 고객을 받아들일 수 없는 때 판매결과를 낳게 함으로써 광고비가 낭비되지 않도록 조정하는 일이다. 어떤 광고전문가는 최고의 고객을 유지할 수 있도록 착실히 지속적으로 실시하는 정책을 주장한다. 이것은 분명 건전한 정책이긴 하나, 고객이 요구되지 않는 시기에 광고비 지출과 관련광고의 힘을 감소시키는 결과가 된다. 광고로 하여금 약점을 강하게 할 수 있도록 겨냥해야 한다. 가장 보탬이 되는 고객을 얻도록 집중되어야 한다.

광고는 계약에 의해서 실시되며 대부분의 간행물은 각급 광고에 따른 특별효율을 제시하고 있고 광고횟수나 일정기간 내 구매된 전체 지면에 따라 할인도 제공된다. 대량구매를 실시하는 호텔은 특별 촉진을 위해서 종종 대형광고를 이용하는 경우가 많고, 그 사이사이에 소형광고를 사용한다. 광고는 DM을 통한 판매와 연대되어야 한다. 호텔 내 광고를 테블 텐트로 이용될 수도 있다.

[그림 9-3] The Yarrow Hotel & Conference Center를 위한 이들 광고는 다양성과 지속성을 보여주고 있다. 이들 광고는 동일규격, 동일내용, 동일구성, 동일공간, 동일타입으로 실시된다. 백색 공간을 계속적으로 사용함으로써 이들 광고에 정돈된 느낌을 주면서 인근광고로부터 보호해 주는 효과가 있다.

자료 : James R Abbey, Op. cit., p.299.

2-2. 식당광고

식당광고의 대부분은 현지이므로 신문이 최선의 매체 중의 하나이다. 현지광고가 따를 수 있는 일반 패턴은 네 가지가 있다.

1) **식사중심광고** : 특정 식사품목이나 식사 서비스의 전체 스타일을 강조한다.
2) **음료중심광고** : 연중 시즌별, 특별 가격별, 회전식 바, 기타 개별판매

포인트 별로 음료서비스, 특별음료 등을 집중해서 실시한다.

3) **연회중심광고**: 조찬, 오찬, 만찬, 칵테일 파티, 결혼 파티 등 개별식당 사용을 촉진한다. 대체로 DM광고가 보다 잠재성 있는 수단이며 인적 판매는 더욱 강력한 수단이다.
4) **오락중심광고**: 오케스트라, 무대 쇼, 손금 보기, 마술, 기타 오락성 연예를 중심으로 한다.

이들 식당광고는 선전대상이 되는 사람들이 읽는 신문에서 위치를 면밀히 고려한다면 각 광고형태는 가장 효과적일 수 있다. 예를 들어 연예광고나 결혼이나 리셉션 광고는 여성란에 연예오락광고는 나이트 클럽란에 게재하는 것이다.

2-3. 소지면 광고 (Small space asvertising)

식당이나 모텔, 호텔이 신문잡지의 소지면 광고를 지속적으로 그리고 자주 게재하는 경우가 많다. 대규모 광고를 주기적으로 실시하는 것보다 이전의 제품분석이나 시장분석을 통해서 얻은 결과에 따라 이런 식으로 광고 게재하는 것이 건전한 정책일 수 있다. 소지면 광고는 분명 생산적일 수 있고 광고결과가 개별광고의 크기에 비례하여 얻어진다는 것이 사실이 아님을 알 수 있다.

소지면 광고가 대지면 광고의 양과 비용기준으로 측정해 볼 때 대지면 광고보다 반응도가 높다는 것에 많은 광고 전문가들은 일치하고 있다. 소지면 광고가 이용할 수단인가를 측정하는 기본원칙과 고려 사항들을 보면 다음과 같다.[6)]

6) C. D. Coffman, *Op. cit.*, pp.206～207.

[그림 9-4] 소지면 광고의 예. 시카고 지역신문에 게재된 Holiday광고는 자동차 운전자의 편의성을 강조하고 있으며, Wall Street Journal 과 Time지 라틴 아메리카 판에 실린 St..Regis 광고는 최고경영자를 대상으로 하고 있다.

자료 : C. D. Coffman, Marketing for a Full House, 1984, p.203.

1) **반복성** : 소지면 광고가 돈을 절약하는 방안이라고 생각하기보다는 차라리 광고의 가장 기초적 원리가 되는 지속성과 반복성을 이용하는 기회라고 생각해야 한다. 실제로 소지면 광고를 통해서 돈을 절약하게 하는 것은 가능하지만, 동시에 회사명을 끊임없이 대중 앞에 내세우는 것이 가능하다.

2) **아이디어의 단순성** : 메시지를 한 아이디어에 한정시키는 것이 필요하다는 점에서 소지면 광고가 대지면 광고보다 더 낫다. 실제적으로 한 개의 단순 아이디어만 게재할 여지밖에 없지만, 같은 아이디어를

여러 차례 반복할 수 있다.

3) 표제 : 소지면 광고는 빠른 효과에 의존해야 하지만, 표제는 가능한 한 흥미가 있어야 할 뿐 아니라 명료하고 뚜렷해야 한다. 표제가 독자의 주목을 받지 못하는 한 독자들의 주의를 다른 경쟁사의 대형광고로부터 뺏어 올 수 있는 눈길을 끌 만큼 디자인이 뛰어나야만 해야 할 것이다.

4) 단순성 : 지면이 적다는 것은 사용할 수 있는 문안의 양을 제한하고 명확하고 힘 있는 광고문안을 사용할 수밖에 없게 한다. 만약 표제가 판매메시지를 전하는 게 가능하다면 거기서 그쳐야 한다.

5) 디자인의 단순성 : 소지면 광고를 여러 섹션으로 나누면 결과는 혼란될 수밖에 없다. 레이아웃을 단순하게, 깨끗하게, 명백히 해야 한다.

6) 광고 프레임 : 광고 프레임을 단순하거나 특이한 프레임으로 하면 주변에 있는 광고 카피를 해치는 것을 막을 수 있다. 일반적으로 프레임은 작아야 하며 그렇지 않으면 값진 문안이 들어 갈 공간을 없애버릴 것이다. 광고를 위와 아래만 경계를 하고 옆은 그냥 놔두는 것도 가능하다. 이것은 공간을 넓게 하면서도 광고 주변의 다른 문안과는 거리를 유지하게 된다.

7) 일러스트레이션 : 소지면 광고는 라인 컷으로 최고의 일러스트레이션을 만든다. 신문에 게재하는 소지면 광고는 그림이 광고 효과가 더 좋지만 어떤 행사에는 대단히 단순한 일러스트레이션을 사용해서 디자인의 단순성을 살리고 레이아웃의 명백성과 청결성을 유지케 한다.

8) 슬로건 : 슬로건은 가능한 한 단순해야 하고 제품을 확인할 말이면 족하다.

9) 형태 : 대부분의 소형광고는 한 단으로 한정되고 있으나 낮은 높이로 두 단을 사용하여 독특하게 보이게 하는 것도 가능하다.

10) 읽기 쉬울 것 : 많은 소지면 광고에 생기는 공통된 잘못은 광고문안을 너무 작게 만들어 독자들이 읽으려고 애를 쓰게 만드는 것이다. 가장 적어도 8포인트는 되어야 한다.

11) **위치** : 신문광고에서는 소지면 광고는 특수페이지 광고의 맨 위층에 위치해서 광고를 기사물 가까이 자리잡게 한다. 신문 섹션에 대한 위치가 소지면 광고의 페이지 위치보다 더 중요하다. 스포츠나 사회면과 같은 특수면에 소지면 광고를 얻기가 훨씬 쉬운데 다른 기사물들을 그렇게 많이 옮길 필요가 없기 때문이다.

2-4. PR 광고

PR 광고란 다소 애매하고 너무 광범위해지기 쉽다. 이들 광고는 PR 광고의 계획된 프로그램의 일부여야 하며, 연속 광고되는 각 PR광고는 특별한 메시지가 있어야 한다. 이런 류의 광고가 지나치게 길어지는 경향이 있지만 몇 가지 내용을 살펴보면 다음과 같다.

① 직장 근무자들의 인간적인 관심이 가는 이야기가 해당된다. 총지배인에서부터 말단 종업원에 이르기까지 이들의 개인적인 이야기가 재미있는 관심거리가 될 수 있다.

② 호텔을 이용하는 유명인사는 확실히 주의를 끄는 요소가 되지만 그들의 이름이나 사실들을 광고에 활용하기 전에 언제나 본인의 승낙을 얻어야만 한다.

③ 유명 인사나 기관으로부터 받은 추천서는 그 자체가 흥미 있는 광고소재가 된다. 물론 이런 추천서의 활용도 승낙을 얻는 것이 필요하다.

④ 호텔이 이룩한 특별한 사업상의 업적을 예를 들면 대단한 급성장이나 판매량의 급격한 증가 같은 것은 자랑스럽게 말할 수 있는 것이고 흥미로운 읽을 거리가 될 수 있다. 호텔이 여러 해 동안 영업을 해 왔다면 회사의 오랜 역사 자체가 훌륭한 광고문안이 되며, 특히 50년 전의 광고를 재현하는 것도 그렇다. 개업초기에 있었던 지역사회 축제와의 연대관계와 지역사회 발전에 있어서의 호텔의 역할 같은 것도 언제나 좋은 홍보거리이다.

⑤ 호텔과 근무자들과의 관계 특히 노조와의 관계도 좋은 광고내용이 되는데 서로가 화목하게 지내 나가는가를 이야기해야 한다. 노조가

잘했으면 찬사를 보내야 한다.

⑥ 호텔이 국가기관으로부터 인정을 받는다거나 지역사회 기관을 통해서 특별예찬이나 상을 받았다면 이것은 특히 훌륭한 PR광고의 내용이 된다. PR광고는 판매광고와 기타 판매노력과 합치되어야 한다. 결코 따로 떼어 내보내서는 안 된다. 항상 명심할 것은 판매를 위한 여러 가지 노력들이 서로 지원을 해야 한다는 점이다. PR 광고는 모호하고 무형인 것으로 들리지만, 다른 판매 노력이 더불어 실시함으로써 확실하고 생산적인 것으로 만들 수 있다.

2-5. 기여광고

모든 사람은 결과를 얻는 광고가 아니라 단순히 자선이나 선의의 광고를 함으로써 후원을 받는 경우가 종종 있다. 이런 후원은 간접적인 관계를 가지는 프로그램이나 간행물을 위한 경우가 많은데, 경찰 잡지, 현지 식당, 협회 간행물 또는 이와 유사한 간행물 등이 그 예이다. 이들 후원을 공정하게 직관하고 그것이 비생산적임을 인정하는 것이 바람직하다. 이런 저런 이유로 기여광고의 필요성을 해야 한다고 할 수 있지만 정형적인 광고를 하지 않는 것이 현명할 것이다. 왜냐하면 이것은 시내 모든 자선행사계획의 모든 명단을 상대해야 하기 때문이다. “우정”의 광고라고나 할 광고타입이 이 프로그램의 $\frac{1}{4}$을 점하고 있으며 그것은 가장 건전한 정책이다. 꼭 해야 할 경우에는 요구를 들어주되, 스스로 다른 유사한 후원행사의 표적이 되게 해서는 안 된다. 광고예산을 기획할 때 이런 경우를 대비해서 “선물 및 기부금” 비목으로 해 두는 것이 좋다.

광고라는 것이 그저 인적 판매와 샘플링의 대치일 뿐이다. 이상적인 판매상황은 고객으로 하여금 서비스나 상품을 써 보도록 할 수 있는 때이며 동시에 그에게 개별적으로 말할 수 있을 때이다. 광고는 물론 이런 것을 할 수 없다. 따라서 광고는 분명 기적을 낳지 않는다. 그러나 오랜 기간 동안 착실하게, 일관성 있게 실시하는 광고는 긍정적인 결과를 얻게 된다. 적어도 제공하는 상품이 좋고 호텔이 최고의 모습을 하고 있다면 그렇다.

2-6. 라디오·텔레비전 광고

라디오와 텔레비전은 독특한 이점을 가지고 있다. 이들은 놀랄 만큼 다양한 프로그램으로 모든 형태의 시청자들을 찾아갈 수 있으며 모든 연령, 계층에 소구할 수 있다. 라디오는 전문적이고 확실하게 그리고 재미있는 어법으로 말하는 사람의 육성을 사용하고 있고, 가정으로 메시지를 전달키 위해 음악과 재미있는 음향효과를 사용한다. 텔레비전은 컬러 화면을 첨가하고 있다.

라디오와 텔레비전광고는 쉽게 받아들인다. 시청자는 안락한 위치에서 판매저항 없이 느긋하게 듣는다. 그러나 라디오 시간, 특히 특별 안내시는 지방방송국에서는 비교적 비싸지 않은 편이지만, 텔레비전 광고는 제작과 계획상 비싸다.

텔레비전 광고는 대형 호텔체인에서 전국적인 또는 지역적인 프로모션의 일부로 사용되고 텔레비전의 쇼의 공동후원 등으로 실시된다.

텔레비전 홍보는 비용이 거의 없다. 호텔이나 레스토랑이 주요 뉴스거리가 되는 연회를 개최해 뉴스 프로로 녹화되는 경우도 있고 뉴스의 가치가 있는 사람이 객실에서 기자회견을 하면 회견기자들은 호텔에 대해서 고마운 말을 하게 마련이다. 아니면 가족이 집이나 물건을 잃는 사건이 발생하여 이들에게 식사와 숙박을 제공하면 라디오와 텔레비전에서 또는 신문에서 언급을 하게 된다. 이러한 연대가 PR의 일부가 되는 것이다.

라디오와 텔레비전을 이용하는 원칙을 제시하면 다음과 같다.

① 목표를 분명히 해야 한다. 모든 다른 광고에서와 마찬가지로 생각하는 광고의 결과로 이르고자 하는 확실한 목표를 가져야 한다.

② 프로그램을 세밀히 계획해야 한다. 전하고자 하는 메시지가 사용하고자 하는 매체를 통해서 말하고자 하는 청중에 도달할 수 있다는 확신을 얻어야 한다. 프로그램은 이르고자 하는 사람들의 말을 하도록 설계되어야 하며 바라는 청중이 듣고 볼 그 시간에 예정되어야 한다.

③ 가장 강력한 판매강점을 사용해야 한다. 이것은 핫케이크 같은 특색 있는 상품만을 팔아야 한다는 것을 의미하는 것이 아니라 청중에게 물건을 사도록 확신시킬 수 있는 가장 강력한 주장을 사용하라는 말이다.

④ 핵심을 말해야 한다. 라디오나 텔레비전 판매 메시지는 결코 모호하거나 묘한 것이어서는 안 된다. 바로 핵심을 말하고 광고 카피를 합당하게 하고 모든 건전한 카피라이팅의 원리들을 지켜야 한다.
⑤ 조정해야 한다. 다른 광고에서도 그렇지만 라디오나 텔레비전만의 광고만으로는 성공할 수 없으며, 다른 모든 판매형태와 병행해서 모든 가능한 실제매체를 사용하는 전체 판매 프로그램의 일부가 될 때 힘을 얻게 되는 것이다.

판매 메시지를 전하고 싶은 방송국을 선정하는 데는 고려해야 할 사항이 몇 가지 있다.

① 도달하고자 하는 정확한 지역 마켓을 방송국이 커버하고 있는가
② 전달하고자 하는 계층의 타입이나 청중을 가지고 있는가
③ 방송국 시청자 수는 얼마인가
④ 방송국에 원하는 시간대를 활용할 수 있는가

광고대행사가 다른 어떤 사람보다도 라디오와 텔레비전 광고가 판매 욕구를 충족시켜 줄 것인가의 여부를 판단해 줄 것이다. 광고대행사에게 요구해서 라디오나 텔레비전 광고결과가 어떨 것인가를 결정하기 위해 광고에 응답메시지를 넣은 시험 프로그램을 계획하도록 요구하는 것도 좋을 것이다.

2-7 광고

도로변 간판, 호텔 간판, 터미널 간판, 자동차 카드 등도 모두 중요하다. 이들 중요성이란 시장의 유형과 위치에 달려 있다.

도로변 간판에는 포스터 부착, 도색광고, 전기표지판 등이 있다. 포스터 부착판은 도로변에 알루미늄 판으로 구성되어 일정 규격의 포스터를 전시하는 것으로 이것을 주로 "보여주기"(Showing) 위한 광고 캠페인이다. 그림 진열은 포스터 전시만큼 뛰어난 입장을 가지는 것은 아니지만, 보여주기보다 단위별로 팔려지기 때문에 분명 더욱 바람직하다. 전자광고판은 거대한 특수광고형태를 구성하지만, 호텔이나 모텔로서는 실제적이지 못한

것이 모든 야외광고 중 가장 비싸기 때문이다. 항상 교통이 복잡한 지점에 세워져 깜빡이거나 움직이는 모습을 연출시키는 것이다. 이런 전기광고판 조명은 포스터나 입간판에 사용될 수도 있지만, 상당한 교통량이 있을 때만 사용될 수 있다.

훌륭한 옥외광고의 특징을 보면 다음과 같다.

1) **위치** : 항상 교통량이 가장 많은 지점을 골라야 한다. 그래야 가장 많은 사람들이 광고메시지를 보게 된다.

2) **가시성** : 광고판을 보는 데는 장애가 없어야 하며 보행자나 운전자들이 멀리서 볼 수 있으면 있을수록 더욱 좋다.

3) **간결하고 짧은 광고문** : 광고문안은 한 가지 포인트에 집중되어야 하며, 가장 적은 말로 메시지를 전달해야 한다. 광고판을 읽을 사람들은 시속 50마일 이상으로 움직이고 있다는 사실에 유의해야한다.

[그림 9-5] 야외광고의 예. 상업지역에 세워진 식음료판매를 위한 야외광고는 낮에는 다채롭고 밤에는 많은 전구와 반사색채로 조명되고 있다.

자료 : C. D. Coffman, Op. cit., p.217.

4) 디자인의 단순성 : 광고문안이 짧아야 한다는 같은 이유로 디자인도 단순해야 한다. 그래야 전체의 일러스트레이션, 레이아웃 및 메시지를 멀리서 볼 수 있기 때문이다. 만약 디자인이 단순하고 명백하면 광고판을 더 많이 보게 될 것이지만 디자인 모양이 여러 개로 혼합되어 있으면 쳐다보지도 않게 된다.

5) 색깔 : 옥외광고의 대부분은 컬러로 되어 있는데 색채가 밝으면 밝을수록 더 좋다. 가능하다면 하나의 거대한 일러스트레이션을 가져야 한다.

6) 조명 : 광고판은 조명이 없으면 사라진다는 것을 유의해야 한다.

호텔 옥상의 광고는 전달메시지가 퍽 제한되지만, 호텔을 확인하는데 대단히 중요하고 다른 판매노력과 연계된다는 점에서 대단히 중요하다. 가시성이 호텔 옥상광고에서는 주된 요소이다. 어떤 광고의 가시성을 정확히 결정하는 유일한 방법은 가능한 여러 각도에서 그리고 가능한 먼 거리에서 접근해 보는 일이다. 옥상광고의 조명은 필수이며 전자광고는 조명된 광고보다 더 좋다.

읽기가 가장 좋고 가장 다양한 광고는 네온이다.

다른 광고도 그렇지만 옥상광고는 호텔의 성격과 특성과 조화되는 것이어야 한다.

2-8. 유리 진열대

가장 개성 있는 야외 광고는 유리 진열대이다. 이것은 다른 광고가 제공하지 못하는 이점이다. 그럼에도 불구하고 이 힘 있는 판매수단을 간과하는 것 같다. 식당으로 들어가면서 고객들이 볼 수 있는 진열대는 훌륭한 광고이며 특히 내부에서 요리활동이 있을 때는 더욱 그러하다.

식음료 산업에서 훌륭한 진열대광고가 되는 기본요소를 살펴보면 다음과 같다.

① 전시가 새롭고 흥미로워야 하며 가능하면 일주일에 한 번씩 자주 바

꿔어야 한다.

② 전시는 전문적으로 보이게 해야 한다. 아마추어 전시는 유리 진열대가 너무 번쩍이게 보임으로써 판매 메시지의 힘을 없애 버리는 수가 있다.

③ 어떤 전시든 집중 포인트가 있어야 하며 상관되지 않는 물품으로 구성해선 안 된다. 조그마한 상점에서는 이런 저런 물건들을 차려놓지만, 고객을 머물게 하는 유리진열대에는 포인트가 있어야 한다.

④ 전시 유리가 언제나 깨끗하고 유리진열대가 조명이 잘되지 않는 한 효과가 없다.

⑤ 전시는 표지판이나 평평한 카드에 의존해서는 안 된다. 전시에는 빛의 이점을 최대한 이용해야 한다.

실제로 유리진열대의 전시요령은 다음과 같다.

① 희귀한 고기나 조금류, 소고기류를 전시하면 매우 흥미롭다. 이런 류의 전시에는 냉장이 필요하다.

② 훌륭한 린넨, 은제기류, 도기, 유리그릇, 와인쿨러, 의자 등으로 완벽하게 차려진 식당 테이블은 흥미 있고 특히 여성층에게는 그렇다.

③ 희귀한 포도주나 술을 옛날 병모습과 그림 같은 기기를 이용해서 전시하면 뛰어난 주목감이 된다.

④ 가구나 커튼 등의 호텔 명품을 전시하면 우아함을 보임과 동시에 가장 저렴한 가격을 지적할 수 있다.

⑤ 호텔의 뛰어난 업적으로 주어진 상은 언제나 좋은 기업광고가 된다.

⑥ 앞치마, 키와 체인, 와인 카트 등을 포함해서 포도주 담당요원의 장비를 전시하는 것도 음료판매에 좋다.

이런 식의 유리진열대는 호텔 내 투숙객들에게 판매할 목적으로 진열할 수도 있다. 다른 업계에서도 야외광고를 실시하며 전반적이거나 홍보목적으로 사용하는 경우가 많지만, 숙박, 음식산업에서는 실제적으로 판매를 위해서 이용되고 있다. 야외 광고가 전체 판매계획의 일부이고 또한 그것이 모든 회사 판매활동과 조화를 의도하는 것이라면 그것은 값있는 판매수단이 될 것이다.

[그림 9-6] St. Louis 지역에 있는 Pope's Cafeteria 카운터에서 음식이 전시되고 있다. 샐러드와 디저트가 하이라이트를 이루고 있다.

자료 : Donald A. Lundberg, The Hotel & Restaurant Business, 4th ed., (N.Y. : Van Nostrand Reinhold Co., Inc., 1984), p.226.

Summary

요 약

지금까지 설명한 내용을 요약하면 다음과 같다.

1) 호텔광고에는 신문잡지광고, 텔레비전과 라디오광고, 야외 입간판, 포스터, 플래카드 그리고 모든 유인물들이 포함된다.
2) 잡지광고에는 눈을 끌 만한 소구, 독자에게 주는 이익, 입증, 설득, 구매요구, 응답체계 등 다섯 가지 기본요소를 갖추어야 한다.
3) 신문은 광고를 게재하는 데 특별한 매력을 가지고 있는데 어떤 특정한 지리적 위치를 겨냥할 수 있기 때문이다.
4) 특별광고를 실시코자 한다면 분명한 목표와 메시지의 단순성, 뚜렷한 판매강점의 강조 등에 유의하여야 한다.
5) 식당광고를 위한 최선의 매체는 신문이다.
6) 소지면 광고는 대지면 광고보다 반응도가 높다.
7) PR광고는 판매광고와 기타 판매노력과 합치되는 것이어야 한다.
8) 기여광고는 결과를 얻는 광고라기보다는 단순히 자선이나 선의의 목적으로 하는 광고를 말함이다.
9) 라디오와 텔레비전을 이용하는 원칙으로서는 분명한 목표, 프로그램의 세밀한 계획, 가장 강력한 판매강점의 사용, 핵심있는 메시지, 다른 판매수단과의 조정 등을 들 수 있다.
10) 훌륭한 옥외광고는 위치, 가시성, 짧은 광고문, 디자인의 단순성, 색깔, 조명 등에 의해서 결정된다.
11) 유리진열대는 훌륭한 광고수단이다.

Hotel Marketing

제10장 서신광고

1. 서신광고의 이점

다른 광고형태에 비해서 서신광고(DM)는 다음과 같은 여러 가지 이점을 가지고 있다.[1)]

① 통제가능하다는 점이다. DM은 다른 광고보다는 직접 고객을 상대할 수 있다. 치고 빠지는 노력보다는 가장 잠재성이 높은 고객에게 직접 발송된다.

② 개인적이라는 점이다. 신문이나 잡지, 또는 방송광고와는 달리 DM은 특정 개인을 상대로 하기 때문에 이를 받는 사람은 자기가 호텔에 대해서 중요한 사람으로 느끼게 해준다.

③ 융통성이 있다는 점이다. DM은 이용가능한 형태면에서, 발송시기면에서 발송횟수면에서 융통성을 가질 수 있다.

④ 고객의 참여와 활동을 위해서 준비될 수 있다는 점이다. 광고를 라디오나 텔레비전을 통해서 실시될 때 일어날 수 있는 것과는 달리 DM 수신자들은 메시지의 핵심포인트를 놓치지 않고 연필로 이름이나 전

1) James R. Abbey, *Hospitality Sales and Advertising* (East Lansing, Michigan : AHMA, 1989), p. 322.

[그림 10-1] 주말 비즈니스를 위한 DM 브로슈어
자료 : James R. Abbey, Op. cit., p.326.

화번호를 적게 만든다. 모든 필요한 정보가 단순하고 편리한 형태로 포함되며 응답카드와 수신자부담 전화번호로 하여금 응답을 용이하게 해준다.

⑤ 비용통제가 용이하다. DM은 우체규정과 호텔의 예산에 의해서만 제한을 받을 뿐이다. 선정된 고객에게만 발송을 제한한다던가 또는 크기를 줄이는 방식으로 해서 비용을 최소화할 수 있다. 또한 돈을 절약하기 위해서 DM 홍보의 한 부분, 예를 들어 카바레터 같은 것은 계약된 광고사나 다른 대행사보다도 호텔요원이 준비할 수도 있다.

⑥ 시험하기도 측정하기도 쉽다. DM의 성공 여부를 정확하고 빠르게 결정하는 것은 크나큰 이점이며 DM과 다른 광고방법과의 가장 큰

차이이다. DM은 쉽게 코드화해서 고객반응도를 알아볼 수 있다.

물론 이러한 분명한 이점에도 불구하고 불리점도 또한 고려를 해야 하는데, 발송명단이 값이 비쌀 수도 있고 계획하고 만드는데 시간이 소요된다던가, 아니면 DM은 잘못하면 쓸모없는 우편물로 취급될 수도 있다.

2. 서신광고의 실제

다른 광고형태에 비해서 DM이 가지는 가장 뛰어난 강점은 특정 사람들을 직접 상대할 수 있다는 점이다. 그러나 모든 판매노력은 종합화될 때 서로 힘을 내는 것이므로 DM은 모든 다른 판매활동의 부분이어야 하며 따로 떨어진 독립기능이 아님을 유의해야 한다.

호텔에서 서신광고를 이용하는 경우는 객실, 연회, 컨벤션 시설, 식음료 판매, 새로운 서비스판매를 위하여 사용하지만, 현재의 고객, 잠재고객, 이전고객, 종사원, 주주, 납품업자, 일반 대중과의 관계를 개선하기 위하여 사용된다.

사용 우편물도 여러 가지로 말하자면 편지, 회신, 브로슈어, 기관지, 사진, 홍보자료, 복사물, 속기 기록, 달력, 성냥갑, 메뉴, 우편엽서, 테블텐트 기타 다양한 인쇄물이 있다.

호텔이 가장 흔히 이용하는 유형을 보면 다음과 같다.[2)]

① **예약홍보** : 항공우편이나 일등급 우편물을 보낸다.
② **유인물 홀더** : 각종 유인물, 복사물 등을 우편과 함께 발송하거나 사후 관리로 3등급 우편물로 발송된다.
③ **우편엽서** : 예약응답 카드나 정보요구 카드
④ **4페이지 서신** : 1페이지는 개인편지에 3페이지는 설명서를 쓰는 형식
⑤ **브로슈어**
⑥ **인사장** : 생일, 휴일, 명절

2) C. D. Coffman, Marketing for a Full House (Ithaca, New York: Cornell University, 1984), p. 219.

⑦ **알림** : 신규 호텔, 레스토랑, 호텔의 개업일, 증개축 신규 쇼나 오락, 호텔요금정책, 서비스의 변화
⑧ **봉투 인쇄물** : 정규 고객, 종업원, 주주, 물품공급업자에게 청구서를 동봉 발송함

서신광고 사용의 첫 번째 원리는 훌륭한 고객의 명단을 얻어 그것을 활용하는 것이다. 가장 설득적인 편지를 쓴다고 해도 고객이 될 올바른 사람에게 보낼 때만 고객을 가져다준다. 그래서 어떤 특수한 문방구를 주문하기 전에 우선 우편 주소록을 모아서 그것을 최근의 것으로 확실히 해 두는 것이다.

어쨌든 발송명단을 연구해야 한다. 많은 종류의 사람, 욕구가 각기 다른 사람, 특별히 판매점이나 편익을 강조할 필요가 있는 사람, 사업가, 신혼여행자, 골퍼, 가족, 휴가자 등등을 연구해야지 그렇지 않으면 신문광고 사본을 발송하는 것과 같다.

여기서 DM을 보낼 예상고객명단을 얻을 수 있는 곳을 얘기하면 다음과 같다.

① **리조트 호텔**

- 지난 시즌의 고객들
- 이전 시즌에 고객이었던 사람들
- 작년과 금년의 문의사항 및 취소
- 손님으로부터 얻은 명단
- 신혼부부
- 비경쟁 호텔, 컨트리 클럽, 시티 클럽
- 학교, 대학교 명부
- 교통회사
- 여행사, 호텔판매 대행소, 지역선전사무소
- 업계명부 및 업계지
- 시내 전화명부 및 시내 회원명부
- 신용평가보고서

  · 사교 및 친목 시티 클럽 단체
  · 브로커 명단에서 온 구매자
- · 기관

② 호텔

- · 개별 고객
  - 신용카드 소지자
  - 시내 거래자 명부
  - 등록 파일
  - 문의자
  - 지역 내 기업
  - 상호 송객 호텔
  - 고객 추천 고객
  - 현지기업의 지역의 대표자
  - 기업 비서실 작성 명부
  - 종업원, 공급업자, 주주명단
  - 지역의 신문
  - 학교, 대학 명부
  - 체육단체
  - 여행사 및 호텔판매 대행소
  - 시내 안내명부(상공회의소 등)
  - 신용평가서
  - 전화명부
  - 외국영사관
  - 교통, 항공사
  - 주유소
- · 단체고객
  - 사교 및 친목단체 명부
  - 정부기관 단체
  - 전문직업인 명부(의사, 변호사, 회계사, 은행원, 보험인)
  - 제조회사 및 기업

- 컨벤션단체 명부

③ 레스토랑

· 신용카드 소지자
· 정규이용 고객
· 추천받은 고객
· 지역별 회원명부(사교 친목단체, 전화번호부, 상공회의소, 사무실 건물 리스트)

이와 같은 발송주소록을 유지하는데 유의해야 할 점은 무엇보다도 성명과 주소, 지역 코드번호, 우편번호, 거리명 등을 절대로 틀려서는 안 된다는 것이다. 같은 주소인데 이름만 약간 다르다든지 중복된 것들은 물론 없애야 하고, 특히 결혼한 부인과 기업인들의 이름을 확인하여야 한다. 같은 이름에 두 통의 편지를 발송하면 인상이 나빠지는 것이다. 명단을 알파벳 순서로 하느냐, 지역적 순서로 할 것이냐는 명단의 크기, 우편 발송 횟수, 3급 우편물 여부 등에 달려 있다. DM전문가들의 주장에 따르면 대표적인 주소변경은 적어도 월 5%에 이른다는 것이다. 이사가고, 죽고, 은퇴하고, 이혼하고 해서 다음과 같은 확인방법이 유효하다.

① 고객 자체, 편지, 최근의 등록카드 등을 체크한다.

· 1등급 우편에 회신카드를 넣어서 고객의 이동이 있으면 그의 새로운 주소를 발송해 주도록 요구한다.
· 신문상에 개인 신상을 확인하고 또한 업계지에서도 신상 변동을 확인한다.
· 기회가 좋다면 친구나 부하직원에게 문의한다.
· 시내 단체명부, 고객의 전화번호부를 확인한다.
· 판매대행업체에게 방문도시 내 명부를 확인하도록 요구한다.

② 반송된 우편물을 확인한다.

· 배달되지 않고 반송되는 1급 우편물을 확인한다.

· 반송주소에 따른 주소 수정요구란을 이용한다.

훌륭한 DM의 디자인은 전문가의 영역이지만 다음 요인들을 충분히 고려해야 한다.

· 달성하고자 하는 목표
· 지출할 수 있는 돈의 양
· 발송우편 예정수
· 발송우편의 성격-편지, 우편엽서, 홀더, 회신 우편
· 사용 예정규모, 컬러, 일러스트레이션, 문안, 종이, 타입, 절차
· 포함 서신수
· 주소, 투입, 발송방법

그러나 중요한 것은 발송의 목표이다. 단번에 너무 많은 것을 판매하려고 해서는 안 된다. 서신광고의 발송목표가 될 수 있는 것은 다음과 같다.

· 문의를 유도한다.
· 예약을 바란다.
· 새로운 서비스, 시설, 연예 오락, 객실을 소개한다.
· 식사판매를 원한다.
· 단체고객을 초대한다.
· 전체 판매촉진 캠페인과 연결시킨다.

판매원이 첫 번 방문에 주문을 얻는 경우가 거의 없듯이 서신광고 캠페인도 첫 발송에 회신을 얻는 경우는 드물다. 조사에 따르면 유리한 조건에서도 만족한 결과를 얻는 데는 세 번 이상의 메시지가 필요하다는 것이다. 계획이 잘 된 프로그램이 미리 작성되어 응답을 요구하는 발송시마다 적어도 세 번의 발송이 포함된다.

① 흥미를 유발시키기 위한 통지
② 첫 번째 발송과 연결되어 세부사항을 전하는 안내서
③ 제공상품에 대한 요약과 응답체계에 주목하게 하면서 구매행동을 요구하는 편지

실제로 업체에서 실시할 수 있는 시리즈를 업체별로 예시해 보면 다음과 같다.

◈ 리조트 호텔

① 계절의 인사편지
- 지난 시즌의 이용고객
- 지난 시즌에 이용치는 않았지만 지난 5년 내에 이용한 고객
- 취소고객(지난 시즌에 분명 예약을 했지만 이유가 생겨 취소된 고객)
- 예정고객(문의를 해 왔거나 고객이 추천한 고객)

② 위의 인사 편지에 따른 사후 편지
③ 현재 고객에 대한 감사의 편지
④ 여행사에 대한 편지 시리즈
⑤ 모든 문의에 대한 사후 편지
⑥ 특별 이벤트나 효율이 패키지로 적용되는 기간에 객실이용률 증대를 위한 발송

◈ 시내 호텔

① 최초 고객에 대한 감사 편지
② 고객이 재이용을 아니한 경우 6개월 후 사후 편지
③ 3회 이상 이용자에 대한 신용카드 제공
④ 현행 고객으로부터 받은 고객에 대한 서신 발송
⑤ 12개월 지난 후에 재이용치 않는 고객들에게 이전에 정기적으로 이용했음을 강조하는 편지 발송
⑥ 여행사에 대한 편지 시리즈

◈ 컨벤션

단체고객판매는 인적 판매에 속하지만 개별방문이나 전화판매는 서신광고와 보완적일 수 있다.

① 문의

- 상임 컨벤션 간부가 없는 단체의 새로운 간부의 이름을 알기 위하거나 지방에서의 단체 회원의 이름을 얻기 위함
- 계획된 회의, 참석 예정 인원, 연회와 전시회의 유형, 호텔 서비스의 방법 등을 알기 위해 문의함.

② 컨벤션 후원 안내

- 호텔에서 회의하도록 단체를 초청하는 편지와 잘 계획된 컨벤션 브로슈어를 동봉
- 지역에서 만나 고객으로서 답사해 보도록 단체의 컨벤션 간부를 초청하는 편지
- 컨벤션 호텔 간부들에게 호텔 개보수에 대해 알리고 이 단체에 서비스할 관심이 있음을 알리는 사후 편지
- 컨벤션 개최지 결정시기를 간부에게 전보로 통보
- 컨벤션이 예약되었을 때 전시참가 예정자들에게 편지

③ 감사 메시지

- 호텔이 컨벤션 개최지로 선정되었을 때
- 다른 호텔이 선정되고 차기 신청 고려를 할 때 호텔을 고려해 줄 것을 바랄 때

◈ 식당

① 특별 이벤트나 서비스의 알림
② 특별 요리가 들어 있는 우편업소를 정기적으로 발송함
③ 메뉴나 테이블 매트 등을 발송
④ 특별히 좋은 홍보사항의 사본
⑤ 기념 메뉴를 위한 무료 우편 실시 및 고객 친구들에 대한 우편엽서 발송

이와 같이 발송할 수 있는 선전물의 다양성은 거의 끝이 없다. 그러나 DM에 관해 테스트를 실시하고 응답률에 대한 효율성은 다음과 같은 식으로 평가한다.

- 유인물을 넣은 편지 및 사전 지급된 회신 우편, 요금이 없는 전화 번호

- 최신 양식을 넣은 편지
- 편지
- 최신 양식을 넣은 유인물
- 유인물
- 판매용으로 특별히 만들지 않은 기관지

지금까지 보다시피 이야기를 개인적으로 할 때, 상세한 내용을 담고 있을 때, 그리고 사전 지급된 응답서식을 동봉할 때 고객으로부터 답신을 받을 확률이 제일 높다. 모든 유인물이 모두 회신을 받는 것은 아니다. 어떤 것은 단순히 정보를 주려는 것도 있고, 선의를 위해 또는 기억용으로 발송하는 것도 있다. 따라서 발송서식을 고려할 때는 가장 먼저 전달 메시지의 목적과 어떤 응답을 원하는가를 고려해야 한다.

이때 중요해지는 것이 판매메시지를 어떻게 써야 하는가이다. 흔히들 말하듯 쓰라고 하지만, 훌륭한 판매서신은 영감을 얻어 순식간에 쓰여지는 것이 아니다. 다른 훌륭한 광고문안과 같이 판매서신도 쓰고 또 재수정해서 써야 하는 것이다.

"사람은 사람을 판다"고 한다. 그래야 전에 고객이었던 사람은 물론이고 앞으로 고객이 될 사람들도 호텔이 진정으로 자기네들 복지에 관심을 가지고 있고 즐거운 숙박이 되도록 관심이 있음을 느끼고 싶어할 것이다. 따라서 비록 짧긴 해도 개별적인 메시지가 형식에 맞추어 처리된 것보다도 더 환영받을 것이다.

① 판매서신을 개적인 것으로 해야 한다. 독자의 흥미에 맞추어야 한다.
② 각 절마다 주목을 끌게 만들어 독자로 하여금 계속해서 읽게 해야 한다.
③ 각 절의 길이에 다양성을 두되, 절과 문장을 짧게 해야 한다.
④ 나나 우리의 견해를 없애고 독자의 입장에서 문장을 다시 써야 한다.
⑤ 편안한 숙박, 훌륭한 식사, 좋은 서비스 등의 일반적 표현을 독자의 이익에 대한 진실된 사실적 기술로 대치해야 한다.
⑥ 편지와 동봉된 첨부수를 줄여 3~4개를 초과하지 않도록 하라. 그렇지 않으면 편지를 개봉할 때 무거운 기분을 느낄 것이다. 이들 첨부

물들도 편지가 권하는 전체 메시지와 연결되도록 하고 독자에 주는 편익을 강조해야 한다.

⑦ 타이프 된 봉투를 써서 일급 우편이나 항공우편으로 발송해야 한다.

이 같은 원칙은 독자의 주의를 얻어야 하고(Attention) 그로 하여금 더 읽도록 흥미를 갖게 하고(Interest) 그로 하여금 예약을 해야 한다고 확신시키거나, 더 많은 정보를 요구하게 하고(Desire) 마침내 행동을 하도록 요구하는(Action) 이른바 AIDA원칙을 기본으로 하고 있다.

Summary

요 약

지금까지 설명한 내용을 요약하면 다음과 같다.

1) DM이 가지는 가장 뛰어난 강점은 특정 사람들을 직접 상대할 수 있다는 점이다.
2) 호텔이 가장 흔히 이용하는 유형은 예약통보, 유인물 홀더, 우편엽서, 인사장, 알림 편지, 봉투 인쇄물 등이다.
3) DM을 보낼 예상고객명단을 얻을 수 있는 곳은 리조트 호텔과 시중호텔이 다르다.
4) 발송주소록을 유지하는 데는 무엇보다도 성명과 주소, 지역코드 번호, 우편번호, 거리명 등을 절대로 틀려서는 안 된다는 것이다.
5) 발송 DM의 디자인은 달성하고자 하는 목표, 지출할 수 있는 돈의 양, 발송우편 예정수, 발송 우편의 성격, 동봉 서신수, 발송방법 등을 충분히 고려하여야 한다.
6) DM의 발송목표가 될 수 있는 것은 문의 유도, 예약희망, 새로운 서비스 소개, 식사 판매, 단체고객 초대, 촉진 캠페인과의 연대 등이다.
7) 판매서신을 쓸 때에는 독자의 주의를 얻어야 하고(Attention) 그로 하여금 더 읽도록 흥미를 갖게 하고(Interest), 예약을 해야 한다고 확신시키거나 더 많은 정보를 요구하게 하고 (Desire), 마침내 행동을 요구하는(Action) AIDA원칙을 기본으로 한다.

Hotel Marketing

제11장 피알 및 홍보

1. 홍보

PR과 홍보는 중요한 촉진수단으로 판매와 밀접히 관련되어 있지만, 그 주목적은 판매노력을 보완하는 데 있다. 즉 호텔상품과 서비스의 이미지를 수립하는 것이다.

호텔 PR은 여러 가지 관점에서 설명할 수 있다. 첫째로 호텔과의 관계라는 점에서 노력을 기울여야 할 사람을 분류하는 것이다. 즉 고객관계, 종사원관계, 지역사회관계, 업계관계, 주주관계 등이다. PR노력을 구분 짓는 또 하나의 방법은 호텔 내에 있는 사람을 위한 PR노력과 호텔 밖의 사람을 위한 것이다. 호텔 내에 있는 사람은 호텔고객과 종업원들이다. 고객들은 호텔의 개별메시지나 접객종사원들의 메시지를 통해서 전달될 수 있지만, 고객이 항상 유쾌하게 영접 받고 서비스를 좋게 받음으로써 호텔을 다른 사람들에게 추천해줄 것인가가 관심사항이다.

호텔밖에 있는 사람들은 호텔과 관계를 가지는 광범한 범주의 사람을 포함한다. 전에 호텔을 이용한 적이 있는 고객이나 잠재고객, 단체간부, 여행사들이다. 이들은 여신자일 수도 있고 고객일 수도 있으며, 지역사회 주민, 뉴스매체, 경쟁업체, 정부들일 수도 있고, 업계와 일반대중일 수도 있다.

홍보를 정의한다면 유인물이나 공공연설, 라디오와 텔레비전, 혹은 영화를 통해서 어느 개인이나 기관, 상품이나 서비스를 좋게 언급하는 것이다. 달리 말하면 모든 대중 커뮤니케이션의 채널을 이용한다는 말이다. 인쇄매체나 방송매체에 쓰인 지면이나 시간은 무료지만 홍보는 만들어내는데 돈이 든다. 그러므로 홍보를 원한다면 돈을 지출할 준비가 필요하다. 그러나 홍보비용이란 광고면보다 훨씬 적게 들며 또한 홍보는 특별한 소구력을 갖고 있어 판매와는 다른 메시지를 전달할 수 있다.

홍보를 위해서는 돈을 지출할 필요가 있기 때문에 놀랄 필요는 없다. 우선은 다른 판매수단이 갖지 못한 홍보의 이점과 광고에 비해 홍보가 독특한 수용성이 있음을 헤아려야 한다.

효과적인 홍보를 하기 위해 홍보업무요원을 정식으로 둘 필요는 없는데, 많은 호텔에서는 홍보업무를 취급하기 위해 시간제로 외부회사의 서비스를 이용할 수 있기 때문이다. 현재의 요원을 통해서 홍보를 할 수 있기는 하나, 효과적인 홍보결과를 얻으려면 따라야 할 기본법칙이나 원리가 적어진다. 정식 홍보요원이 필요하지는 않는다 해도 또한 홍보가 아마추어식이 되도록 내버려 두어서는 안 된다.

독자대중은 광고에서 보다 기사물에서 읽혀지는 자료에 더 많은 신임을 한다. 신문의 구독자는 기사요원에 대한 신임을 가지고 있으며 그들이 사실을 말하고 있다고 믿기 때문에 신문을 구매하는 것이며, 텔레비전과 라디오 시청자는 좋아하는 뉴스케스터에 믿음을 가지고 있다. 여기에 홍보의 가장 큰 이점이 있다. 즉 홍보는 상품에 대한 대중의 수용을 낳게 해서 호텔의 다른 판매노력의 길을 원만히 해줄 수 있는 것이다.

전반적인 판매계획이 사전에 계획되어야 하고 광고 프로그램도 사전에 작성되어야 하는 것과 같이 홍보계획도 미리 계획하고 패턴을 정하는 것이 또한 중요하다. 되는 대로 하는 것은 효과를 기대하기 어렵다.

홍보계획 작성에 있어서도 제일 먼저 해야 할 일은 목표를 정하는 것이다. 호텔조직의 일원이 호텔의 상품과 서비스의 이름을 걸 수 있는 사람으로 만들고 싶어하는가, 명사들이 호텔을 자주 이용함을 홍보함으로써 주가에 주의를 환기하고 싶은가, 특유한 장식과 서비스시설을 홍보하길 원하는가?

이러한 목표를 일단 수립하면 다음단계는 캠페인을 계획하는 일이다. 적어도 향후 1년간을 계획을 하고 그 기간 내에 일어날 뉴스거리들을 새겨 넣어야 한다. 새로운 칵테일라운지가 열릴 계획이고 3개월 후엔 중요한 연회가 준비될 수도 있고 창립기념일이 뉴스가 될 것이다. 이 모든 것들을 사전에 정해 놓고 제때에 집중 홍보할 준비를 해야 한다.

홍보캠페인에 있어서 가장 초기의 그리고 가장 기초적인 대책의 하나는 도달하고자 하는 지역의 제한을 설정하는 일이다. 행사계획을 작성하고 홍보지역을 정한 후라면 목표를 달성할 수단은 다음 4가지로 구분된다.

① 이용가능한 모든 지사를 검토한다.
② 이들 지사를 도달할 기계적 수단
③ 뉴스 취재를 얻는 적절한 절차나 보도진을 얻는 일
④ 홍보업무를 도와줄 편집자와 접촉토록 하는 기초적 법칙을 배우는 일

다음으로 계획해야 할 일은 예산을 편성하는 것이다. 제일 먼저 생각해야 할 것은 홍보업무를 담당할 사람을 고용하거나 유지하는 월급이나 비용이다. 만약 시간제로 하거나 스스로 할 생각이라면 일할 시간의 양을 측정하고 그것을 예산에 반영토록 해야 한다.

사진이라는 것은 홍보상 비용이 높은 것이지만 사진 없이는 아무것도 하지 못한다. 사진사로부터 얼마나 되는가를 헤아려 특정가격에 얻도록 함이 좋다. 전화, 타자기, 인쇄기, 우편료 등의 사무실 비용도 고려해야 한다. 향응이란 언제나 홍보의 요소이며 언론인 접대비를 책정해 두어야 한다. 교통비, 스크랩비용, 기타 비용도 미리 계산해 두어야 한다.

홍보계획의 마지막 단계는 홍보노력과 기타 판매노력이 조정되도록 사전조치하는 일이다. 특별한 구매광고와 호텔관련 기사와 연계하기가 가능치 않지만, 홍보란 이에 앞서서 집중판매 노력을 위한 사전준비를 해줌으로 홍보노력을 조정하는 것이 가능하다.

신문은 홍보를 위해서는 아직도 최고의 수단이며 호텔홍보의 주요 노력은 신문기사 내용이 원하는 대로 이루어지도록 확산시키는 것이다. 신문에 이르는 주요 경로는 개별신문을 직접 하거나 뉴스연합, 특집연합, 사진연합을 통해서 할 수 있다. 신문의 범주는 아니지만 전문신문인 업계지는 직

접 상대할 수 있다.

잡지는 훌륭한 홍보의 수단이지만 이용하기 더욱 힘들다. 만일 이용할 수만 있다면 그 결과는 놀라운 것이다. 주로 전국을 커버하고 있기 때문이다. 만약 상당히 가치 있는 뉴스거리가 있다던가, 일반독자에게 흥미가 있는 특집자료가 있다면 잡지를 이용할 수가 있을 것이다. 잡지는 대개 3개 부류로 나누어지는데, 주간뉴스형, 월간형, 그리고 업계저널지 등이다. 이들은 업계지가 주로 뉴스에 집중하는 반면 주로 특집에 집중한다는 점에서 차이가 난다. 책으로 된 홍보는 잡지홍보와 신문홍보보다는 훨씬 횟수가 적지만 책의 수명이 길다는 점에서 훨씬 오래 지속된다.

호텔이 잡지나 신문을 직접 만들 수도 있는데, 이러한 출판물의 청중이 내용을 결정한다.[1)]

호텔홍보의 기본패턴은 다음과 같은 7가지이다.

1) **스팟뉴스** : 이것은 통제나 계획되거나 예정될 수 없이 일어난 우연히 일어난 사건으로 구성된다. 이것은 이 모든 패턴 중에 가장 뉴스성이 있다. 가령 대통령이 자동차여행 중 호텔에 투숙했다던가, 진열용으로 쓰려고 했던 터키가 없어졌다든가, 교회탑에 닭이 오른다던가, 고객이 굴에서 진주를 발견했다든가 하는 것이다.

2) **인터뷰** : 이것은 사전에 마련된 약속에 따라 유명인사나 업계지도자를 면접하는 것인데, 항상 세심하게 준비해야 하고 예고 없이 일어나게 해서는 안 된다.

3) **정례뉴스** : 이것은 앞으로 나올 뉴스사건이며 사전취재가 계획되고 사건시에도 취재가 예정된 것이다. 호텔의 창립기념일이나 총지배인이나 주방장의 새로운 임명, 임원중 한 사람이 국가협회의 요직에 임명된 것 등이다.

4) **이벤트 개최** : 이것은 말 그대로 스포츠행사, 미인대회, 퍼레이드, 연회 등이 포함되며 신축건물의 개관식, 업무분야의 뛰어난 업적에 대한 업계수상 등이 여기에 해당된다.

---

1) C. D. Coffman, *Marketing for a Full House* (Ithaca, New York : Cornell University, 1984), p. 240.

5) **고향소식**: 모든 홍보 중에서 가장 쉬운 것일 것이다. 편집자는 지역사회 주민들에 관한 뉴스를 잘 받아주는 편인데, 그들은 지방에 대한 관심을 가지고 있고 또한 광고주일 수도 또한 구독자일 수도 있기 때문이다. 식당에서 같이 식사하는 신혼부부, 투숙한 신혼부부 등은 언제나 고향소식의 뉴스가 된다. 지역명사들의 동정도 뉴스거리며, 교외나 소도시 신문도 명사들의 뉴스를 기다린다.

6) **만든 뉴스**: 이것은 실제로 어떤 조치를 취하지 아니하였거나 실제로 만든 것이 아니라면 결코 출판되지 못할 뉴스인데, 한 명사가 호텔을 방문한 것은 뉴스가 될 수 있다. 종업원 가운데도 항상 보도자료의 주제가 될 만한 일이 있을 수 있다.

7) **화보**: 편집자의 견해를 보면 사진은 모든 보도자료 가운데 가장 받아들여지지만, 뉴스적인 측면이 있어야 한다. 사진을 최대로 받아들여지게 하는 규칙을 예시하면 다음과 같다.

① 사진은 뉴스사진이어야 하며 초상화적 사진이어서는 안 된다.
② 사진은 glossy point 8″×10″이어야 한다.
③ 사진도 계획적이어야 하며 우연한 것이어서는 안 된다. 계획 없이 사진 찍으려 해서는 안 된다.
④ 사진은 이야기 설명을 위해서 캡션에만 의존해선 안 된다.
⑤ 모든 사진은 설명을 달아야 한다. 캡션은 사진 뒤쪽으로 붙여야 그림아래 쪽으로 캡션 정면에서 읽을 수 있기 때문이다. 캡션은 사진을 완벽하게 설명하여야 하며 그 안에 있는 모든 사람을 왼쪽에서 오른쪽으로 밝혀야 한다.
⑥ 사진사를 가끔 사용한다 해도 사진사 한 사람이 모든 일을 수행토록 할 것
⑦ 언제나 사진사를 동반토록 하고 그를 도울 것

최고의 홍보결과는 편집자가 사람을 보내 사건을 직접 취재한 것이 가능할 때 얻을 수 있다. 직접 취재를 얻을 수 있는 최선의 방법은 지역사회 편집장만 아니라 실제로 사건을 취재하는 기자나 작가들과의 개인적인 관계를 유지하는 일이다. 할 수 있는 한 지역내 많은 실무 언론인들을 알아

두는 것이 좋다. 그들과 친하게 지내야 한다. 그러나 직접 취재지시는 편집장이 하는 것이며 기자가 하는 경우는 거의 없다.

만약 취재하길 바라는 이야기가 있고 취재할 사람이 올만큼 충분히 뉴스의 가치가 있다고 한다면 그 사건이 무엇이며 그것이 왜 뉴스의 가치가 있는가를 설명하는 편지를 써서 원하는 뉴스지사 데스크에 보내야 한다. 일반적으로 취재거리를 가지고 기자와 직접 접근하는 것은 좋은 정책이 못된다.

신문의 특집기자나 섹션편집자는 자기 과제를 선택할 기회가 주어지고 대부분의 경우 섹션에 들어가는 모든 것에 대해 책임을 지고 있다. 여성행사인 경우 여성지면 담당 편집자가 있거나 사회편집자가 이것과 다른 의무를 겸하고 있다. 모든 신문에는 스포츠 편집자가 있고 요리편집자나 요리문제 전문기자가 있는 신문이 많다. 대형신문에는 여행편집자가 있고 광고와 기사 내용도 동일인이 책임지고 있다. 여행편집자가 있는 대부분의 신문에서는 자기면이나 섹션의 광고는 물론 기사를 쓰는 책임도 지고 있다.

직접 취재를 얻으려고 노력할 때마다 반드시 뉴스거리가 되는 일을 진정으로 갖도록 해야 한다. 만약 편집장에게 직접 취재를 할 사람을 배정토록 얘기했는데, 그 뉴스의 가치가 없다고 판단된다면 다음에 아무리 협조를 구한다 해도 문제가 될 수밖에 없다. 그들은 단지 뉴스에만 관심을 가지고 있으며, 만약 호텔에 진정한 뉴스거리가 있다면 직접 취재를 기꺼이 협조할 것이다.

보도자료는 전문성이 있어야 하고 출판하기 쉽게 작성되어야 하는데, 보도자료 작성에 있어 지켜야 할 기본수칙을 살펴보면 다음과 같다.[2)]

① 보도자료양식 ($8\frac{1}{2}$″×11″)을 쓰고 상단에 보도자료임을 표시한다.

② 항상 보도사항을 더블스페이스로 타자를 치되, 상단 2″, 양측과 하단에 각각 1″의 사이를 둘 것

③ 첫 절에 누가, 무엇을, 언제, 어디서를 밝히도록 할 것.

④ 용지 한 면만을 타자하도록 할 것. 되도록 한 장에 내용을 기록토록 하되, 한 장을 넘는 경우 스테이플로 묶지 말고 클립을 사용할 것,

2) *Ibid.*, pp.244~246.

두 페이지로 될 때 문장의 끝 문장이 그 페이지 끝에 오게 할 것, 그리고 그 페이지에 다음 장이 연결됨을 표시할 것.

⑤ 작성자명, 호텔, 주소, 전화번호가 첫 페이지 좌측상단에 타이프 되도록 할 것.

⑥ 제목을 붙이지 말 것. 만약 기사화하려고 한다면 매체에서 나름대로 제목을 붙이게 된다.

⑦ 우측상단 모퉁이에 내용이 작성된 날짜를 적고, 그리고 그럴 수 있다면, 게재해 주길 바라는 날짜를 적는다. 날짜아래 발행사, 방송국의 이름을 타자한다.

⑧ 원래 타이프 된 보도자료가 최고이지만, 많이 배포할 목적이라면 오프셋 인쇄나 깨끗한 제록스 복사도 괜찮다.

⑨ 문안이 즉시 나타나도록 보도자료를 안에서 밖으로 볼 수 있도록 해야 한다.

⑩ 행사개최시에 즉각 보도자료를 발송하여야 한다. 여러 날 후에 보내서는 안 된다. 다가올 행사를 미리 보내는 내용이라면 행사가 시작되기 2주 전에 발송해야 한다.

물론 이와 같은 것은 전문홍보업체에 의존하는 것이 아니라 호텔 스스로 실시하는 경우를 말하고 있는 것이다. 이에 따라 중요한 것은 모든 뉴스편집자, 특집기사, 뉴스해설자, 그리고 현지매체의 여러 편집자, 업계의 회원출판사 등등의 최신명단을 작성하고, 그들의 전화번호를 쉽게 활용할 수 있게 해두는 것이 좋다. 그래야 재미난 일이 다가오면 쉽게 전화를 걸 수가 있기 때문이다.

ITT-쉐라톤 호텔 PR담당부장 J.W Ryan호텔 지배인에게 전해준 언론관계 아이디어를 정리하면 다음과 같다.

PRESS RELEASE
CONTACT
ALLEN APPELL
(415) 342-7741

HYATT CORPORATION
1338 BAYSHORE HIGHWAY
BURLINGAME, CALIFORNIA 94010

5/72

FOR IMMEDIATE RELEASE

HYATT CORPORATION WILL OPERATE 700 ROOM
LUXURY HOTEL TO BE BUILT IN PHOENIX

SAN FRANCISCO, California, May 15 - - - Hyatt Corporation announced today that it will operate, under a management contract, a new 700-room luxury convention hotel to be built in downtown Phoenix by a joint venture of Ogden Development Corporation, a national real estate development firm and National Properties, a Phoenix based real estate developer.

The hotel will be named the Hyatt Regency Phoenix and will be located on a full city block bounded by Monroe, Adams, First and Second Streets, across from the new $21 million six-block Civic Plaza. The building will be designed by Charles Luckman Associates, architect, around a huge central atrium that is characteristic of the many new "Hyatt Regency" hotels.

(More)

NEWS FROM
LOEWS HOTELS

Philip Miles, Vice President — Public Relations
666 Fifth Ave., New York, N.Y. 10019 • (212) 586-4400

Contact: Ann Bontempo
(212) 586-4400 Ext. 422

FOR IMMEDIATE RELEASE
June 12, 1972

Bill Slevin, managing director of midtown New York's first Ramada Inn, gets a lift to check the new sign going up on 48th Street and Eighth Avenue. Formerly known as Loews Midtown Motor Inn, the hostelry is operated by Loews Hotels under a franchise agreement.

\# \# \#

[그림 11-1] 호텔 보도자료의 예. Phoenix 뉴스편집자, 신문 및 잡지 재무편집자, 여행사에게 보내진 보도자료이다.
자료 : C. D. Coffman Op. cit., p. 245.

① 서비스할 기회를 놓치지 말 것. 기사를 원하는 언론인에게 기사를 제공할 노력을 해야 한다. 마치 귀빈 대우하듯 할 것.
② 모든 질문에 대해서 정직하게, 충실하게, 즉각적으로 대답하도록 할 것.
③ 뉴스 사진기자에게 주차, 이용시설 확대, 세트 설치, 포즈 대상자수

배, 캡션을 넣은 정보배급 등을 해줌으로써 사진기자를 도와줄 것.
④ 기사를 취재할 기자에게 가능한 한 사전에 적절한 티켓을 준비할 것.
⑤ 전화, 타자기, 사진 내용, 이름 등을 이용가능케 할 것.
⑥ 언론과 친선관계를 가질 것.
⑦ 매체의 섹션별 뉴스편집자와 상대할 것. 캡션이 달린 사진만을 배포할 때 사진편집자에게 보낼 것.
⑧ 조간과 석간 뉴스 간에 기사분담을 공정히 할 것.
⑨ 여러 편집판을 가진 신문의 마감을 준수할 것.
⑩ 출판이 되기 쉬운 때(월요일과 휴일 다음날) 기사를 제공할 것.
⑪ 상대방의 대형 이벤트에 맞서는 이벤트를 계획하지 말 것.
⑫ 동일지의 여러 편집장에게 보도자료를 보내는 경우 보도자료에 표시할 것.

라디오 텔레비전의 경우에도 스팟뉴스, 인터뷰, 오락, 특별이벤트 등이 있다. 스팟뉴스는 이름 그대로이다. 짧고 10초에서 1분 동안에 이루어진다. 면접도 신문과 마찬가지지만 텔레비전은 많은 사람을 선호한다. 특별행사도 마찬가지겠지만, 방송상 기술적 문제가 있는 것은 물론 직접 취재가 불가능한 것은 예외이다. 그러나 명심할 것은 신문기자에 의한 취재보다 라디오 취재는 훨씬 비싸며 텔레비전은 더욱 비용이 많이 든다.

2. PR

PR 부장의 역할은 호텔의 유형과 규모에 따라 다르며 호텔의 시장에 따라서도 다르다. 대체로 PR부장은 주로 언론매체를 상대하는 사람이다. 아니면 리조트에서는 고객오락과 어린이 프로그램을 담당하는 오락부장이다. 아니면 지배인 휘하에서 고객불평을 취급하는 사람이며, 아니면 컨벤션단체와 함께 일하며 부인프로그램과 같은 홍보 및 특별 프로젝트를 계획하는 사람일 수도 있다.

물론 이것은 각 호텔마다 다르긴 하지만, PR담당자가 하는 일을 대별하면 다음과 같다.

① 호텔, 종사원, 서비스의 위상을 높여주는 전체 커뮤니케이션프로그램의 하나로 PR프로그램을 생각하여 수행한다.
② 경영을 돕기 위하여 여론을 분석한다.
③ 호텔, 종사원 및 활동을 우호적으로 나타내는 정보를 여러 목표대상에게 부단히 흐르게 한다.
④ 선정된 매체에 적절한 정보와 사진을 배포한다.
⑤ 매체가 그대로 이용할 수 있는 기사가 되도록 아이디어와 특집 이야기들을 만들어 낸다.
⑥ 홍보가 될 수 있는 숙박업의 모든 부문에 대해서 민감해야 한다.
⑦ 호텔을 방문할 명사에 대해서 그리고 호텔 및 호텔임원에 대한 적절한 뉴스취재를 마련하고 적절한 주제를 생각하라.
⑧ 언론매체, 업계협회, 상공회의소, 컨벤션 및 관광사무국, 기업 및 정부대표자들과 효과적인 관계를 유지하여야 한다.
⑨ 모든 광고, 인쇄물에 대해서 적절한 기준을 만들고 조정하는데 도와주어야 한다.
⑩ 호텔과 시설을 일반대중과 종사원에 홍보하기 위해 게시판, 로비카드, 엘리베이터 광고 등을 정기적으로 변화시켜야 한다.
⑪ 환영서신, 예의, 공항영접, 특별대우 등을 통해서 훌륭한 고객관계를 개발하고 유지하여야 한다.
⑫ 지역사회 기업인이나 호텔에 중요한 단체를 위해 투어를 준비한다.
⑬ 특별촉진활동을 위한 아이디어를 발견하고 제안을 한다.
⑭ 호텔임원에 대한 사진과 이력서 그리고 최신의 프레스키트를 유지한다.
⑮ 연예실, 특별이벤트, 휴가시설 및 기타를 주방, 판매 기타 해당부서와 연계시켜서 촉진계획을 만들고 실시하는데 도움을 주어야 한다.
⑯ 호텔과 외부언론사간의 주 연락을 담당하여야 한다. 호텔을 대변할 사람은 한 사람이어야 함을 언제나 명심하여야 한다.
⑰ 총지배인 및 기타 해당임원에게 배포할 기사 스크랩철을 유지해야 한다.
⑱ 기업의 홍보부서와 연락을 유지하여야 한다.

⑲ 호텔 내부용이거나 외부용 간행물을 편집 배포하여야 한다.

⑳ 총지배인과 각 부서책임자들이 관여하는 일, 지역사회활동, 종사원회, 연설 등의 활동에 도움을 주어야 한다.

3. 지역사회관계

호텔판매의 가장 큰 원천은 호텔이 위치하는 지역사회이다.

연회도, 결혼식도, 만찬도, 또는 다른 것도 마찬가지이다. 그러나 그것은 우연히 일어나는 것이 아니다. 지역민들은 호텔이 직접 요구하지 않으면 추천해 주지 않는다.

지역사회란 호텔업무의 전반에 걸쳐, 예를 들면 보급품, 서비스, 여신, 장기금융, 면허, 허가, 인력, 법령규제, 상점관리인, 그리고 고객 추천에 이르기까지 역시 중요한 것이다.

따라서 지역사회란 부단한 판매노력의 대상이어야 한다. 그러므로 일상적으로 활용하는 정기적이며, 일상적인 판매수단 즉 지방신문광고, 노변입간판, 개별방문 등이 모두가 지역사회 판매활동의 적극적인 부분이 되는 것이다.

지역사회관계란 자동적으로 개발되는 것이 아니라 지역내에서 광범한 후원을 얻기 위해서는 세심하고 적극적인 행동계획이 있어야 한다.

다음의 것들은 활용할 만한 수단들이다.

· 자선금 기부
· 시민클럽에 회원가입
· 현지광고
· 지역사회활동에 호텔종사원 참여
· 자선목적에 대한 호텔시설의 무료이용
· 뜻있는 지역사업을 위한 건물 내 광고허용

Quality International's

Clarion for Kids

Clarion Hotel
& Conference Center
Lansing

CLARION'S FOR KIDS SAFETY CARNIVAL

WHAT: Safety Carnival for Children and their Parents

WHEN: Thursday, May 26, 1988, from 4:00 pm - 7:00 pm

WHY: Clarion's for Kids Safety Program

WHERE: Clarion Hotel & Conference Center, 6820 S Cedar Street, Lansing

Your child will have an opportunity to start the summer off right with some basic lessons in safety. The Clarion Hotel and Conference Center is sponsoring a "Safety Carnival" as part of the CLARION'S FOR KIDS Safety Program, on Thursday, May 26, 1988, from 4:00 pm - 7:00 pm.

The children will learn all about "Summer Safety" from a Pediatric Nurse from Ingham Medical Hospital; "Poison Safety" from St. Lawrence Hospital; "Electrical Safety" from the Board of Water and Light; "Bike Safety" from Denny's Schwinn Bike Shop; and "Burn Care" from watching a puppet show "Kids on the Block", presented by the Burn Care Center of Sparrow Hospital. The children will also be able to tour an ambulance from Lansing Mercy Ambulance. There will be balloons, "Pluggie" the Walking Fire Hydrant, and "McGruff the Crime Dog" Puppet Show, and "Whistles the Clown" and Company from Circus Clown Alley.

The Lansing School District is conducting field trips to the Safety Carnival during the day and a special Open House will be held from 4:00 pm - 7:00 pm for those children and parents who did not attend through the schools.

Admission is free.

[그림 11-2] 지역사회 서비스이벤트(예). Clarion Hotel & Conference Center의 Safety Carnuval처럼 지역사회 서비스이벤트를 개최함으로써 호텔은 훌륭한 지역사회 이미지를 개발할 수 있다. 모금 행사를 후원한다든가 자선단체에 호텔시설을 무료로 제공한다든가 지역사회조직에 호텔요원이 참여하는 것도 호텔이 지역사회와 좋은 관계를 유지하는 활동이다.

자료 : Jame R. Abbey, Op. cit., p.369.

- 종사원 친선 프로그램(종사원신문을 통한 생일, 출생, 결혼, 성탄파티 인정)
- 지역당국자와의 협력

· 이웃방문(적어도 연 1회) (기업체, 교회, 대학, 상점, 공무원, 경찰, 언론기관, 은행, 공익기관)

훌륭한 지역사회관계의 기본원리는 이웃과 종사원, 경쟁사, 지역당국과의 그저 좋은 친구가 되는 것이다. 훌륭하고도 적극적으로 참여하는 지역사회관계가 없다는 것은 역시 해가 되는 것이지만, 더욱 위험스러운 것은 현지의 선의를 무시하는 것이다. 많은 업무가 유실되고 있음이다.

따라서 지역사회관계는 판매와 관리의 실제적이고도 중요한 부분이다. 지역사회관계는 계획하고 적극적으로 추진해야 하므로 그것은 곧 판매이다. 합세하고, 참여하고, 기부금을 내고, 악수나 하는 것으론 충분치는 않다. 호텔판매원으로서는 좋은 친구가 되어야 하며, 그렇게 되면 업무를 요구하면 우호적인 반응을 얻게 된다. 그러나 직접적으로 반복해서 업무를 요구해야만 한다.

Summary

요 약

지금까지 설명한 것을 요약하면 다음과 같다.

1) 호텔의 PR과 홍보의 주목적은 호텔상품과 서비스의 이미지를 수립하는 것이다.
2) 독자대중은 광고에서보다 기사물에서 읽혀지는 자료에 더 많은 신임을 한다.
3) 홍보계획도 미리 계획하고 패턴을 정하는 것이 중요하다.
4) 홍보계획은 목표설정, 캠페인계획, 예산편성, 타판매 노력과의 조정 등으로 구성된다.
5) 호텔홍보의 기본패턴은 스팟뉴스, 인터뷰, 정례뉴스, 이벤트 개최, 고향소식, 만든 뉴스, 화보 등이다.
6) 효과적인 홍보를 하기 위해서는 언론과의 원만한 관계유지가 필수적이다.
7) 직접취재에 버금가는 최선의 홍보수단은 화보와 보도자료이다.
8) 호텔이 가지는 공공관계는 고객, 경쟁자, 정부, 언론, 주주, 소유주, 종업원, 노동조합, 지역사회 공급업자 등과의 관계를 말하며, 이들과의 부드럽고 원만한 관계유지가 호텔 PR의 핵심이다.
9) 지역사회관계란 자동적으로 개발되는 것이 아니라 세심하고 적극적인 행동계획이 있어야 한다.
10) 훌륭한 지역사회 관계유지는 곧 판매와 연결되는 것이다.

Hotel Marketing

제12장 객실판매와 내부판매

1. 객실판매

개별적인 객실판매는 호텔판촉의 소매행위로 간주될 수 있는데, 개별고객을 상대로 한 판매가 중심이 되기 때문이다. 상대적으로 도매 판매행위라고 볼 수 있는 것은 관광단체나 컨벤션단체인데, 이들은 특별한 상품화를 요구하는 특수시장을 겨냥하는 것이다.

여행자를 구분해 보면 다음과 같다.[1)]

· 업무여행자
· 업무 / 관광여행자
· 국제회의 참가자
· 순수관광여행자
· 개인업무여행자

어떤 호텔이든지 간에 이들 범주 중 어느 한 시장을 주시장으로 하고

1) 호텔시장에서 이미 상세히 분석된 것이지만 호텔의 주시장을 구성하는 고객층이다. 제4장 1-3-2 참조

한 개 이상의 2차시장을 갖고 있다. 새로운 다시장 모텔들은 컨벤션시설, 리조트 및 오락시설을 동시에 갖추어 모든 주시장의 고객을 유치하려 하고 있다.

지금까지 이 책에서는 주시장을 확인하고, 그들에 맞는 상품과 서비스를 준비하였으며 종업원들을 훈련하고 동기화하였다. 또한 고객들에게 훌륭한 가치를 주는 상품의 가격을 정함으로써 이익을 얻으려 하였다. 또한 고객유치를 위하여 활용할 수 있는 모든 판매수단들을, 즉 예약망, 예약공동제, 광고 및 입간판, DM, 홍보 및 피알 등을 고찰하였는데, 지금은 그러한 수단들을 객실을 판매하는데 어떻게 이용할 것인가가 문제이다.

실제로 개별객실 판매를 하는데 정해진 규칙은 없다. 물론 이용할 수 있는 수단들은 많이 있다. 그러나 어떤 수단들이 최선의 것이냐는 해당 호텔에서 결정할 문제이다. 다만, 다음과 같은 것이 고객의 후원을 얻을 수 있는 수단이 될 것으로 생각된다.

1) 현재의 고객

현재의 고객은 앞으로 객실을 이용할 가장 훌륭한 원천이 된다. 새로운 고객을 처음으로 호텔을 이용하도록 설득하기보다 현재의 고객을 다시 돌아오게 만드는 것이 훨씬 쉽다.

정기고객과 연락을 취할 수 있는 최선의 수단은 등록카드에서 수집된 게스트 히스토리를 통하여서이다. 기본적으로 이것은 지난 6개월이나 1년간 방문하지 않은 고객을 상대로 이용해 줄 것을 요청하는 DM을 가지고 사후관리하는 것이다. 마찬가지로 계속해서 이용하는 고객에게 고마움을 표시하는 것도 중요한데, 경쟁호텔이 그들을 자기고객으로 유치하려고 노력할 것이기 때문이다. 그래서 10번째, 25번째, 50번째 방문한 고객에게 짤막한 편지를 통해서 그들의 지속적인 후원에 대해서 깊이 감사한다는 내용을 전하는 것도 가능한 최선의 감사방법일 수 있다.

현재 고객이 추천하는 고객도 훌륭한 잠재고객이 된다. 현재 고객이 추천하는 사람에게 추천한 사람의 이름을 밝히는 개인친서를 보내야 한다. 정기고객으로부터 이 같은 추천을 얻는 가장 좋은 수단은 객실에서이든 우편이든 정기적인 설문서를 통하는 것이다.

2) 객실문의

과거 호텔을 이용했던 사람을 제외하고 가장 고객이 될 가능성이 높은 사람은 객실문의를 했던 사람이다. 이것은 개별요청도 물론이지만 단체식사, 국제회의 및 기타 모든 형태의 거래요청도 마찬가지이다. 모든 객실요청문의는 방이 없어 거절했다 해도 그 요청문의 자료가 보관되어야 하고 또한 모든 일반적인 정보에 대한 요구사항은 유지되어야 한다. 이러한 자료를 직접 알파벳순으로 보존한다는 것이 실제적이지만 1년 이상 보관할 필요는 없다.

수입별 또는 기타 질적 내용구분이 없는 일반적인 구매자명단은 우리 호텔에 대해 특별한 관심을 보였던 사람들의 명단의 이점을 갖고 있지 못하다. 꼭 어느 것이 가장 값진 것인가를 구분하고자 한다면 예약을 특별히 요구했던 것이 일반정보를 요구한 것보다 고객잠재성이 높다.

3) 업무여행자

개별업무의 원천은 많다. 시외에서 전화를 하는 판매원은 예상고객이다. 그러므로 이들에게 원한다면 호텔에 투숙할 수 있음을 반드시 제안해야 한다. 기업의 판매지배인들은 호텔을 추천하는 이상의 일을 할 수 있기 때문에 값진 사업원이 된다. 그들이 본부를 방문할 때 판매원들로 하여금 직접 호텔에 연락할 수 있도록 조치를 할 수 있어야 한다. 많은 호텔들은 특별객실을 회사이름을 따서 짓고 또 회사는 그 객실을 연간기준으로 쓰기도 한다. 그들은 그 방을 자기회사 요원을 위해서 쓰기도 하지만, 시외에서 오는 방문자들에게 인상을 주는 판매무기로 사용하는 것이다. 그들과 거래를 하거나 거래를 할 사람이든 간에 그들을 찾아온 사람은 회사제공 객실에 무료로 투숙시킨다. 어떤 호텔(Inn)에서는 회사로 하여금 자기비용으로 방을 장식하고 가구집기를 놓도록 허락해 주기도 한다.

호텔주변에 있는 거대기업의 구매업자들은 외지에서 방문하는 수많은 판매원이 있기 때문에 구매업자 대부분은 이들 판매원들의 명단을 기꺼이 넘겨줄 수 있다. 호텔에서는 이들에게 호텔에 투숙하도록 초대하면 그 반응도가 매우 높을 것이다. 또한 그들 중 상당수가 이미 우리 호텔의 고객이라는 사실을 알고 감사할 것이다.

4) 보증객실요금제

많은 호텔에서는 컨트롤러들을 직접 상대하거나 대표로 오는 회사간부들을 상대로 하고 있다. 호텔은 이들 회사직원에게 보증요금으로 객실을 제공하고 있다. 호텔에 만약 이제큐티브타입의 객실이 있을 때에는 보다 높은 요금으로 보증할 수 있다.

공무여행자들은 숙박, 식사에 대한 출장비가 있어서 비록 고위관리라 해도 보다 높은 가격의 방을 위해서는 차이가 있다. 이 시장을 상대하려 하는 사람은 지방별 출장비를 먼저 알아야 한다. 호텔에서 기업에게 제공하는 같은 방식으로 제공한다는 것을 알려야 한다.

교사, 학생, 목회자들에게도 특별보증요금제를 실시할 수 있다. 교사와 학생들은 주말이나 휴일 이용의 잠재성이 있다. 만약 이들의 이용을 원한다면 교수나 학생주소록을 얻어 DM으로 할 수도 있고 대학신문에 광고를 게재할 수도 있다.

5) 사무실 밀집지역

사무실 밀집지역은 호텔로서는 두 가지 면에서 거래를 할 수 있다. 하나는 외지방문객들을 위한 숙박, 식음료이고 또 하나는 현지 거주자에 대한 식음료 부문이다. 본부회사에 직접 방문하면 고객들의 이름을 얻을 수 있다. 이들에게 전하는 것은 호텔지배인의 편지로서 다음 방문 때 이용해 줄 것을 요청하면서 요금표, 예약카드, 무료칵테일 쿠폰 또는 조식 쿠폰을 동봉하는 것이다.

오래된 호텔로서는 2, 3층을 사무실로 개조해서 같은 기회를 제공할 수도 있다.

6) 호텔 신용카드

호텔신용카드는 용도가 많지만 주요한 용도 중의 하나는 호텔판매를 촉진시키는 것이다. 물론 거대한 국가적 신용카드 앞에서 일개 호텔의 신용카드를 사용하는 문제에 대해서 여러 가지 견해가 많지만, 이러한 거대 신용회사의 신용카드와 호텔신용카드를 곁들여 사용하는 것은 아무런 잘못도 없다. 왜냐하면 카드와 함께 정기적 재사용하거나 기억을 되새기는 우편물들을 사용하여 직접 예상고객의 특정단체들에게 가령 전에 고객이었던 사람들이나 분명 정기적으로 이용하는 고객들에 판촉하는 것이 가능하기 때문이다.

신용카드의 효율성은 명단에 달려 있다. 신용카드의 명단을 얻을 수 있는 자료원은 고객의 등록파일이다. 그 파일이 얼마나 큰가에 따라 재이용고객만으로 제한할 수도 있고 과거 어느 시점까지의 고객으로 제한할 것인가를 정할 수 있다. 이것은 개인적인 선택의 문제이다.

일반적으로 호텔신용카드를 지역 또는 국가별로 구분, 별도로 유지하는 것이 현명하다. 지역카드는 주로 식음료 판매를 위한 것이고 국가적인 카드는 객실판매를 위한 것이다.

2년마다 한 번씩 신용카드를 발급하는 호텔지배인이 많은데 이것은 우편료를 절약하기 위함은 물론이지만, 고객의 신용도에 문제가 있나 없나를 확인하는 복잡성을 줄이기 위함이기도 하다.

신규업체로서는 주소록 발송회사로부터 명단을 얻어서 원하는 대로, 즉 임원별, 수입별, 지역별, 개인클럽회원별, 공공기관의 회원별 등으로 신용카드 명단을 만들 수가 있다.

이러한 신용카드의 발송은 1년에 두 번 발송하든지 한 번 발송하든지간에 호텔판촉선물과 반드시 동봉되어야 한다는 점이다. 신용카드 그 자체가 디자인이나 제시면에서 선전용일 수 있다.

7) 초과고객

강력한 판매력을 가진 연대호텔이 만원이 되었을 때 고객을 다른 호텔로 보내지 않으면 안 된다. 이것도 호텔에서 요구한다면 우리 호텔로 올 수가 있는 것이다. 이것을 요구하는 방법은 많이 있지만, 단순하고도 최선의 방법은 물론 지배인이, 직원이, 객실요원이 개인적으로 전화를 하는 것이다.

그러한 초과고객을 오게 하는 최선의 방법은 직접적인 포상을 하는 것이다. 초과고객을 보내 준 사람들의 부인을 위해서 특별히 선물을 고른다던가, 현금, 술 등의 성탄선물 등도 가장 확실한 것이다. 모든 것 중에 가장 강력한 것은 자주 현금으로 지급하는 것이다. 이것은 여러 가지 전술, 외교, 자기검증 등이 요구되는 것이며 잘한다 해도 의심스러운 방안이다.

가장 최선의 수단은 전화이며 이를 가장 잘 이용하는 방법은 만원이 된 호텔프런트에서 우리 호텔프런트로 연결되는 직통전화 가설비를 지급하는 것이다. 타 호텔의 지배인이 개인친구라면 쉬운 일이다.

8) 관광여행자

사람들이 관광과 레크리에이션을 위해서 어떤 곳으로 가는가는 돈과 시간과 편리성에 따라 영향을 받는다. 독신이나 젊은 층 그리고 노년층에서는 해외로 갈 수도 있고, 또 많은 사람들은 컨벤션이나 업무여행의 시작 전이나 시작 후에 휴가여행을 실시하며, 그런 경우 여행은 업무비용의 일부로 지급된다. 가족들은 대부분 어린아이들을 데리고 갈 수 있는 곳에서 휴가여행을 보내려 한다.

지역주민을 위한 판매활동에는 신문홍보가 필수적이다. 스포츠란에 호텔의 골프코스나, 테니스 프로, 예정된 행사 등에 관한 기사를 게재할 수 있고 연예란에는 극장이나 음악스타를, 여성란에는 주방장의 조리법을, 바텐더의 새로운 음료를, 휴일장식 등을 게재할 수 있다. 그러나 이런 류의 홍보를 하기 위해서는 미디어 관계자들과 교제해야 하며 티켓을 제공하고 사진을 제공해야 한다.

리조트 호텔은 폭넓은 지역에 홍보를 해야 하고 더 많은 광고를 실시해야 하며 호텔판매 대행소와 여행사를 통해서도 노력하지 않으면 안 된다. 훌륭한 광고대행사에서는 가장 좋은 광고대상지역을 찾아 그 지역에 맞는 광고를 적절한 매체에 실시하도록 도움을 줄 수 있다. DM도 현재고객과 이전고객, 여행사 등에 부단히 발송되어야 하며, 호텔판매대행소나 광고대행소를 통해 주요시장을 대상으로 홍보도 이루어져야 한다. 리조트 광고는 다음과 같은 한두 개의 예약회신제도를 이용한다.

- 지역내 판매대행소의 전화번호를 기재
- 전국적으로 판매망의 전화번호를 기재
- 호텔기재번호에 컬렉트콜을 하도록 요구
- 예약문의나 기타 문의사항에 대한 당일 처리

해외 리조트는 항공사 스케줄과 요금 그리고 여행사에 특히 의존한다. 여행사에 대해서는 새로운 시설이나 서비스, 요금, 새로운 패키지 제휴 그리고 커미션 내역에 대해서 항상 알려주어야 한다. 커미션은 물론 신속하게 그리고 합의된 금액으로 지불되어야 한다. 여러 항공사에서는 호텔과 제휴하여 교통과 숙박의 합동패키지를 개발하고 판매하고 있다.

9) 패키지계획

호텔객실과 다른 시설, 종종 교통편까지를 연결해서 만드는 패키지 플랜이 비수기에 객실판매를 하는데 있어서 점점 중요해지고 있다. 이러한 패키지 플랜은 꼭 요금할인을 필요로 하는 것은 아니다. 이러한 패키지 플랜은 새로운 시장을 겨냥해서 만들어지고 있다.

패키지 플랜의 여러 가지 내용을 제시하면 다음과 같다.

① 비수기 및 기타 영업실적이 저조한 기간에는 특이한 지역매력과 특별프로그램을 중심으로 한 경제적인 패키지 플랜을 제시함으로써 효과적으로 극복할 수가 있다.

② 휴일과 특별이벤트선전은 휴일과 관련된 특별주제를 중심으로 한 이벤트와 활동을 내용으로 한 패키지 플랜을 통해서 이루어 질 수 있다.

③ 신 시장 특히 중산층에는 새 시장의 개발이 효과적으로 이루어질 수 있다. 이 시장계층은 호텔과 리조트 활동을 포함해서 경제적으로 계획된 휴가를 원하고 있고 그 때문에 비용도 사전에 잘 예산책정이

될 수 있다.

④ 폭넓은 전반적인 시장내에서도 소구가 효과적으로 이루어질수 있는데, 예를 들면 한 번도 호텔에 투숙해 본 일이 없는 수많은 휴가 관광객들이 그러하다.

⑤ 공통된 관심을 가진 개인과 단체를 상대로 한 특별소구도 그 특별관심이 패키지플랜의 중심으로 통합되는 경우 유리하게 이루어질 수 있다.

· 야구의 주말 패키지 플랜
· 겨울리조트의 스키, 스케이트 패키지
· 식물과 정원 투어
· 사적지 탐방
· 비즈니스클럽 주말 투어
· 학교여행

⑥ 인간의 본성문제인데 싼 것을 얻고 있다고 생각하길 원한다.

이와 같은 패키지 플랜을 실제로 선전하고 판매하는 것은 다음과 같은 경우 DM을 통해서 성공적으로 이루어질 수 있다.

㉠ 기업단체, 여성클럽, 사교 및 친목단체, 고객카드에서 얻어진 대상자 등 일반대중을 상대로 하는 경우

㉡ 판매원이나 기타 종업원을 위한 인센티브로 회사와 유통사를 상대로 하는 경우

㉢ 컨벤션 및 회의단체를 상대로 하는 경우

㉣ 상공회의소, 상인, 자선단체에 대한 특별상으로 실시하는 경우

㉤ 여행사, 운수회사, 중간업자 등을 통해 실시하는 경우

[그림 12-1] 여행사와 항공사를 통한 패키지 판매, 좌측의 것은 Pan Am의 하와이 패키지를 보여주고 있고, 우측의 것은 비수기에 쉐라톤호텔이 아메리칸 항공사와 서부해안지역 다섯 개 호텔을 패키지로 제공하고 있음을 보여주고 있다.
(자료 : C. D. Coffman Op. cit., p. 261.)

10) 선물권(Gift Certificates)

패키지플랜 판매에서 간과할 수 없는 것이 선물권이란 방법이다. 왈도프 아스토리아 호텔에서 처음 도입한 이 방법은 선물호텔 패키지플랜이 여러 가지 방법으로 이용되어 왔다.

㉠ 회사원 보너스
㉡ 판매 콘테스트 상품
㉢ 크리스마스, 생일, 졸업선물
㉣ 신랑, 신부 선물

㉤ 쇼핑날 시상품
㉥ 자선업무 시상품
㉦ 전국 광고 콘테스트 시상

보험회사나 자동차딜러들이 호텔 패키지플랜을 수상자에게 사용할 때는 호텔을 판매목적을 위해서 콘테스트 참가자의 이름을 넣는다. 이런 시상캠페인에 참가한 호텔은 콘테스트 참가자의 부인들에게 판촉물을 보내고 남편이 승리자가 되기를 바란다는 뜻을 전한다. 이러한 캠페인에서 얻어진 관심은 승리자도 물론이지만 패배자로 하여금 숙박을 예약하고 싶어 하는 경우가 흔하다.

11) 신혼부부

신혼부부는 값진 고객이다. 이 부분만 집중하는 호텔들도 있다. 신혼부부 관련잡지에 광고도 게재하고 결혼 1주년이 되는 해의 두달전쯤 편지를 보내 호텔에서 신혼을 보낸 것을 회고시키면서 다시 한 번 이용하도록 초대한다. 이와 같은 것은 5년, 10년 등등해서 앞으로도 계속 관리한다.

12) 지역관광 매력

지역에서 개최되는 특별 이벤트도 기존의 관광매력과 마찬가지로 호텔고객을 유치하게 되는데, 특별 이벤트와 제휴하면 개별고객을 유치할 수 있다.

한 지역의 기념일의 모든 특별이벤트 역시 고객유치를 가능케 하지만, 그 이벤트가 자동적으로 고객을 유치해 줄 것으로 기대해서는 안 된다. 고객유치를 요구하고 적극적으로 활동하지 않으면 안 된다. 언제나 그 지역의 상공회의소와 다른 지역촉진단체와 밀접히 협조해서 해야 된다. 로비에 광고도 설치하고 프런트에서 등록할 때 홀더를 제공해 주어야 한다. 객실내에는 이벤트 캘린더를 비치하여야 한다.

Summary

요 약

지금까지 설명한 것을 요약하면 다음과 같다.

1) 객실판매는 개별고객을 상대로한 것과 단체고객을 상대로 하는 것으로 나누어 생각할 수 있다.
2) 현재고객이 객실판매의 가장 중요한 원천이 된다.
3) 객실문의자도 고객이 될 가능성이 높은 사람이다.
4) 업무여행자를 위한 객실판매는 다양하게 추진될 수 있다.
5) 보증객실요금제는 특정고객층을 상대로 한 유치전략이다.
6) 초과고객에 대한 특별유치방안도 고려되어야 한다.
7) 패키지 계획을 통해서 새로운 고객을 유치할 수 있다.
8) 지역관광매력이 되는 특별이벤트와 제휴하는 것도 좋은 방법이다.

2. 호텔내부판매

호텔서비스와 시설의 내부판매는 고객이 예약을 할 때부터 시작된다. 즉 그가 예약을 전화문의 했을 때 별도 서비스를 판매하며 확인서를 보내면서 식당과 특별고객시설을 판매하고 신용카드, 신속한 퇴숙절차, 특별리무진 서비스 등에 대한 정보를 제공해야 한다.

다음번 기회는 도어맨이나 주차관리인이 웃으며 도와주려고 하면서 고객을 영접할 때 찾아온다. 자동차운전 고객을 위해서는 짐을 내리면서 자동차서비스가 필요한가, 언제 자기차를 다시 사용할 것인가, 자동차 키는 어디에 보관되어야 하는가를 물어 볼 수 있다. 만약 고객이 짐을 도와 달라고 하면 카르트를 사용하게 할 수도 있다.

1) 객실 수입

개별 객실판매를 꾸준히 하고 높은 이용률을 유지하는 것이 호텔로서는 가장 중요한 일이다. 마찬가지로 매일의 객실수입이 최고에 이르도록 유의하는 것이 또한 중요하다. 이것은 객실예약에 관해서 고객과 이야기할 기회가 제일 많고 또한 실제로 방을 배정하는 프런트오피스 요원 모두의 진정한 세일즈맨십을 요구하는 것이다.

일일보고에 빈방이 있는 날 최하가격의 객실도 이용되지 않았으면 객실판매기법을 개선할 여지가 있는 것이다. 객실판매의 목표는 최고가격의 객실에서 끝까지 최저가격을 유지한 객실로 내려가야 하는 것이다. 물론 이와 같은 목표를 어김없이 지킬 수야 없겠지만, 이에 근사하게 유지하면 할수록 더 많은 순이익을 얻을 수 있는 것이다.

실제로 시중호텔에서는 객실판매는 프런트오피스에서 체결되지만, 사전예약도 판매에서 중요한 역할을 한다. 리조트 호텔에서는 사전예약이라는 게 더욱 중요하고 예치금을 두어 판매가 종결되는 경우가 많다. 여러 가지 객실의 타입을 전광판으로 보여주는 것도 훌륭한 프런트판매 수단이다.

최고의 객실수입을 올릴 수 있기 위해서 판매원이 지켜야 할 지침을 보면 다음과 같다.

① 호텔이 특정일에 매진되지 않을 것을 가정해야 한다. 그리하여 언제든 높은 가격의 객실을 먼저 팔려고 노력해야 한다.
② 미리 최저 또는 저가의 객실을 보장하지 말아야 한다. 최저가격을 요구하면 예약확인시에는 당신이 요구한 최저가격으로 객실을 확보하려고 노력한다던가, 가능한 한 그에 가깝게 하려고 노력할 것을 밝혀야 한다.
③ 신혼부부에게는 스위트를 팔려고 언제나 노력해야 한다.
④ 가능한 한 가격문제는 통신에서 제외시켜서 판매의 종결은 객실판매원에게 맡겨야 한다.

객실판매를 위한 인적 판매시에도 같은 지침을 적용할 수 있으며 몇 가지 더 추가하면 다음과 같다.

① 고객은 최고를 원하고, 최고를 원할 자격이 있다는 것을 접객태도에 나타나게 하고 언제나 고객에게 최고를 팔려고 해야 한다.
② 왜 고객이 호텔숙박을 마음에 들어 할 것인지 타당한 이유를 말해야 한다. 가령, 호텔 한켠에 고객으로서는 좀 높은 가격의 트윈베드가 있는데 그곳에서 전 시가지를 볼 수 있다던가, 고객의 방을 수영장 뜰에서 바로 열 수가 있다던가, 이제 막 단장이 끝난 좋은 조용한 싱글이

있다던가 하는 식이다.

③ 신혼부부에게는 스위트를 팔려고 언제나 노력해야 한다.

④ 가능한 한 가격문제는 통신에서 제외시켜서 판매의 종결은 객실판매원에게 맡겨야 한다.

[그림 12-2] 워싱턴 D. C.에 있는 The Omni Shoreham에서는 매력적인 Monique Cafe et Brasserie에 고객과 지역주민들을 유치하기 위해 파리주재를 가진 1개월간의 요리 페스티벌을 개발했었다. 이 페스티벌은 카페입구와 호텔 전체에 포스터를 붙여 호텔내 홍보를 실시했다.

자료 : Jame R. Abbet, Op. cit., p.175.

객실판매를 위한 인적 판매시에도 같은 지침을 적용할 수 있으며 몇 가지 더 추가하면 다음과 같다.

① 고객은 최고를 원하고, 최고를 원할 자격이 있다는 것을 접객태도에 나타나게 하고 언제나 고객에게 최고를 팔려고 해야 한다.
② 왜 고객이 호텔숙박을 마음에 들어 할 것인지 타당한 이유를 말해야 한다. 가령, 호텔 한켠에 고객으로서는 좀 높은 가격의 트윈베드가 있는데 그곳에서 전 시가지를 볼 수 있다던가, 고객의 방을 수영장 뜰에서 바로 열 수가 있다던가, 이제 막 단장이 끝난 좋은 조용한 싱글이 있다던가 하는 식이다.
③ 요금을 묻는 질문에 대해서는 10불부터 있읍니다는 식으로 말하지 말아야 한다. 만약 최저가격을 광고하면 최저가격을 요구하게 만들 수밖에 없다. 최고의 가격에서 아래로 내려가야 한다. 제시한 가격이 너무 높으면 판매를 위해서 내려올 수 있지마는, 일단 최저가격에 맞추어지면 고객으로 하여금 높은 가격을 구매토록 할 수는 없다.
④ 고객에게 고압적 태도를 보이지 말아야 한다. 만약 고객이 최소가격을 고집하고 또 이용가능하다면 어떻게든 그것을 제공해야 한다. 그러나 처음에는 좀더 나은 것을 팔도록 시도해야 한다.

2) 시설과 서비스 팔기

내적 판매목적의 하나는 고객으로 하여금 호텔내에서 돈을 쓸 수 있도록 촉진하는 것이다. 광고가 실시되는 곳에서는 판매원들의 지원이 있어야 하고 판매원들은 광고내용을 알아야 하고, 판매하려고 노력할 때 이같이 통합되고 조정된 노력은 효과적이다. 판매원들에 대해서는 정보를 부단히 제공하여야 하며, 그들의 판매 메시지가 호텔과 개인에 대해 어떤 의미가 있는지 통보되어야 한다.

호텔 내에서 특별한 시설과 서비스는 다음과 같은 여러 가지 방법으로 판매될 수 있다.

[그림 12-3] 엘리베이터 전시카드는 고객들에게 여러 가지 식사와 식당판매에 관한 정보를 제공해 준다.
(자료 : C. D. Coffam Op. cit., p.269)

① 등록서를 키와 함께 전해주면서 지배인의 인사장과 식당, 오락, 기타 서비스를 설명한 컬러유인물 봉투를 함께 전달한다.
② 벨멘이 고객을 객실에 안내할 때 적절한 것을 언급토록 한다.
③ 로비, 승강기 근처의 홀, 승강기 내에 포스터를 붙인다.

④ 손님들이 분명히 볼 수 있는 곳에 텐트카드, 객실전화번호부, 기타 전시물 등을 배치한다.

엘리베이터 로비의 게시판은 아주 훌륭한 내부판매 위치인데 고객이 대개 1, 2분 동안은 승강기를 기다리기 때문이다 뉴욕힐튼호텔에서는 여러 가지 카드를 준비하여 최대판매효과가 있을 시간대에 맞추어 시간대별로 다르게 전시한다. 조식카드는 한밤중에, 오찬카드는 11시쯤에, 칵테일 카드는 3시쯤에, 만찬 카드는 5시 반쯤에 게시한다.

승강기 역시 좋은 내부광고 자리인데, 고객이 들어갈 때가 아니라 돌아서서 정면을 향할 때 대하는 곳에 부착되어야 한다. 몬트리올의 퀸 엘리자베스 호텔에는 식당과 바라운지를 보여주는 컬러판 투명광고를 눈높이에 게시하고 있다.

3) 교차광고

교차광고의 구성은 각 객실에 있는 고객디렉토리에 가장 잘 나타나고 있는데, 대부분의 이런 광고는 상관도 없는 잡동산이가 되어 외형상 완벽하게 부조화를 이루어 판매소구가 부정적으로 되는 경우가 흔하다. 이 디렉토리야말로 전화번호를 비롯해 룸서비스를 포함한 식당, 세탁서비스, 상점 예약안내, 교통 및 일반서비스, 연회 및 컨벤션시설 등에 대한 완벽한 정보를 포함해야 한다.

이러한 차트타입의 소책자의 장점은 고객이 한가할 때 이를 보고 이 다음 이를 구매하려고 할 때 판매저항이 적다는 점이다. 또한 이것은 대치할 필요가 없다는 이점도 있는데, 유리 아래에 있어서 손상될 수가 없기 때문이다. 항구적으로 인쇄된 책모양으로 하는 것이 가장 공식적이고 완벽한 것이지만, 묶여져 있기 때문에 내용물을 쉽게 변경할 수가 없다.

비교적 저렴한 홀더 디렉토리가 판매소구면과 실용면에서 볼 때 제일 좋은 것으로 보인다. 책모양처럼 비싸지도 않고 취급하기도 쉽고 새로운 아이디어로 새롭게 만들 수도 있다.

교차광고를 이용할 수 있는 기회는 다음과 같다.

① 객실, 식당, 라운지에 텐트카드를 놓아 새로운 시설의 서비스, 신규 그룹호텔의 개관, 현재의 연예 등을 안내한다.
② 식당, 라운지에 텐트카드를 놓아 와인 판매, 파티, 연회, 건강클럽, 새로운 명물 등을 유도한다.
③ 종이 냅킨, 은쟁반, 플레이스메트 등에 호텔 내 다른 식당이나 라운지를 선전한다.
④ 문손잡이 걸개를 사용해 룸서비스를 판촉한다.
⑤ 욕실용 거울 스티커
⑥ 전화 스티커
⑦ 옷 봉투
⑧ 세탁소의 옷 포장지 및 셔츠받침판

4) 고객서비스

고객의 욕구충족을 위해서 특별히 고안된 고객서비스를 제공하는 데는 기회가 많다.

① 신속 체크아웃 : 신용카드를 가진 재방문고객은 신속 체크아웃데스크를 이용케 한다.
② 명예바 : 특정층 특정객실에다가 명예바와 컨티넨탈 조식을 제공케 하여 대금을 지급케 한다.
③ 객실 자동판매기를 두어 프런트데스크에 판매가 자동 기록케 한다.
④ 객실에 셀로판지로 싼 쿠키와 커피메이커를 둔다.
⑤ 신용카드에 부과된 금액에 대해 수표환전 특혜를 준다.
⑥ 공항왕복편 리무진 서비스를 제공한다.
⑦ 프런트데스크를 통해 안내관광을 수배한다.
⑧ 프런트데스크를 통해서 협력 클럽이나 리조트에서 골프, 테니스, 요트 등을 할 수 있도록 수배한다.
⑨ 협력리조트와 호텔과 오락이나 식사를 수배한다.
⑩ 호텔의 건강시설을 사용하도록 클럽에서 권유한다.
⑪ 가족을 위한 탁아서비스를 제공한다.

⑫ 리조트에서의 어린이 프로그램을 마련한다.

⑬ 의료 및 치과 서비스를 수배한다.

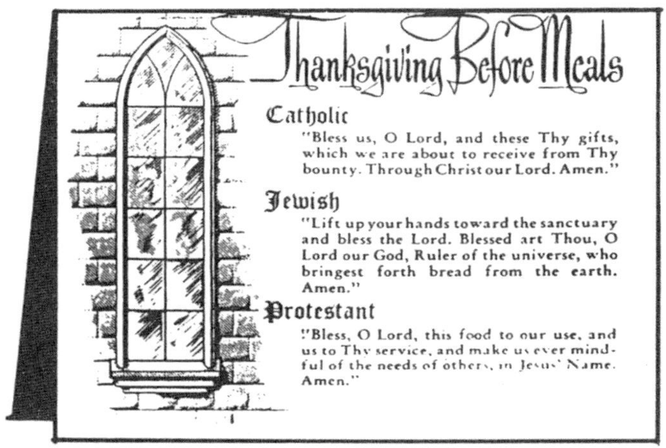

[그림 12-4] 추수감사절 텐트카드(위편), 어느 식당에서든 어떤 식사에도 사용하기 적절한 것이다. Fastnacht 텐트카드(아래편)는 화란의 도너츠의 일종이다. 이러한 역사적인 내용은 지역사회의 화란의 문화유산과 제휴할 것이다.
(자료 : C. D. Coffman, Op. cit., p.251)

이들중 어떤 것들은 비용이 드는 반면 시설수입이 되는 수도 있다. 시장의 욕구에 따라 각 서비스를 면밀히 평가해야 한다. 광고나 DM 그리고 렌트카드로 소개한 후 실적이 좋은 것들은 홀더나 객실 디렉토리에 집어 넣는다.

5) 여성여행자

결혼한 부인이 남편과 함께 여행할 때, 숙소를 결정하는데 영향을 미치는 것으로 알려지고 있고, 또한 전세계적으로 수많은 여성들이 근로자이며 이들이 여행하길 좋아한다는 사실을 간과해서는 안 된다.

호텔을 여성관광객에게 매력 있게 하는 방안들을 살펴보면 다음과 같다.

① 여성층 특히 혼자 여행하거나 다른 여성과 함께 여행하는 사람은 주차장지역, 식당, 쇼핑 및 극장지역, 건물출구에서 멀리 떨어진 객실 등에서 안전을 원한다.

② 여성은 여성적인 장식과 특수조명이 있는 호화욕실을 좋아한다.

③ 대부분의 여성은 개인적인 옷을 빨아 밤새 마르도록 원한다. 조그마한 가루비누봉투와 욕탕에 건조기를 마련하면 감사할 것이고 궁극적으로는 돈을 절약하는 결과가 된다.

④ 다리미와 다리미판 이용에 대해서 욕실에 안내판을 붙일 것.

⑤ 욕실에 쓰고 버릴 수 있는 비닐 샤워캡을 넣을 것.

⑥ 젖은 옷가지들을 넣을 비닐 봉투를 준비하고 조그마한 바늘 쌈지도 준비할 것.

⑦ 각층 하우스키퍼나, 다른 여종업원이 체크인해서 다른 물품을 제공할 때 전화하도록 주의할 것.

⑧ 여성들은 조찬 룸서비스를 대단히 고마워한다. 혼자 여행하는 경우 식당이 붐빌 때 저녁식사를 룸서비스할 때 고마워한다. 룸서비스쟁반에 신문 한 장과 장미 한 송이를 포함하는 것이 좋다.

⑨ 혼자 여행하는 여성들은 남성들이나 부부보다는 투숙호텔에서 아침과 저녁식사를 하는 확률이 높다. 혼자 여행하는 여인이 들어오면 영접해서 테이블에 앉도록 주의해야 한다. 카운터에 가도록 두어서는 안 된다.

이러한 여성층에 대한 특별내용들이 광고와 판매프로그램에 포함되어야 한다. 여성고객의 이용에 관심이 있다면 광고계획은 여성층에게만 어필하는 간행물을 포함시켜야 한다. 이러한 서비스 자체가 신문의 여성란의 좋은 홍보거리가 될 것이다.

6) 기타 특별 서비스

호텔고객을 행복하게 할 수 있는 기타 사항들이 많이 있다.

① 프런트데스크에 붉은 잘 닦은 사과 한 바스켓에 지배인의 편지가 들어 있다. "드십시오, 이 사과는 인근 농장에서 우리를 위해서 특별히 재배한 것입니다. 주문하시면 배달도 해 드립니다."
② 지배인의 환영편지가 든 작은 캔디상자를 객실에 둔다. "이 캔디는 우리 회사를 위해 만든 것입니다. 마음에 드시기를 바랍니다. 2파운드박스로 어디든지 배달해 드립니다."
③ 침대정리를 할 때, 야간객실요원이 고객의 평안을 빌며 호일에 싼 박하 파이를 놓는다.
④ 호텔선물가게에서 어린이를 위해 비싸지 않은 선물을 넣고는 가게를 방문하도록 하는 편지를 곁들인다.
⑤ 룸서비스메뉴와 더불어 조간신문을 함께 넣는다.
⑥ 지역의 오락, 가게, 지도에 대한 안내를 한다.
⑦ 임원을 위해서 최근 주식시장보고서, 뉴스요약 등을 넣는다.
⑧ 리조트에 온 스포츠맨을 위하여 일기예보, 항해, 스키 및 관련요소들을 제공한다.
⑨ 잠자리 읽을거리를 위해서 가벼운 단편집을 제공한다.

이와 같은 내적판매를 효과적으로 하기 위해서는 종사원 교육훈련이 필수적이다. 호텔종사원들은 요구한다면 업무수행도 더 잘할 수 있고, 판매도 더 잘할 수 있다. 각 레스토랑에서는 식사개시 5분 내지 10분 전에 접대요원의 회의를 가져서, 가장 이익이 많이 나는 특별음식을 팔도록 요청하고 또한 가지고 있는 소식도 전해주도록 해야 한다.

프런트데스크 요원들도 적어도 1주일에 한 번 약 30분 동안 회합을 가지고 스위트판매를 늘리게 한다든가, 새로운 주말 패키지에 관해서 설명해 준다든가, 이익이 많이 나는 고가의 상품을 팔도록 지시한다든가 해야 한다.

물론 이러한 판매교육은 종사원들이 교육내용을 받아들이는 만큼 효과가 있을 것이다. 종사원들이 근무하는 호텔을 좋아하는 기분을 가지고 있어야 하고, 잘하려고 하고, 그럼으로 해서 더 잘 팔려고 하는 기분을 가지고 있어야 한다.

Salt Lake Hilton호텔에서는 신입사원을 다음과 같은 방식으로 교육한다고 한다. 컬러비디오 상영을 통해서, Salt Lake Hilton명물, 소유주인 Pearson Enterprises의 정책, Salt Lake시의 명물, 그리고 Hilton호텔에 근무하는 이점 등을 주지시킨 다음 오리엔테이션팀은 한 팀씩 호텔투어를 시켜 모든 부서를 설명, 견학케 한다.

끝으로 각자 신입사원은 개인별 직무기술서, 고객질의 예상 및 답변서, 그리고 힐튼에서 지켜야 할 취업규정과 편의 등이 담긴 책자를 받는다는 것이다. 요원의 선발과 교육훈련 그리고 현장배치와, 감독이 실제적으로 현장판매와 연결되도록 하는 교육훈련의 일례라고 볼 수 있다.

내적 판매의 일환으로 C. D. Coffman은 간접적 내부판매란 용어를 사용하고 있다. 이것은 호텔의 외형가꾸기를 말하는 것이다. 호텔이 외부에서 보기가 좋은가, 내부는 따뜻하고 친절한 차림인가, 밝고 명랑한가, 아늑하고 친밀감을 주고 있는가, 장식은 영업정책과 상응하는가, 호텔의 외모, 분위기, 그리고 느낌 등 이 모두는 고객반응에 강한 영향을 미친다. 대부분 호텔에서 밝고 강렬한 빛은 어울리지 않는다. 조화롭지 못하는 색채도 또한 부정적이다. 어느 호텔이든 전문가가 실내장식을 하는 것이 좋다. 자체적으로 하면 아마추어적이어서 호텔이 싸게 보이는 기분을 준다. 이것은 가격정책에 직접 영향을 미친다.

분위기는 장식에 의해 압도되는 것이 보통이지만, 조명과 음향에 의해서 정해지는 경우도 있다. 호텔이나 모텔, 식당, 칵테일라운지, 바, 디스코 그리고 호텔객실의 내부도 마찬가지이다. 따라서 이 부문에 대해서도 전문가의 손길이 필요하다. 조명은 분위기를 결정하는데 중요하며 소리도 마찬가지이다. 식당지역이 시끄러운가, 음향이 마루바닥, 벽, 천장에서 반사되는가, 대화를 20피트 떨어진 곳에서 들을 수 있는가, 지금 있는 곳에서 모든 사람이 들을 수 있다고 느끼지 않을 만큼 대화를 계속할 수 있는가.

배경음악도 잘 선곡되고 조정되고 배경에 잘 보관되기만 한다면 기적을 낳을 수 있다. 호텔객실에는 텔레비전 이외에도 라디오를 장치해서 고객 스스로 음악적 분위기를 즐길 수 있도록 할 필요가 있다. 이 모든 것은 긍정적이고도 적극적인 내부판매를 위한 장을 마련하는 것이므로 그 중요성을 평가절하해서는 안 된다.

상대적으로 말하면 종사원들이 호텔에서 판매를 위해서 만든 여러 가지 상품과 서비스에 대해서 적극적으로 알려주고 판매하려고 하는 것은 적극적인 내부판매라고 할 수 있다. 객실, 식음료, 연회, 게임룸, 회의시설, 특별요리, 연예, 테니스장 등등 이용가능한 시설을 안내해주는 일 없이 무엇 때문에 비밀로 해두는지 정말 이해할 수 없는 일이다.

내부판매가 효과적으로 이루어지기만 한다면 판촉비가 절감됨은 물론 같은 고객으로부터 더 높은 수입을 얻을 수 있고, 이윤율이 높아지며 더 만족스럽고 더욱 생산적인 요원이 될 수 있고, 부수적인 서비스에 대해서도 더 많은 판매를 올릴 수 있게 된다.

Summary

요 약

지금까지 설명한 것을 요약하면 다음과 같다.

1) 호텔서비스와 시설의 내부판매는 고객이 예약을 할 때부터 시작된다.
2) 객실판매의 목표는 최고가격 객실에서 최저가격을 유지한 객실로 내려가야 한다.
3) 객실수입을 올릴 수 있기 위해서는 언제든 높은 가격의 객실을 먼저 팔아야 하며, 최저 또는 저가 객실을 보장하지 말아야 하며, 신혼부부에게는 스위트를 팔려고 노력해야 하며 판매의 종결은 객실판매원에게 맡기는 것이 좋다.
4) 광고가 실시되는 곳에서는 판매원들의 지원이 있어야 하고 판매원들은 광고 내용을 알아야 한다.
5) 호텔 내 특별한 시설과 서비스를 판매할 수 있는 가능한 한 모든 방법이 강구되어야 한다.
6) 교차광고도 훌륭한 내부판매의 수단이다.
7) 특별히 고안된 고객서비스를 통해서 내부판매의 기회가 많아진다.
8) 여성고객에 대한 매력있는 유치방안들도 강구되어야 한다.
9) 호텔이용고객과 기타 특별서비스와의 연결을 통해서도 내부판매를 증대시킬 수 있다.
10) 내부판매는 효과적으로 이루어지면 판촉비가 절감되고 동일고객으로부터 더 높은 수입을 얻을 수 있으며, 더 만족스럽고 더욱 생산적인 요원이 될 수 있다.

Hotel Marketing

제13장 식음료 판매

1. 식당의 종류

호텔 내의 식당과 바는 호텔 내에서든 지역사회이든 판매시장과 관련이 있어야 한다. 고정비는 물론이고 식사와 인건비를 커버하기 위해서 매출증대가 필요하다. 고객의 욕구를 해결하기 위해 식당과 바를 특별히 계획하는 한편, 주중이나 비수기 때에는 외부의 고객을 찾아야 한다.

그러면 먼저 식당의 유형에 대해서 알아보자. 식당의 유형을 구분하는 데는 여러 가지 복잡하고 다양한 식음료시설들이 포함될 것이지만, 미국의 국가식당협회의 정의에 따라 분류해 보면 다음과 같은 것들이 있다.[1)]

◈ 고급요리식당 (Haule Cuisine)

· 수장이 있고 품격 있는 분위기와 장식을 갖춘다.
· 메뉴가 길지만 유럽식 요리와 포도주를 강조한다.
· 테이블 서비스
· 최대 요원
· 최대 영업비용, 높은 노무비 및 식재료비를 줄일 기회가 거의 없음

1) C. D. Coffman, *Hospitality for Sak* (East Lansing, Michigan : AHMA, 1980), pp. 295~296.

◈ 전통식당 (Traditional Table Service)

· 오늘날의 명품 요리 식당의 모체임
· 장식은 단일 주제로 되어 있지 않음
· 메뉴가 길고 모든 입맛에 소구함
· 테이블 서비스
· 인건비가 높고, 인벤토리믹스가 다양함

◈ 민족식당 (Erhnic Restaurant)

· 한 지역, 한 나라의 음식이 특징임(이탈리아, 멕시코, 광동)
· 장식은 주제에 따라서 함
· 메뉴는 한정되어 있음
· 테이블 서비스
· 소수 인원
· 육식원가가 낮음
· 가족이 경영하는 경우가 많음

◈ 명품식당 (Specialty Restaurant)

· 자유스런 분위기
· 표준 되는 장식이 없음
· 한 가지 요리나 음식 타입의 변화에 집중함(해물요리, 팬케이크, 스테이크와 샐러드)
· 테이블 또는 카운터 서비스, 셀프서비스도 약간 있음
· 종사원이 필요함
· 비용절감을 위해서 기계요리기법이 가능함
· 관리자는 식재료를 대량 구매하지만 추측으로 하는 경우는 적음
· 장비소요가 단순함

◈ 커피숍 (Coffee Shop)

· 장식이 밝고 즐거움

· 분위기는 자유로움
· 기업소유가 있으며 즉각적인 대중 인식을 받음
· 노변에 위치해서 고객을 유치함
· 호텔, 모텔 안에, 외곽쇼핑센터 근처에 있음
· 다양한 메뉴지만 음식은 뚜렷하지 못함
· 모두 카운터 서비스이거나 카운터와 테이블 서비스를 병행하기도 함
· 소수 주방요원
· 중간에서 높은 인건비
· 사전 준비된 식사에 쉽게 응용됨

◈ 카페테리아(Cafeteria)

· 표준장식이 없음
· 인쇄된 메뉴는 없고 미리 준비한 더운 요리와 찬요리를 구분하여 제공함
· 차례로 고객음식 제공
· 소수 접대요원, 다수 주방요원

◈ Speak-up Self-service

· 장식은 유행에 따르거나 단순함
· 패스트푸드 식당에다 전통적인 카페테리아와 셀프서비스 아이디어를 결합시킨 것이 특징임
· 인쇄된 메뉴는 없음, 현장에서 음식이 만들어짐
· 고객은 차례를 서서 카운터 뒤에 있는 사람에게 주문을 외침
· 음료는 줄 맨 끝에서 캐셔로부터 주문함
· 고객은 커피, 플라스틱식기, 냅킨, 설탕을 스스로 챙기고 줄앞부분에 서는 캔류음료, 우유, 요구르트, 과일, 디저트 등을 차려 놓은 경우가 많음
· 소수요원
· 개업 운영에는 최소 인건비, 장비, 자본이 소요됨

· 내부 공간은 좁지만 점심이나 스낵을 먹는 고객들은 이동이 빨라 매출은 높다.

◈ Drive-Ins

· 내부 장식보다 외부디자인과 레이아웃이 더 중요함
· 메뉴가 제한됨
· 차에서 식사함
· 다수 접대요원 필요
· 노무비, 부동산비 높음

◈ Buffet Smorgasbord

· 장식과 격조의 정도가 다양함
· 인쇄된 메뉴 없음
· 서빙테이블에 많은 다양한 음식을 진열
· 고객이 전체 식사를 스스로 해결함
· 소수요원으로 노무비 절감
· 재고조사를 세밀히 통제함

◈ 패스트푸드(Fast Food)

· 주제 있는 장식이지만 현장의 인상보다 광고가 분위기를 연출시킴
· 고객은 구내에서 식사를 날라다 먹음
· 제한된 낮은 가격의 메뉴
· 빠르고 많은 서비스, 식사는 주문에 따라 만듦
· 소수요원이 필요함
· 노무비, 식재료비 낮음
· 체인으로 이용되거나 프랜차이즈 됨

일반적으로 모든 호텔은 커피숍을 필요로 하는데 아침, 점심, 저녁을 저렴한 가격으로 제공하는 그리고 또한 많은 고객을 유치하는 즐겁고, 다채로운 속성 서비스 레스토랑을 필요로 한다.

시중 호텔에서는 식당이 저녁에는 좌석배정을 받는 특별식당으로 전환할 수도 있다. 리조트에서는 테라스 방에서 뷔페스타일의 아침식사가 제공될 수도 있다. 중급호텔에서는 아침 주방인건비를 배분시키기 위해서 로비에서 무료주스, 빵, 따뜻한 음료, 뷔페아침식사를 판매할 수도 있다.

시장수요가 있다면 호텔은 특별식 식당을 갖는다. 점심과 저녁에 영업하면서 구운 요리나 볶은 요리 - 쇠고기, Chops, 생선 - 냉동주식을 menu ex - pander로 사용한다. 보다 큰 시장을 상대해서는 좀 더 특별한 음식을 제공하는 제2의 명품요리식당을 둘 수도 있다. 만약 호텔이 컨벤션을 많이 치르거나 리조트라면 연예를 동반한 미식식당도 있을 수 있고, 아니면 적어도 고객을 머무르게 하기 위해서 연예바라운지 같은 것을 갖추어야 한다.

[그림 13-1] The Playboy Resort의 뷔페서비스. 서비스 플레이이트가 카운터를 따라 놓여 있고 그 다음이 샐러드, 세 번째가 더운 요리 카운터이다. 뒷 편의 조명이 있는 그림이 나무판을 깐 방에 색채를 더해준다.
자료 : C. D. Coffman, *Marketing for a Full House*, p. 276.

식당의 타입과 스타일에 영향을 주는 추세를 알아보면 다음과 같다.

① 하나의 대형 식당보다 각기 다른 주제를 가지고 비록 같은 주방에서 만든 것이긴 해도 메뉴 또한 다른 여러 개의 소형 레스토랑을 갖는다.

② 리조트호텔과 컨벤션호텔에서는 극장식 식당을 운영하는데, 이것은 각자가 전망이 좋도록 각기 다른 높이로 테이블을 놓은 무대가 있는 객실인 셈이다.
③ 맥주나 와인을 포함하는 고정가 메뉴, 인기주식을 제한해서 선택할 수 있고, 자기가 만든 샐러드, 스스로 만든 아이스크림 등이 포함된다. 식당 캐셔가 스탬프를 찍은 쿠폰을 가지고 있으면 현지주민에게는 무료주차를 마련해 준다.
④ 주식(entrees)을 직접 요리한다.
⑤ 뷔페
⑥ 카트서비스 – 웨이터가 고객 테이블에서 수프에서 디저트까지 모든 것을 서비스한다.
⑦ 주방공개 식당 – 고객이 직접 요리현장을 볼 수 있게 한다.
⑧ 건강식의 회귀 – 생채, 채소요리, 곡물, 신선한 과일, 건과일, 열매와 씨를 특히 점심시간에 제공

이러한 추세는 식당요원에 의한 서비스를 줄이고 고객의 셀프서비스와 참여를 증가시킴으로써 식당인건비를 감소시켜 주는 것이다.

2. 메뉴

메뉴는 경영자가 고객과 커뮤니케이션 할 수 있는 최선의 방법 중의 하나이므로 제공되는 식음료의 단순한 목록 이상의 것을 가지고 있어야 한다. 즉 메뉴는 고객들의 식음료품목의 선택에 영향을 줄 수 있어야 한다. 그러므로 메뉴를 만들 때에는 계획이 필수적이며 성공적인 메뉴는 우연히 오지 않는다. 성공적인 메뉴는 적어도 다음과 같은 네 가지 중요한 목표를 충족시켜야 한다.[2]

---

2) Robert D. Reid, *Hospitaliry Marketing Management,* 2nd ed., (New York: Van Nostrand Reinhold. 1989), p.339.

첫째, 메뉴는 마케팅 콘셉트의 목표를 더욱 촉진시키는 것이어야 한다. 말할 것도 없이 마케팅은 고객의 욕구와 필요에 우선순위를 두고 있다. 따라서 만약 호텔식당이 이들 고객의 욕구와 필요를 충족시키는데 성공한다면 금전적인 성공도 자연히 따라오는 것이다. 요컨대 소비자가 만족하면 영업은 매출이 늘게 될 것이고 성공을 하기 마련이다. 그러므로 메뉴를 설계하는 데는 목표시장에 소구력이 높은 식음료 품목이 포함되도록 해야 된다. 소비자들의 욕구와 필요를 확인하는 것은 부분적으로는 시장조사를 통해서 그리고 내부호텔정보시스템의 분석결과로 알아낼 수가 있는 것이다.

둘째로, 메뉴는 업체의 인지된 이미지를 수립하는데 기여하여야 한다.

재미를 즐기는 분위기를 원하는 젊은 독신들에게 어필하는 업체가 만든 메뉴는 그러한 이미지를 세우기 위하여 메뉴에 만화그림을 그려 넣거나 나 메뉴품목의 이름을 유머러스한 것으로 사용할 수 있다. 메뉴는 고객이 업소에 들어오고 난 후 만나는 최초의 커뮤니케이션 매체이므로 긍정적인 이미지를 형성하는데 미치는 메뉴의 영향은 결코 무시해서는 안 된다.

셋째로, 메뉴는 메뉴품목에 대한 고객의 수요에 영향을 주는 수단으로 쓰여야 한다.

메뉴 Clip-ons이나 메뉴품목설명, 그 품목의 포지셔닝, 특수아트 솜씨 등을 통해서 메뉴기획자는 고객수요에 영향을 미칠 수 있다. 극히 인기가 있거나 수익성 높은 품목은 특별히 주의하거나 보다 높은 포지셔닝을 함으로써 고객으로 하여금 그들을 더 많이 선택하게끔 만들 수가 있다. 이 같은 식으로 고객행동에 영향을 주려고 시도하는 것은 메뉴품목 판매수를 증가시키고 또한 판매와 총이익도 증가시킬 수 있는 메뉴를 만들 수 있는 결과가 된다.

넷째로, 메뉴는 경쟁적 이점을 얻는 수단이 되어야 한다.

성공적인 업체에서는 평판이 좋은 메뉴품목을 선정하는 경우가 많다. 이것을 간판상품(Signature Item)이라고 하는데 메뉴에서 집중적으로 선전된다. 이것은 경쟁적 이점을 더해 주는 결과가 된다.

[그림 13-2] 1785년 형성된 한 실제클럽을 Queen Elizabeth Hotel이 재현한 인기있는 Beaver Club식당, 1년에 1회 유명 캐나다 인사들이 거창한 축제에 회원으로 초대되고 있다. 축제기간에는 오찬과 만찬의 장소로 유명하다. 포도주 전시. 카트에서의 직접 요리서비스, 테이블 배정 등에 유의할 만하다.
자료 : C. D Coffman, Op. cit., p. 275.

메뉴는 반복구매를 증가시키도록 사용해야 하는데, 이것은 대단히 인기 있는 품목들 뿐만 아니라, 메뉴의 단순성을 방지할 수 있는 만큼 충분한 폭넓은 선택이 있도록 함으로써 얻어질 수 있다. 메뉴는 또한 새로운 목표시장에 어필하는 데도 경쟁적 이점을 가져다 줄 수 있다. 메뉴조사자료와 시장조사자료를 면밀히 검토해 보면 경영자는 추세를 확인할 수가 있으며, 그에 따라 메뉴를 변화시켜 변화하는 소비자들의 취향을 이용할 수 있다.

그러므로 메뉴를 기획하는 데도 여러 가지 요인들을 고려해야 한다. 무엇보다도 가장 확실한 요인은 고객이라는 것이다. 호텔식당을 이용하는 사람들이 좋아하는 것과 싫어하는 것은 무엇인가, 현재 메뉴 중 어느 것을 가장 좋아하고 어느 것을 가장 싫어하는가. 이와 같은 판매역사는 메뉴를 계획하는데 중요한 것이다.

일단 소비자들의 욕구가 정해졌으면 또한 생각해야 할 것은 필요한 식음료 상품의 이용가능성은 어떠하며 비용은 어떠한가이다. 새로운 메뉴품목이 도입되면 현재의 종업원들은 이들 새로운 품목들을 올바르게 준비하고 판매할 재능과 기술을 가지고 있는가, 그렇지 않다면 그들에게 필요한 기술을 가르치기 위해서는 어떤 조치가 필요한가, 종업원을 더 고용해야 하는가 등등을 고려해야 한다.

업체의 레이아웃과 디자인도 역시 고려해야 한다. 가지고 있는 설비로 그런 새로운 메뉴품목을 생산해 낼 수 있는가. 공간한계성, 설비의 수용력, 그리고 배치를 생각해야 한다. 새로운 품목을 만들어 내기 위해 필요하다면 주방의 배치와 서비스 지역의 수정도 고려할 필요가 있고 또한 추가설비의 구매 여부도 고려해야 할 문제이다.

메뉴는 또한 소비자들에게 영양학적으로 균형 있는 식사를 선택할 수 있는 기회를 마련해 주어야 한다. 또한 메뉴는 균형을 이루어야 한다. 메뉴가 여러 가지 미적 요소들을 균형 있게 갖추고 있다면 성공을 얻을 수 있을 것이다. 예를 들어 맛, 색깔, 결, 모양생김새, 준비방법, 소스 등에서 다양함이 균형을 이루도록 식음료 품목을 선정해야 한다.

품격을 갖춘 식당이나 명품식당은 리본과 메달라이온을 가진 정교한 메뉴커버를 가질 수 있다. 아니면 두루말이나 부채, 흑판, 연속컬러슬라이드, 흰색으로 품목을 인쇄한 정규판, 백묵으로 쓴 오늘의 명품요리 등일 수 있다. 특이한 메뉴로는 고객이 자기 선택을 표시할 수 있는 원형으로 된 지휘자 티켓, 주전자, 바케스 위의 메뉴, 플레이스 매트 위의 메뉴, 포도주병 메뉴, 우편엽서 메뉴, 때로는 아무런 메뉴 없이 웨이터가 일러주기도 한다. 식단의 주제에 따라 가능성은 얼마든지 있다.

값비싼 메뉴커버가 쓰일 때는 1 년 정도의 공급을 주문해야 한다. 메뉴내용은 커버디자인과 식당의 주제와 관련이 있도록 단어를 작성하고 인쇄해야 한다. 지면에는 끼워 넣게 하거나 이중테이프로 붙여 매일매일의 명품요리를 붙이도록 준비해야 한다.

메뉴는 깨끗하고 매력적이어야 하며 설명이 좋아야 한다. 메뉴는 중요한 판매수단이다. 그럼에도 불구하고 대부분이 복잡하고 첨가내용이 너무 많아 개별품목이나 메뉴가 살아나질 않는다. 메뉴카바를 아름답게 디자인하는 식당은 많으나, 그 내용은 혼란스러운 것이 많다. 메뉴내면의 모양은 광고의 레이아웃처럼 조심스럽게 디자인되어야 한다. 초점을 만드는데 세심한 주의를 하면서 나타내고자 하는 품목에 눈이 자연스럽게 끌려야 한다.

특정요리에 대한 주의를 끄는 방안으로서 레이아웃이나 메뉴디자인 뿐만 아니라 특정품목도 잘 인쇄된 판매메시지를 통해서 매력적인 말로 기술함으로써 판촉될 수 있다. 그러나 너무 많은 내용물을 넣는 것이 메뉴의 모양을 나쁘게 하고, 독자들의 주의를 분산시키는 것과 마찬가지로 단어가 너무 많아도 그렇다. 설명내용도 또한 너무 지나칠 수 있으므로 판매하고자 하는 품목과 관련된 것으로 해야 한다. 모든 품목을 아름답고 군침 도는 산문으로 기술해서 쓰는 메뉴가 있지만 순수효과는 독자를 미결정상태로 놔두는 것이다.

메뉴카피는 세 가지 부류로 나눌 수 있다. 첫째는 메뉴품목과 가격을 나열하는 것이고, 둘째는 메뉴품목을 기술해서 판매하는 것이고, 셋째는 기타 특별서비스나 요리에 관한 카피 등이다.

메뉴품목과 가격을 나열하는 것은 메뉴카피를 만드는 가장 먼저 하는 기본단계이다. 그러나 그것은 단순한 나열이 아니라 각 품목의 구성과 순서를 동시에 생각하는 것이 중요하다. 어떤 순서로 품목을 메뉴에 나타내야 하는가, 모든 품목이 모두가 똑같은 주의를 받도록 해야 되는가, 메뉴에 표시하는 순서에 대해서는 고객이 먹는 순서대로 표시해야 한다는 견해가 있다. 전채요리, 수프, 샐러드, 앙뜨레, 디저트순으로 되어야 한다는 것이다. 이렇게 하지 않을 경우에는 유사한 품목끼리 그룹을 지어야 한다. 모든 메뉴품목이 똑같은 주목을 받아서는 안 된다. 모든 품목이 똑같이 고객들에게 인기가 있는 것도 아니며 똑같이 이익을 주는 것도 아니다. 그러므로 특별히 주목을 받도록 해야 하는 것은 소비자들에게 인기 있고 업자에게 이익이 되는 품목이어야 하며, 양쪽 다인 경우는 더욱 좋다.

또 다른 견해는 가장 인기 있고 이익이 되는 품목을 소비자들이 먼저 볼 수 있게 해야 한다는 것이다. 일반적으로 말하면 한 페이지 메뉴를 고객이 볼 때 중간의 윗부분을 제일 먼저 집중한다는 것이다. 4페이지짜리 메뉴에는 내면 두 페이지를 볼 때 오른쪽 페이지 중간 부분 약간 위를 보게 된다는 것이다.

소비자들이 메뉴카피를 처음 읽게 되는 것이 식당으로서는 진리의 순간이 되는 것이다. 소비자는 메뉴에 제시된 품목에 기초해서 선택을 하려고 하기 때문이다. 그러므로 메뉴는 재주 있게 디자인되어야 하며, 인기 있고 이익이 많은 품목을 우선적으로 다루어져야 한다. 판매설명이 없는 메뉴는 무미건조한 것인데, 만약 메뉴품목과 가격만이 표시되어 있다면 그것은 사람이름과 전화번호가 적혀 있는 전화번호부와 같이 무미건조하게 보인다. 오늘날 고객들은 보다 세련되어져서 더 많은 것을 요구한다. 또한 고객은 많은 혁신적 기업에 노출되고 있으므로 무미건조한 메뉴를 제시하고 있는 식당은 이용하지 않으려는 경향이 높아지고 있다. 메뉴는 단순히 나열만 하는 것이 아니다. 팔아야 하는 것이다.

모든 메뉴를 모두 광범하게 설명할 수는 없어도 약간의 특별문안은 만들 수가 있다. 제품의 준비, 내용물, 용량, 스테이크의 질, 기타 다른 특징들을 보여줄 수 있게끔 만들 수 있다. 메뉴에 어떤 재능을 더한다는 것은 어렵다. 메뉴카피는 즐거울 필요는 없지만 그저 정확히 기술하는 것이면 된다. 메뉴의 세 번째 부류는 특별서비스, 특별요리 기타 흥미 있는 특징들에 관련되는 것인데, 메뉴는 빈 페이지가 있게 해서는 안 된다. 메뉴품목을 포함하지 않는 페이지는 연회나 집으로 사갈 수 있는 상품 및 기타 특징들을 촉진하는데 써야 한다. 메뉴는 광고지면으로 생각해야 한다. 고객이 메뉴를 구입할 때는 인쇄가 된 지면만이 아니라 모든 것을 지급하는 것이므로 공란으로 남겨 둔 페이지는 돈의 낭비가 되는 셈이다.

이 페이지는 식당선전을 위해 쓸 수도 있고 이용해본 상품의 질을 말함으로써 업체이미지를 제고시킬 수도 있고 식당이 가지고 있는 특별한 가구나 그림을 설명함으로써 식당이미지를 높일 수도 있다. 메뉴는 디자인과 생산이 결코 싸다고 할 수 없으며 용지의 원가도 메뉴인쇄비의 약 3분지 1에 달하고 있다. 그러나 사용수명이 다한 메뉴를 사용하는 것은 절약이 아니다. 고객은 그런 낡아빠진 메뉴때문에 쉽게 등을 돌릴 수 있다.

손으로 쓰거나 지워진 가격은 가격인상에 대한 불필요한 주의를 불러일

으킬 뿐이다. 메뉴는 아주 중요한 커뮤니케이션 수단이기 때문에 메뉴의 외모는 식당이 제공할 수 있는 최선의 것으로 하지 않으면 안 된다.

메뉴상의 와인리스트는 메뉴중심부분에 좁게 접은 홀더형식으로 메뉴에 포함시킬 수도 있고, 첫 페이지나 마지막 페이지에 인쇄할 수도 있으며, 명품메뉴 안에 추천될 수도 있다.

와인리스트는 간략하고 알기 쉬워야 한다. 어떤 레스토랑에서는 Appetizer wine, white table wine, red table wine, sparkling wine, 디저트 와인으로 한 정교한 식당에서도 같은 부류로 나누어 쓰고 있지만, 유럽산, 미국산 와인을 별도로 나누어 쓰고 있다. 많은 식당에서는 와인을 통째로 사서 고객들이 각기 다른 와인을 선택할 수 있게 하고 코스별로 다른 와인을 주문할 수 있도록 잔으로 판매하고 있다. 와인판매는 부수적 판매를 나타내는데, 왜냐하면 저녁과 함께 와인을 주문할 때 식전 칵테일을 안 하는 사람은 거의 없기 때문이다. 와인판매를 위한 수칙은 비교적 간단하다.

① 가격을 현실적으로 책정해야 한다. 100% 올리는 것이 최고여야 한다.
② 와인을 항상 웨이터 가까이 있게 하고 그리고 적정온도를 유지해야 한다.
③ 종사원들에게 와인판매를 가르쳐야 한다. 와인은 고객의 식사의 즐거움을 더해 주고 만찬 비용규모를 증대시키며 웨이터의 팁을 증가시킨다.

와인을 판촉하는 방법은 여러 가지가 있다. 입구에 전시하는 방법, 주식(entree)에 따라 와인을 권하는 법, 식탁에 와인리스트나 텐트카드를 놓는 법 등. 어떤 와인리스트는 와인을 주문하려고 발음을 하려고 애쓰는 사람들이 편하게 할 수 있도록 숫자로 표시해 놓고 있다. 와인카트를 대기시키고 와인잔과 병을 여는 도구를 완벽히 갖추는 것도 또한 훌륭한 세일즈맨십의 좋은 본보기이다.

그러나 가장 최선의 판촉은 종사원들로 하여금 고객들에게 와인을 권하도록 하는 것이다. 정장 차림을 한 와인스튜워드가 식당에 분위기를 주기도 하지만, 와인을 고객들에게 팔 수 있는 최선의 기회를 정말로 가지고 있는 사람은 웨이터와 웨이트리스이다. 웨이터가 와인을 권고할 수 있는 세 가지 중요한 기회를 보면 다음과 같다.

① 첫 번째 기회는 고객을 영접해서 좌석에 앉힌 후 일어난다. 와인을 서브하는 사람은 "칵테일을 드시겠습니까"라는 질문을 함으로써 고객이 칵테일을 즐길 기회가 왔음을 이해한다. 많은 경우 그룹중 한명 이상은 칵테일을 들지 않고 Dry Sherry나 Dubonnet, Vermouth 같은 식욕촉진와인을 주문하곤 한다. 첫 번째 기회는 "칵테일을 드시겠습니까?"라는 질문 직후에 온다. 만약 주문이 없거나 대답이 없으면 계속해서 "Dry sherry 한잔 드시겠습니까" 한다. 이 식욕촉진와인을 언급함으로써 많은 고객들은 주문할 기회를 얻게 되고 그렇지 않으면 잊어버렸을 많은 부수적 판매가 이루어진다.

② 두 번째 기회는 식사주문을 할 때 생긴다. 주식(entree)을 주문받은 직후 포도주 한잔이나 한 병이 주문될 것으로 생각해야 한다. 알 필요가 있는 것은 포도주의 선택이다. "식사하실 때 적포도주를 드세요? 백포도주를 드세요?"라고 묻는다.

 만약 고객중 1명 또는 그 이상 이 포도주 맛에 익숙해 있지 않다고 생각되면 드라이 와인보다는 Sauterne을 권해야 한다. 이것은 약간 단맛이 있어 초심자에게는 맛이 낫다.

③ 세 번째 기회는 디저트 다음에 온다. 고객에게 식사후 음료를 물어서 주문을 얻지 못하면 Port, Tokay, Cream Sherry 같은 디저트와인을 권하라

3. 바와 칵테일라운지

대부분의 호텔은 일반에게는 세 가지 유형의 바가 있다. 하나는 식사지역과 연관되어 테이블을 기다리는 사람들이 칵테일을 즐길 수 있는 입구근처에 위치하고 있다. 두 번째 유형은 거리입구 주변이거나 회의실 근처에 사람이동이 많은 곳 근처에 전략적으로 위치하는 것이다. 세 번째 위치는 인기가 오르고 있는 것인데 라운지에서의 바서비스이다. 특히 리조트나 컨벤션 호텔에서 그렇다.

바의 분위기나 장식은 고객유형에 맞게 면밀히 맞아야 한다. 남성 바그릴은 전적으로 남성적이어야 한다. 식당 바는 그 식당의 장식과 맞아야 된다. 연예나 나이트클럽류의 바를 가지고 있는 호텔이 있으나 명문요리식당은 저녁 클럽이후 여러 시간 운영할 수도 있다. 이때 장식은 에그조틱하게 해야 하며, 술의 타입도 마찬가지로 에그조틱한 특성을 지녀야 한다.

고객이 식당에 처음 자리를 잡았을 때, 웨이터의 첫 질문은 "칵테일을 드시겠습니까?"이어야 한다. 남자들은 여성을 동반치 않는 경우 칵테일리스트를 거의 요구하지 않는다. 그러나 부부의 경우에는 식사를 중시한다. 칵테일이 메뉴에 들어 있지 않았을 때 칵테일리스트를 즉시 이용할 수 있게 하는 것이 현명하다.

대체로 음주가들은 자기의 음료를 알고 있으며 자기 브랜드를 요구한다. 이런 사람에게 중요한 것은 잔의 크기이다. 이러한 음주가들 모두에게는 다른 브랜드도 많다. 특히 여성들은 특별한 혼합음료를 즐긴다. 칵테일리스트는 그러므로 맨해튼, 마티니, 샤워스 등 이상을 포함해야 한다. 각 시즌마다 새롭게 좋아하는 술이 있는 것으로 보이기 때문에 칵테일리스트를 항상 변경시키는 것이 필요하며, 잘 계획된 리스트마다 2~3개의 특이한 술이 포함되어야 한다. 이 특이한 술은 특수한 잔과 그리고 상세한 설명이 요구된다.

높은 가격으로 대형 술을 상품화하는 데는 대형 잔이 (소형)잔의 "보너스"보다 앞선다. Bloody Mary 같은 술은 tumbler로 팔리고 샤워스는 Pilsner 잔으로, 맨해튼이나 마티니 스카치언더럭 같은 것은 소형 tumbler잔으로 판다. 그래서 사람들은 보다 높은 가격으로 구매하는 것이다. 두 잔을 주문하고자 하는 사람은 한 번으로 만족하면서 바텐더와 웨이터의 시간도 절약되고 유리잔도 절약이 되는 것이다.

식사지역과 연결되지 않은 바는 두 번째 잔의 판매를 위해서 칵테일 tidbits를 제공하는 것이 보통이다. 보다 정상적인 디벨로퍼 사이에는 테이블에 크래커를 치즈 덩이(board) 개별치즈와 함께 놓는 것도 있다. 외더블을 파는 경우에는 리스트를 간단히 해서 3~4개만으로 하라.

[그림 13-3] 로비 바 라운지. Playboy Tower의 바 라운지와 마찬가지로 호텔 로비 바 라운지는 수입을 많이 내는 업장이다. 뒷면 바 카운터가 객실과 연결되고 좁은 창문 가리개와 깜빡 등을 단 나무가 시원한 느낌을 준다.
(자료 : C. D. Coffman, Op. cit., p. 281.)

4. 식당판매

모든 식당전문가들은 지속적 영업을 위해 최대로 단순한 자극제란 참으로 훌륭한 음식을 파는 것이라는 사실에 의견을 같이한다. 음료판매에도 마찬가지이다. 또한 식당전문가들은 최고의 판매수단이 구전광고(Word of mouth)라는 사실에 동의한다. 참으로 훌륭한 식음료의 서비스에다 구전광고가 있으면 분명 사업은 잘될 수밖에 없다.

식당, 칵테일라운지, 커피숍, 식음료실을 좀더 잘되게 하는데 제일 좋은 판매도구가 무엇인가를 결정하는 방법은 없다. 상품분석과 제품분석의 사전조사를 통해서 사업의 필요성과 시장을 상대할 수 있는 최선의 수단을 결정하는데 도움을 줄 것이다.

식당과 바의 내부판매에 대해서는 앞서 고찰하였다. 여기서는 지역사회내에서 판매를 증진시키는 몇 가지 방안들을 제시하고자 한다.

① 시내고객, 클럽과 단체회원, 호텔근처의 사무실과 공장 등으로부터 지역사회내 DM발송명단을 개발한다.
② 지면광고를 DM판매와 연관지운다.
③ 새로운 식당의 개업, 특별주간, 새로운 연예인 스타, 새 주방장 등에 대해서는 사전 프리젠테이션에 출석할 매체대표자, 지역사회지도자들에게 PR 및 홍보초대를 이용한다.
④ 로비에 광고판과 포스터, 창문전시, 식당과 바에서의 테이블 텐트 식당에 배너스티커 등을 사용한다.
⑤ 명품요리를 제공하기 전이나 기간 중에 그 명품을 선전하는 단추나 표를 웨이터와 웨이트리스로 하여금 패용케 한다.

5. 특별프로모션

특별프로모션은 호텔비수기에 지역으로부터 식당판매를 유치할 수가 있다. 이 모든 것은 광고, 홍보, DM, 내적 판매를 통해서 촉진할 수 있다.

① **휴일 특별판매** – 크리스마스주간, 신년, 발렌타인, 부활절, 어버이날 등에 특별메뉴, 장식, 그리고 적절한 프로그램을 사용한다.
② **현지산업 특별판매** – 비수기에 달마다 다른 것을 선정해서 로비와 식당에 회사전시나 포스터를 전시한다. 회사의 DM명단을 활용해서 종업원, 친구, 공급업자 등을 활용하고 현지매체에 광고와 홍보를 활용한다.
③ **지역과 연대판매** – 사전에 상공회의소 등과 확인해서 교육주간, 환경주간 등을 확인, 연대해서 판촉한다.
④ **인근 백화점 연대판매** – 특별할인판매, 가을패션쇼 등과 연대해 합동광고도 실시하고 "바겐세일" 식당메뉴나 패션쇼 오찬을 동시 판매한다.
⑤ **지역극장이나 심포니와의 연대판매** – 행사전 이른 저녁식사, 행사후 늦은 식사를 판매한다.
⑥ **지역 스포츠와의 연대판매** – 축구, 농구, 하키, 야구, 골프, 세일링과 제휴하여 행사전 저녁식사, 행사후 음료, 호텔내 전세버스와 무료주차 제공
⑦ **휴일 또는 졸업시 청소년 행사와의 연대판매** – 체크무늬 테이블클로스, 이탈리아식 식사, 콜라
⑧ **선물권 연대판매** – 휴일, 졸업, 결혼, 종사원, 공급업자 등과 제휴하되, 구매시 액수는 빈칸으로 두고 기증자의 이름을 표시
⑨ **계절의 미식과 연대판매** – 딸기, 체리, 복숭아, 아스파라거스 등을 명품요리 메뉴로 한다.
⑩ **"금주의 만찬" 판매** – 클럽 같은 곳에서 초대에 의해서 판매할 수 있다.

이와 같이 지역사회에서의 기회는 끝없이 많다. 우선 실시하고 모든 행사들을 잘 치르면 지역인사들을 처음으로 식당에 오게 할 수가 있으며 또한 그들을 다시 오게 할 수도 있다.

6. 연회와 파티판매

이것은 식음료판매의 도매부문에 해당되는 것으로 단체식음료판매는 저렴한 원가로 대단히 중요한 대량식음료판매를 이루는 주요 요인이 되고 있다.

여기서도 특별제품분석이 필요한데, 판매하려는 시장에 적합한 시설뿐만 아니라 시설이 이용가능한 시간, 일반영업정책이 어필할 수 있는 고객의 타입, 경쟁호텔의 연회, 파티 판매관례에 대한 필요한 정보 등을 결정지을 수가 있기 때문이다.

연회·파티 판촉에서는 인적 판매를 활용할 가치가 있는데, 판매량이 비용을 합당화시켜 주기 때문이다. 만약 임원에서 직원에 이르기까지 협회의 업무나 공공단체에 활동한다면 수많은 지역단체에 많은 사람들이 영향을 미친다는 것을 알게 될 것이다. 이것이 지역사회에서 나오는 단체식음료판매에 큰 요인이 되고 있다.

파티판매를 위해서 고용하는 인적 판매요원은 음식서비스에 전문가일 필요는 없다. 물론 그 사람은 훌륭한 식사서비스의 원리나 주방이나 연회실의 기계적인 운영에 대해서 알고 있어야 하며, 수용능력과 연회장 셋업에 대해서도 완벽한 정보를 갖고 있어야 한다. 많은 지배인들이 25년이 지나야만 음료사업에 대해서 조금 배우게 된다고 하고 있지만, 식사라는 것은 신비스러운 것은 아니다.

연회판매원은 각기 다른 연회실과 파티셋업을 보여주는 적절한 브로슈어 뿐만 아니라 호텔에서 열렸던 행사들을 찍은 컬러사진첩 등을 개발하는 것이 도움이 된다. 이 사진첩에는 연회장 테이블배치, 테이블세팅, 뷔페테이블, 칵테일 카나페, 디저트 프리젠테이션, 아이스카빙의 컬러사진을 넣을 수 있는데, 개최된 각 타입의 행사들을 보여주는 2~3개의 훌륭한 프리젠테이션이 있어야 한다. 이 컬러 사진첩은 판매원이 판매방문시 이용될 수가 있다. 만약 호텔에 와서 만찬이나 리셉션의 준비를 토론할 때에는 자동 슬라이드 프로젝트로 보여줄 컬러 슬라이드를 준비하는 것이 바람직하다. 이러한 준비는 보다 높은 가격의 판매를 추가판매할 수 있도록 도움을 주게 된다.

단체연회에 있어서는 컬러 테이블보가 식탁을 매력적으로 보이게 할 수 있는 점을 간과해서는 안 된다. 뉴욕플라자에서는 흰 테이블클로스를 핑크색과 다른 파스텔 색채로 물들여서 훌륭한 도기류와 유리그릇들과 조화를 이룬 이런 테이블클로스는 여성단체와 결혼파티에서 같은 메뉴에 1인당 50cent 이상으로 판매할 수 있었다고 한다.

단체식사연회를 위한 판매계약은 음료와 다른 특별서비스를 판매할 기회를 제공하는데, 이것은 실제 식사 그 자체보다도 추가판매를 하게 하는 것이다. 각 단체연회를 하나의 파티로 하도록 해야 한다. 구매자의 마음속에 연회를 하나의 특별이벤트로 생각하도록 해야 한다. 어느 경우이든지 최고만을 원한다는 점을 강조해야 한다. 모든 단체 식사연회는 하나의 행사인 것이다.

가격을 결정할 때 결코 최저가격을 인용해서는 안 된다. 항상 최고의 가격으로 출발하되, 필요하다면 좀 낮은 가격으로 항상 내려갈 수 있지만, 그러나 일단 최저가격이 인용되면 세계에서 최고의 판매원이라 해도 1 센트 올리기에도 참으로 어려울 것이다.

칵테일과 와인을 권하는 것을 주저하지 말아야 한다. 포도주는 언제나 평범한 식사도 큰 행사처럼 만들고 어떠한 식사이던지 우아한 멋을 더하는 것처럼 보인다. 와인은 항상 식사의 맛을 더 좋게 한다. 단지 어떤 와인이 어떤 타입의 음식에 꼭 맞는지 자신 있게 말할 수 있도록 기본사항을 알아야 한다.

Waldorf Astoria에서 추천하는 식사판매시 지켜야 할 일반적인 점들이 있는데, 여기서 보면 식사판매란 음식, 술, 꽃, 연예, 인쇄, 담배 등을 포함하는 총체적 판매개념이라는 것이다. 그 내용을 보면 다음과 같다.

① 경쟁자를 아는 것이 중요하다.
② 자체시설과 서비스를 알아야 한다.
③ 식사에 대해서 완벽하게 설명해야 한다. 왜냐하면 많은 낯선 요리용어들이 모호하기 때문이다.
④ 고객으로 하여금 먼저 말하게 하고 그가 어떤 타입을 계획하고 있나를 정확히 설명케 하되, 질문하는 것을 두려워 말아야 한다.
⑤ 전반적인 요리지식이 필수적이다. 왜냐하면 일정 수의 고객에게 어

떤 식사를 제공할 수 있을지 알아야 하기 때문이다.

⑥ 낮은 것보다는 높은 가격을 먼저 제시하는 게 더 좋다. 메뉴에서 한 가지를 없애는 것은 일반적으로 주최자가 가격인하를 타협할 모든 것이 되는 것이다.

⑦ 파티기획자에게는 그들의 것이 큰 기회임을 강조해야 한다. 그것은 오래 기억되어야 할 축제적 행사이기 때문에 평상시의 메뉴는 무시되어야 한다는 것을 설명해야 할 때이다. 이것은 판매원이 지급하려는 문제가 아니라 오히려 얻으려 하는 문제이다.

⑧ 와인을 이야기할 때 판매시 확신과 신념을 가지고 말해야 한다. 식사를 곁들인 와인서비스는 비판의 여지가 없다. 테이블당 와인 두 병은 칵테일 한 잔씩 제공하는 것보다 일반적으로 비용이 적게 든다. 각 코스별로 구매자가 검토할 때 와인을 협의하고 메뉴에 넣도록 해야 한다.

⑨ 정확한 식사의 컬러사진을 만들면 연회판매에 사용할 수 있다.

7. 지역단체

파티판매를 가져올 수 있는 최선의 원천은 지역사회 내 공공클럽, 전문가연합, 기업단체의 회원들이다. 이러한 단체는 주례 또는 월례적인 상당한 행사가 있으며 또한 이들은 많은 추가판매를 가져올 수 있다. 이러한 정기적인 단체오찬과 만찬을 예약하는 데는 호텔의 경우 컨벤션판매와 갈등이 생기지 않도록 앞을 살피는 일이 중요하다. 호텔지배인이 컨벤션을 사절하는 경우가 많은데, 호텔 공공스페이스가 기와니스, 라이온스, 로터리, 기타 유사단체의 회의와 연결되기 때문이다.

물론 이러한 정기적 행사를 예약하는 최선의 방법은 회원가입을 통해서이다. 그러나 지역내 모든 클럽에 가입할 수는 없기 때문에 차선의 방법은 단체간부를 직접 방문하여 얻는 것인데, 이때 명심해야 할 것은 한 번에 다량의 오찬이나 만찬을 얻으려 한다는 점과 일단 항구적인 행사로 예약할 수 있다면 더 많은 수의 오찬이나 만찬을 얻을 수 있다는 점이다.

이러한 많은 판매를 취급하고 싶어 한다면 메뉴플래닝 상 위기에 몰릴 가격을 정하지 않도록 조심할 일이다. 불만스러운 공공단체는 그만큼 부정적 판매를 하려 할 것이고, 만족스러운 단체는 긍정적 판매를 하려 할 것이다. 이러한 단체식사 단체는 항상 변덕스러워 식사의 다양성과 흥미성을 기대하고 있다. 이들은 식사에 관해 스스로들 사이에서 곤란을 겪게 만드는데, 기쁨을 느끼는 것 같으니까 그들에게 좋은 식사를 제공할 수 없고 그들을 판매업무의 촉진제로서 삼을 수 없는 수준에서 거래를 하지 말아야 한다.

단체가 개인 테이블에 특별한 꽃을 주문하지 않을 때 호텔 냉장고에 여러 날 보관했던 넓은 Fern입사귀나 Smilax로 식탁을 매력적으로 장식하는 것도 가능하다. 이러한 사소한 배려가 호텔이 파티를 판매하는데 도와준다. 지역 내 모든 단체에게 정기적으로 우편을 보내는 것도 큰 도움이 된다. 쓸 만한 발송주소록은 이들 단체와 간부의 명단을 제공해 준다. 물론 전화번호부도 많은 내용을 포함하고 있지만, 개인 이름은 없으니까 개인에게 보내진 것보다 단체에게 보내진 DM은 가장 약한 우편판매가 된다. 우연히 보내진 편지는 성과가 없는 것이 많은 단체는 1년에 한 번만 파티를 하기 때문이다. 그러니까 이런 행사를 하려는 정확한 순간에 우연히도 이 단체에 이르지 못하면 효과가 없게 된다.

우편서신은 시리즈로 발송하는 것이 좋다.

8. 외부식사 서비스

호텔내에서 단체식사를 파는 것뿐만 아니라 외부식사판매도 대량 식사판매를 얻는 좋은 기회가 된다.

높은 이익이 나는 파티의 한 가지 좋은 원천은 결혼식 리셉션이다. 신문광고가 이미 원천이 되지마는 호텔이 결혼품 판매자들과 밀접하게 제휴하면 더 많은 실제적 판매를 얻을 수 있다.

대부분의 백화점과 대형 전문점에는 적어도 한 사람은 신부비서 등의 직함을 가지고 있어서 이들을 개인적으로 찾아가 만나기도 하고 오찬, 만찬 또는 칵테일을 들도록 초대함으로써 이들과 친교를 맺을 수 있다. 그러면 이들은 결혼식 후 리셉션 장소로 우리 호텔을 기꺼이 추천해 줄 것이다. 신부들에게 추가정보를 제공하는 것은 신부들의 결혼식 준비를 도와주는 서비스의 하나로 가게가 제공하는 부수상품이라고 간주된다.

신부옷만을 전문으로 하는 상점들이 있는데, 이들도 물론 완벽한 소스가 된다. 시내의 꽃가게도 결혼 리셉션을 판매해 줄 좋은 곳이 된다. 기회가 있을 때 서로 추천해 주기로 약속한다면 이들도 협조해 줄 것이다.

한 대형 West coast가 식당에서는 쓰지 않는 조그만 방을 다시 디자인해서 Chapel로 만들었다. 따라서 리셉션이 이 식당에서 열리는 경우 이 Chapel을 모든 결혼식을 위해 무료로 제공해 주었는데 굉장히 많은 판매실적을 올렸다.

결혼식판매를 하려 하면 완벽한 서비스목록을 가지고 있어야 하며, 그래야 예비신부들이 파티는 물론이고 꽃장식, 음악, 결혼케이크, 사진, 결혼선언문양식 등을 포함해 모든 것을 준비토록 의뢰할 수가 있다.

9. 연회기록

어떤 타입의 연회나 파티의 촉진은 일관된 판매노력을 요구한다.

컨벤션 판매는 물론이고 식사행사도 사후관리하는 것이 중요하다. 개별카드를 만들어 회사, 협회의 이름, 간부직함, 주소, 전화번호를 적어놓고 카드의 실적부문에는 일자, 타입, 사용 장소, 출석자, 지불가격의 제목하에 연회기록을 적는다.

이러한 카드는 청색, 그린, 적색 등을 표시해 매출액이나 개최건수에 기초해서 단체의 질을 나타내도록 한다. 가령 청색은 최고단체, 그린은 좋은 단체, 적색은 비교적 좋은 단체 등이다. 이들 단체들과의 통신문 철도 같은 색으로 표시한다.

과거 2년 동안 연회를 개최하지 않은 단체는 비활동단체로 분류하고 이 기간내 개최한 단체는 활동단체로 분류해 둔다. 매일 그날 개최되었던 연회를 이 카드에 기록해 날짜별로 유지하고 새 고객이 생겼을 때에는 각각

새 카드를 만든다.

비활동단체는 비활동단체로 분류된 후 60~90일 내에 DM이나 전화, 개별방문을 통해 연락을 취하고 이 사후관리에 아무런 반응이 없으면 비활동으로 분류·보관한다.

활동회원은 연회를 개최한 후 6개월 내에 다시 개최하지 않으면 연락을 취한다. 이 방법은 상당한 재구매 실적을 낳게 해서 이 기록을 최근 것으로 유지하는 비용과 업무노력을 충분히 보상해 준다.

10. 연회 패키지

많은 호텔들은 오늘날 연회패키지를 팔아서 개인적 판매실적도 올리고 준비도 단순화시키는 데 도움을 주고 있다. 연회패키지의 가격은 주로 앙뜨레의 선택에 달려 있는데, 패키지에는 다음 것들이 포함된다.

- 연회전 리셉션 – 냉·온 오르되브르, 맨해튼, 마티니, 라이 & 스카치 하이 볼
- 연회중 술 – 스카치나 라이 한 병, 열 테이블에 테이블 당 소다/진저 에일 2쿼트
- 담배 – 10테이블 테이블 당 다른 브랜드 담배 2갑씩
- 모든 식탁에 촛대
- 헤드테이블 중앙에 꽃장식
- 헤드테이블에 마이크, 스포트라이트, 작동요원 1명
- 웨이터, 캡틴 팁
- 메뉴인쇄 판

칵테일 파티나 리셉션에 대해서는 한 호텔 식음료 지배인 시간으로 계산하는 새로운 가격공식을 가지게 되었다. 대표적 남성은 시간당 4잔을 들고 평균 여자는 시간당 2.5잔을 든다고 결정하고 50명에서 100명의 혼성단체에 대해서는 시간당 3.5잔의 값을 커버하는 가격을 정하고 있다.

이러한 패키지 판매에는 6인조 오케스트라, 한 시간 동안 내내 연예프

로, 연회사진 한 장, 파티전후의 완벽한 홍보활동 등이 포함된다. 이 모든 것은 특별 바겐세일 가격으로 팔리는 것이 아니라 정상적이고 상당한 인상과 이익을 보는 선에서 판매된다. 위원회에 대한 서비스가 이들 패키지 판매에 소구력을 갖고 있다.

기업 이외 특별서비스가 있는 연회나 파티가 있는 식당이나 호텔은 이런 외부기업의 서비스에 대해서 Mark-up할 자격이 있다. 제공되는 서비스에 대해서 이익을 붙이는 것을 주저해서는 안 된다.

만약 연회판매를 하기로 결정하면 식당과 좋은 식사를 제공할 능력 이상의 것이 필요한데, 다음과 같은 많은 부수품이 있어야 한다.

- 6피트 직선 연회테이블
- 5피트 원형 연회테이블
- 헤드테이블용 플랫폼
- 연사의 원고를 위한 연단
- 무도회용 플로어
- 스피커, 오케스트라, 연예를 위한 마이크와 확성장치
- 스포트라이트
- 외국국기
- 헤드테이블용 촛대
- 테이블 번호 부착기
- 호텔이름이 새겨진 오찬 · 만찬 티켓

오찬과 연회판매가 이익을 남기기 위해서는 보증에 관해 위원회 측과 분명한 이해를 하도록 해야 한다. 단체식사판매는 입으로 불러 주는 예정인원을 받아들이면 낭패가 될 수 있다. 왜냐하면 연회는 원래 추정인원보다 72%나 떨어진다고 알려지기 때문이다. 연회주문상 변화를 받아들일 수 없는 한계선(마감일)을 정해야 한다. 이 한계선(마감일)은 식사와 파티서비스에 특별지원을 얻는데 특별한 문제가 있는가에 따라 결정해야 한다.

지역내에서 정기적으로 파티나 연회를 개최하는 단체를 날짜를 포함해서 서류철을 만들어야 한다. 개별방문이나 전화 및 DM으로 컨벤션 촉진을 사후관리해야 한다. 문의에 대해서도 추가해야 한다.

위원회의 의장이나 회원에게 항상 편지를 쓰고 파티가 끝났을 때 감사의 편지를 써라. 이것이 재구매를 얻는 길이다.

Summary

요 약

지금까지 설명한 것을 요약하면 다음과 같다.

1) 식당의 유형은 기준에 따라 여러 가지 분류될 수 있다.
2) 식당의 타입과 스타일에 영향을 주는 추세가 나타나고 있다. 대형식당보다 여러 개의 소형레스토랑, 극장식 식당, 맥주나 와인을 포함하는 고정가 메뉴, 주식의 직접요리, 뷔페, 주방공개식당, 건강식의 회귀 등이 그것이다.
3) 식당의 설계와 주제는 식당판매의 성격을 정하는 것이다.
4) 메뉴는 경영자가 고객과 커뮤니케이션 할 수 있는 최선의 방법 중의 하나이다.
5) 메뉴를 기획하는데 여러 가지 요인을 고려해야 하는데, 가장 확실한 요인은 고객이다.
6) 메뉴커버도 주제와 관련된 정교한 것이어야 한다.
7) 소비자들이 메뉴카피를 처음 읽게 되는 것이 식당으로는 진리의 순간이 되는 것이다.
8) 메뉴는 단순한 나열이 아니다. 팔아야 하는 것이다.
9) 메뉴에는 빈 페이지가 있게 해서는 안 된다.
10) 와인리스트를 통해서 고객의 선택의 기회를 넓혀야 한다.
11) 특별프로모션을 통해서 호텔 비수기에 지역으로부터 식당판매를 유치할 수 있다.
12) 외부로부터의 식사주문, 연회기록에 의한 판매촉진, 연회패키지를 통한 판매증진을 도모해야 한다.

Hotel Marketing

제14장 컨벤션 판매

1. 컨벤션 판매

컨벤션판매는 호텔의 도매업에 해당된다. 따라서 이것은 호텔단체고객의 판매노력이 가장 두드러진 부문이다. 단체객실판매는 주로 컨벤션 판매 회의, 세미나, 관광단체, 운동팀 및 다른 유사한 단체로 이루어지지만, 여기서는 컨벤션 판매만을 다루어 보겠다.

단체고객의 가장 큰 원천은 컨벤션이다. 가장 많은 컨벤션은 여러 단체의 연차회의인데, 이것은 이사회와 위원회와 같이 국제적·국가적 또는 지역별로 개최된다. 컨벤션 분야는 그 자체가 하나의 산업이며 연 수십억 달러가 소요되는 참으로 거대한 부문이다.

호텔업자로서는 각 컨벤션이 대량의 판매를 기록할 기회가 될 뿐만 아니라 앞으로의 개별사업을 구축할 수 있는 인적 판매의 도매기회도 되고 있다. 호텔에서 개최되는 모든 회의에 출석하는 모든 대표자들은 장차 고객이 될 잠재고객인 셈이다. 그는 상품의 표본실에 와 있는 것이다.

국제 컨벤션뷰로협회(IACB)의 추정에 의하면 미국과 캐나다에서 개최되는 연간회의수는 22,000건이며 이들 중 약 6,000건은 국가, 지역, 또는 국제적 회의이며 나머지는 주별 개최회의이다.

다음은 컨벤션시티에서 컨벤션 참가자들의 일일 지출을 나타낸 것이다.

항목	비율
객실	33.69%
식당	25.51%
음료	5.59
소매점	11.92
현지수송	4.09
극장, 나이트클럽관광	7.42
자동차서비스	5.99
기타	5.79
	100.00

컨벤션의 지출습관은 변하는 것이며 같은 기간 같은 수의 참석자들로 개최된 한 컨벤션은 다른 컨벤션보다도 판매량을 두 배로 할 수가 있다. 지출습관으로 본 컨벤션 유형의 순위를 보면 다음과 같다.[1)]

- 통상 및 기업단체(Trade or Business Organizations)
- 전문가 단체(Professional Societies)
- 친목단체(Fraternal Organizations)
- 과학단체(Scientific Associations)
- 군사 및 애국단체(Patriotic and Military Associations)
- 노동조합(Labor Unions)
- 여성단체(Women‘s Organizations)
- 교육단체(Educational Associations)

기업협회는 가장 돈을 많이 쓰는 단체인데, 이는 그 회원들이 기업체 임원들로 구성되었기 때문이며, 이 분야의 컨벤션은 특수분야의 대기업에서 후원하기 때문이다. 이들 대형 기업들은 컨벤션 기간 중 많은 연예오락을 하는 것이 상례이다.

1) F.W. Berkman, D.C. Dorf and L.R. Oakes, *Convention Management & Services* (East Lansing : Michigan ; AHMA. 1985), p. 5.

전문가단체는 법률, 의학, 치과, 농업, 이와 비슷한 전문가 단체들인데, 지출습관은 거의 기업협회만큼 양호하다. 이들 역시 이 분야의 대형 제조회사에 의해 후원을 받고 있다.

친목단체는 회합에 따른 대단한 판매가능성은 없지만, 이들의 컨벤션이란 재회의 성격을 가지는 것이어서 대표 스스로가 비교적 지출이 높다.

과학단체는 호텔업자의 입장에서 보면 기업가들과 교육자들의 혼성체라고 볼 수 있다. 회원들도 과학 분야 및 타 분야의 과학자들과 대학 교수들이다. 이들의 평균수입은 기업인이나 전문인의 평균수입에 미치지 못하지만, 많은 과학 컨벤션은 상업전시회가 동반되고 있고 기업의 회원들도 이 회의에 출석한다.

군사나 애국단체는 재회의 경우가 많은데, 이들 단체회원 대부분은 저소득층이고 전에 군입대자들이 회원의 대부분이다. 그러나 어떤 단체는 씀씀이가 많은 경우가 있는데, 군수품제조회사 특히 항공분야 군수품제조회사들이 성대한 연회를 개최하는 경우가 그런 것이다.

노동조합은 대형 전국회의를 개최하며 또한 지역회의도 개최한다. 회원은 주로 저소득층의 사람들로 구성되지만, 씀씀이 패턴은 군사 및 애국단체와 유사하다.

여성단체는 목적부터가 가든 클럽에서 여성변호사협회에 이르기까지 다양하지만, 이 회의에서는 상업적 오락프로는 전혀 없고 회의참가자들도 지출습관면에서 보수적이다.

교육협회는 지출이 많은 단체는 아니다. 회원은 대학에서 국민학교에 이르기까지 여러 수준의 교육기관의 교사들로 구성되어 있으며, 그들의 보수도 기업체 간부보다는 상당히 낮다. 따라서 그들의 지출습성도 수입에 맞게 된다. 대부분의 교육단체는 훌륭한 판매인데, 왜냐하면 호텔이 가장 판매가 필요한 때에 매년 회의를 개최하기 때문이다.

많은 호텔사람들은 단체객실판매라는 것은 다양하고도 광범위한 시설을 가진 대형 호텔에만 관련된 얘기라고 믿고 있지만, 협회와 기업회의를 운영하는 사람들은 그렇지 않다고 한다. 미국의 호텔판매관리협회 회의와 기타 호텔협회 세미나에서 여러 연사들이 제시한 것들을 요약해 보면 다음과 같다.[2)]

2) C. D. Coffman, *Hospitality for Sale* (East Lansing, Michigan, AHMA,1980), pp.247～249.

① 큰 협회와 기업에서도 많은 소규모위원회 회의, 이사회, 특별단체회의 등을 개최하고 있다.
② 소규모회의를 위해서는 큰 업체의 컨벤션 기획담당자까지도 소규모 호텔을 좋아하는데, 전체호텔을 전부 이용하기 때문에 다른 대형회의를 개최할 때처럼 분산될 염려가 없고 한 그룹만의 단체 회의를 갖는다는 생각을 좋아하기 때문이다.
③ 회의임원들은 소규모 호텔의 이야기를 듣고 싶어 한다.
④ 회의기획가가 소규모 호텔에 대한 문의한 것에 반응이 별로 없어 실제로 25% 이하에 불과하다.
⑤ 전문가들은 언제나 저렴한 가격만을 구하지 않는다. 그러므로 단체회의라 해서 꼭 특별요금이거나 싼 값의 판매여야 할 필요는 없다.
⑥ 협회회의 및 기업회의 기획자들은 호텔사람들을 즐겨 만나려고 한다. 호텔인들이 만나러 오길 바라고 있다. 그러나 호텔사람들은 사전에 약속을 해야 하며 예고 없이 방문해서는 안 된다고 주장하고 있다.
⑦ 회의를 파는 최선의 방법은 핵심간부를 호텔에 모시는 것이다. 그들이 포만했기 때문에 무료를 찾으려 하지 않는다. 그러나 이들은 새로운 호텔을 찾는 것이며, 호텔의 시설과 서비스에 대해서 모든 것을 알아야 할 필요가 있는 것이다.
⑧ 대형호텔은 소규모 회의를 비웃어서는 안 된다. 대단위 회의가 되는 경우가 종종 있기 때문이다.
⑨ 호텔기획자들은 예약을 위해 시설을 판단하는데 관심이 있고 어떤 시설이 제공되느냐보다도 종사원들로부터 어떠한 대우를 받는가에 대해 관심을 가지고 있다.

모든 시설이 모두 큰 회의를 얻을 수는 없다. 그러나 대부분의 호텔은 어떤 회의든지 얻을 수가 있다. 그러므로 호텔은 호텔이 가지고 있는 모든 시설과 서비스의 목록을 만들 필요가 있다. 컨벤션을 전문으로 하는 호텔은 다음 내용들을 담은 이용가능한 자료를 가질 필요가 있다.

[그림 14-1] 컨벤션 시설, 뉴저지주 Great Gorge에 있는 Playboy Resort에 있는 정교한 시설이다. 극장식 식당은 만찬, 뱅킷, 컨벤션을 위해 사용할 수 있다.
자료 : C. D. Coffman, Op. cit., p.81.

- 모든 회의시설과 각층 도면, 제원, 회의수용능력, 회의장셋업, 리셉션이나 연회스타일
- 전시장 공간과 각 제원, 높이, 깊이, 길이, 입출구 크기
- 객실 및 스위트 수
- 레크리에이션 시설

- 식당, 바, 칵테일라운지
- 모든 시설의 위치를 밝히는 도면
- 도시 내에서의 위치
- 왕복교통편 - 고속도로, 공항 및 철도

소규모 호텔에서는 이들 시설 모두가 존재하지 않지만, 가지고 있는 것은 작성해 놓을 필요가 있다. 그래야 컨벤션 기획가는 이 호텔이 알맞은 장소인지를 결정할 수가 있다. 그러나 제일 중요한 것은 판매에 관심을 보이고, 추진하고, 사후관리하는 데 관심을 보여야 한다는 것이다. 거대한 전국규모의 컨벤션을 원치 않는 대형 호텔도 마찬가지이다. 많은 소규모지역협조자들이 많이 있다. 소규모 회의판매가 거기에 있을 수 있다. 호텔이 해야 하는 것은 그것을 얻는 일이다.

모든 단체판매는 특정회의의 달러로 지급된 실제 가치 이상으로 많은 이득이 있다. 회의에 참석하는 각 참석자는 앞으로 호텔을 이용할 가능성이 많은 사람이다. 호텔을 견본삼아 이용해 보는 특전에 대해서 돈을 지급하는 셈이다. 따라서 어떠한 회의참석자라도 개별고객이 되어 돌아올 기회가 있고 앞으로 회의를 준비해서 예약할 기회가 주어지는 셈이다.

2. 호텔의 컨벤션 판매준비

호텔로서는 컨벤션이 예약하길 바라기 전에 호텔내의 컨벤션시설이 무엇인지 제품분석을 해봐야 한다. 어떤 컨벤션시설이 있으며 얼마나 한 사람들을 한 번에 수용할 수 있는가, 연중 어느 기간에 얼마나 많은 사람들을 숙박시킬 수 있는가 등등.

연중 매월마다 컨벤션 단체에게 배정할 수 있는 최대 침대수를 기준해서 간단한 판매흐름도를 작성하여야 한다. 어떤 회의시설을 가지고 있는가, 연회나 오찬에 서브할 수 있는 사람수는 얼마인가, 전시와 등록을 위한 장소는 얼마나 있는가, 호텔내 컨벤션으로부터 넘치는 고객을 수용할 다른 시설이 인근에 있는가, 혹은 회의나 식사행사를 위한 시설을 누가 임대할 수 있는가.

판매지배인은 호텔내 공공면적에 대한 사실을 총합해야 하며 그것을 컨벤션브로슈어나 다른 보충유인물에서 쓸 수 있도록 해야 한다.

특별한 컨벤션만을 제한해서는 안 된다. 협회가 예상하는 참가자 수가 500명이고 호텔에서 300명만을 수용할 수 있다 해도 전체 참가자수를 수용할 만큼 적절한 시설을 가지고 있다면 이 컨벤션을 추구할 수가 있다. 예상참가자수의 약간은 현지 사람일 수도 있고 시외에서 오는 사람들은 시내의 친구와 같이 머무를 수도 있기 때문이다.

또한 일반적으로 협회간부는 최대수의 숙박과 시설을 확보하기 위해 실제 수를 늘리는 경향이 있음을 기억해야 한다. 반면 호텔의 시설능력으로 보아 적절히 취급할 수 없는 판매는 결코 해서는 안 된다. 불만스러운 단체는 그 호텔을 무시해버리기 때문이다.

컨벤션 유치를 위한 원천은 많이 있다. 상공회의소나 업계위원회가 우선적이고 최선의 원천이다. 상공회의소 내에 컨벤션 뷰로가 있다면 그것은 가장 훌륭한 원천이다. 지역 컨벤션 뷰로 사람들과는 항상 밀접한 조화를 가지도록 하며 그를 도와주고 지원하며 가능한 방법으로 협조해야 한다. 그가 지역전체를 위해 일하긴 하지만 우리 호텔을 위해서도 일을 하는 법이다.

지역사회내 컨벤션 뷰로가 있다면 그 뷰로의 장이 국제컨벤션뷰로협회(IACB)의 회원인가에 달려 있다. IACB회원은 각기 다른 도시나 지역의 컨벤션 뷰로로서 구성된다. 이들의 협조적 노력과 정보의 상호교환을 통해서 가장 큰 컨벤션 정보의 원류를 이루고 있는 것이다.

호텔대행소는 컨벤션 판매를 전문으로 하는 기업(회사)을 선택한다면 실제적인 판매원천이 될 수 있다. 호텔체인은 가입호텔로 하여금 컨벤션 파일을 만들도록 하고 서로 제공하도록 도와주고 있다.

컨벤션에 관한 정보를 제공하는 잡지들도 많이 있고 업계지나 전문 저널지도 훌륭한 판매기회를 제공하는데, 이들 모두는 분야별 협회의 모든 중요한 활동 즉 임원의 선출, 위원회 임명 및 회의 등을 보도하는 것이 보통이기 때문이다. 이러한 뉴스거리들은 협회디렉토리에 정보로 관련되어 파일에 정보로 유통되고 누구와 언제 접촉할 수 있는가를 알려주고 있다.

일간신문도 지역사회 인사들이 조직의 임원으로 선출된 정보를 전달해주며 이들이 그들 단체와 접촉할 수 있는 일선창구가 되며 컨벤션을 유치할 수 있도록 하는 것을 법칙으로 삼아야 한다. 이런 단체의 성명과 주소를 날자별로 보관하는 것도 대단히 중요하다. 이런 단체는 보통 상주사무국이나 본부주소가 없으며 새로운 임원을 매번 선임하고 있다. 그리고 컨벤션 장소를 결정하는 책임을 지고 있는 사람이 새로 선출된 간부들이다.

호텔의 모든 간부와 종사원들이 단체에 가입해 적극적으로 활동하도록 격려해야 한다. 이들이 모든 유형의 회의에 대해서 판매부에 제공하는 정보가 얼마나 많은가 놀라운 것이다. 그러나 한 가지 주의해야 할 것은 컨벤션 유치를 위해서 이용할 수 있는 모든 방법을 이용하되, 그 단체가 호텔의 실제 예정고객이라는 것을 분명히 해두는 일이다.

① 바로 이웃하는 지역이외의 다른 지역단체는 피해야 한다.
② 부풀린 회원수나 참가자 수를 감안하더라도 호텔이 수용하기에 너무 큰 단체는 피해야 한다.
③ 호텔이 정규고객으로 충분히 예약되는 시점에 날짜가 잡힌 회의는 피해야 한다.

이와 같은 것을 면밀히 검토한 후에 실무카드나 취급카드를 작성, 이 단체에 대한 별도 관리장부를 만들어야 한다.

컨벤션을 어떻게 유치하는가에 대해 정해진 절차는 없다. 왜냐하면 협회가 컨벤션 개최도시나 본부호텔을 선정하는 방법은 여러 가지로 다르기 때문이다. 많은 협회에서는 집행사무국이나 협회상임근무자에게 모든 컨벤션 준비를 위임하고 있고, 어떤 단체에서는 회장에게 컨벤션도시를 선정할 특전을 주고 있으며, 다른 단체에서는 장소선정위원회에 위임하고 있다.

어떤 경우는 도시가 선정된 후 현지 컨벤션의장이 임명되어 본부호텔을 선정하는 것이 이 위원회의 책임으로 되어 있다. 많은 단체의 이사회에서는 컨벤션에 관한 모든 결정을 하며 대단히 큰 단체에서는 흔히 대표자의 투표로 컨벤션시티를 선정한다.

따라서 컨벤션 판매는 다른 호텔판매형태보다 더욱 신중한 계획을 필요로 한다. 어떤 한 컨벤션에 대한 접근이 옳아야 하며 판매하려는 조직의 의전절차가 일치해야 한다.

컨벤션판매를 위해서 가장 강력한 판매수단은 인적 판매이며 판매원이 예약을 바라는 컨벤션시기보다 훨씬 이전에 시작해야 한다. 호텔에 어떤 협회를 판매하는 최선의 수단은 컨벤션이 유치되기 훨씬 전부터 현지회원에 의해 판매를 시작하는 것이다. 컨벤션 판매원은 매일 매일의 개인적 접촉 가운데 지역사회의 영향인사들을 가능한 한 많이 알아두어야 한다. 그가 회의유치를 시작할 때 그는 이미 그 협회의 현지회원을 개인적으로 알고 있어야 한다.

호텔판매원이 전국규모 회의를 자기 도시로 유치하도록 하는 생각을 주도하는 것은 가능하다. 그는 지역사회가 협회회의를 개최함으로써 얼마나 많은 이익을 얻을 것이며, 동시에 개인회원이 얻을 이익 또한 클 것임을 지적함으로써 지역핵심인사를 요지부동으로 만들어 놓을 수 있다. 한 호텔맨이 컨벤션이 그 도시에 유치될 때 지역회원 사이에 활동을 주도했다면 그 사람의 호텔이 자동적으로 본부호텔로 선정될 것이라는 것은 거의 이전의 결론이다. 물론 그가 이길 것이라는 것을 물론이라고 여길 수는 없지만, 만약 그 단체와 함께 한다면 경쟁에서 유리할 것이다. 현지 컨벤션뷰로 사람은 현지회원에게 판매하는데 안내도 해주고 도움을 줄 것이다.

협회본부 사무실에 자주 개인적으로 방문하면 다른 판매보다는 특정 정보와 판매를 얻는데 도움이 될 것이다.

분명하게 이 지역에 오는 단체를 가지고 있거나 국가 전반적인 구분을 생각할 때 최선의 방법은 가능한 한 빨리 핵심자들에게 공식초청을 보내는 일이다. 이 초대는 단순한 업무편지형식을 취할 수도 있고 호텔업계에서 흔한 경우지만 짧은 편지가 인쇄되어 들어있는 공식적인 브로슈어일 수도 있다. 어떤 형식이든지 간에 모든 서비스에 대한 요율과 가격, 이용가능한 일자, 회의, 연회, 전시시설에 관한 짤막한 소개 등에 관한 완벽한 정보를 담고 있어야 한다. 호텔이 제공할 수 있는 특별한 이점도 지적해두어야 한다.

이러한 초청 다음에는 가능한 한 빨리 개인적 방문이 있어야 한다. 핵심인사에게 공식초청을 발송하는 것보다 더 빨리 개인적 방문을 할 수 있으면 어떻게 해서든지 그렇게 해야 한다. 일단 컨벤션 판매를 얻고 나선 무관심해져서는 안 된다. 공식적인 초대나 개인적인 방문은 핵심인사나 그 위원회로 하여금 호텔에 와서 우선 시설을 점검하도록 하는 노력이 집중되어야 한다. 호텔의 실제점검이 없이 본부호텔로 정해지는 경우도 거의 없다. 이들 임원이 호텔점검을 하러 오면 그땐 진정한 세일즈맨십을 발휘하여야 한다.

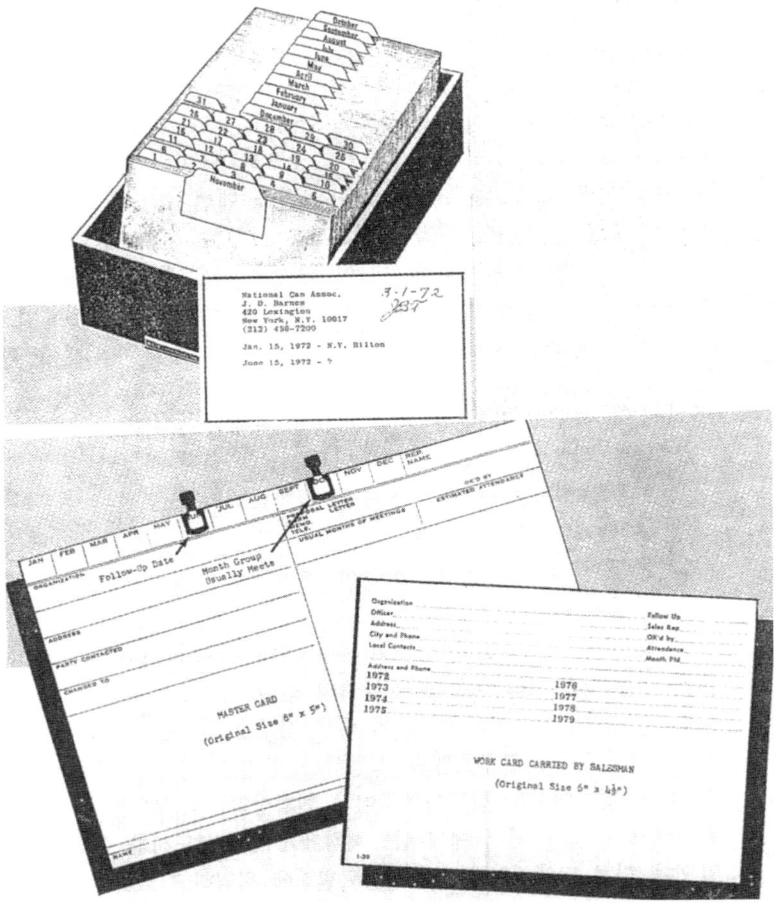

[그림 14-2] 컨벤션 카드의 실례

협회가 회의 중 회원의 투표에 따라 다음 회의개최지를 선정하는 절차를 밟으면 호텔세일즈맨은 직접 그 현장에 있는 것이 대단히 바람직하다. 현재 회의중 다음 개최지가 결정되는 절차가 있으면 현장에 있는 것이 현명하다. 잠재 컨벤션에 출석하기 위해 시외 판매여행을 하는 것은 사전에 판매작업이 이루어지지 않고 그 컨벤션을 유치할 상당한 가능성이 없는 한 결코 실제적이라 할 수 없다.

세일즈맨이 이전 출석했다는 이유만으로 컨벤션이 예약되는 것은 아주 드문 행운에 불과하다. 컨벤션 예약가능성이 있는 그런 경우 결정이 이루어질 때 현장에 있는 것은 분명 바람직하다. 업무촉진예산에는 이런 경우를 위해 여비를 항상 포함하고 있어야 한다.

현장의 출석이 가능하지 않을 때에는 어떻게 해서라도 단체의 장에게 상당히 강력한 초청전문을 발송해야 한다. 상당히 긴 전보는 언제나 인상을 주는 법이다. 이러한 전보는 초청의 형식이어야 하며 전체 모임에서 읽어질 수 있도록 작성되어야 한다. 그러나 전보는 긴급사건이 발생한 경우를 제외하고는 개별방문만 못하다. 그러나 전보는 자체가 판매효과를 갖고 있다. 전보가 유일의 판매메시지여서는 안되며 이전의 판매노력이나 이전에 제출한 공식제안서를 지지하는데 사용되어야 한다. 이런 경우 전보는 훌륭한 수단이 된다.

많은 대형 컨벤션단체는 2년에서 5년 또는 그 이전에 한 곳에서 회의를 개최하도록 동의한다. 한 호텔과 서면계약으로 예약할 수도 있다. 소규모단체는 개최지를 선정하고 본부호텔은 1년 전 혹은 몇 달 전에 정하는 수가 있다.

단체의 개최지 결정권자들에게 판매편지를 보내서 그들이 귀 호텔의 객실, 회의실, 연회실, 서비스를 우선 방문해서 답사하는데 관심을 보인다고 하자. 그러면 이것은 붉은 카펫을 펴서 그 간부들의 환심을 사도록 해야 하는 대목이다.

컨벤션판매 대행소가 그들의 관심을 평가하는데 쓰는 한 가지 방법은 회의장소와 객실을 원하는데 이용할 수 있도록 "잠정적인 예약"을 하도록 제의하는 것이다. 그러나 이것은 결코 확정된 합의가 아니다. 잠정예약이라는 것은 호텔의 예약행사기록부에 연필로 적어 놓고 프런트지배인에게 알려 줄 수는 있지만 이것은 단순히 잠정적일 뿐이다. 이러한 잠정예약이 분명한 합의로 만들어 예약행사기록부나 프런트예약에 오르도록 하는 사후관리가 조심스럽게 그리고 지속적으로 이루어져야 한다.

어쨌든 처음부터 빈 객실과 회의실을 채우도록 하는 다른 컨벤션 대신에 심지어 잠정계약 전에 이 단체의 예약가능성을 이중점검해야 한다. 과거 3년간 컨벤션 참가기록이 얼마였으며 어디서 개최되었는가 등을 이 단체가 전에 개최되었던 호텔지배인을 개인적으로 방문하면 상당한 정보를 얻을 수 있다.

예약확인하기 오래 전에 그 단체의 신용도와 지급기록 등에 대해서 알고 있어야 한다. 여기서 호텔컨트롤러는 도움을 줄 수 있고 호텔지배인도 은행에서 그것들을 확인해 줄 수도 있다.

컨벤션 간부들과의 예약확인에는 그 단체가 받을 것이 무엇이고 지급해야 할 것이 무엇인가에 대해서 문서로 합의서를 작성할 필요가 있다.

· 회의 및 전시장
· 오찬, 연회, 및 리셉션(메뉴는 회의 전에 협의할 수 있음)
· 특별서비스 및 장비
· 단체임원 및 기타 사람을 위한 스위트 수
· 단체 예약을 위한 객실블록기간
· 기타 다른 특별 수배사항

지급주체 및 지급시기도 명시해야 한다. 과거의 호텔은 컨벤션 취소에 대해 관대해서 합의된 시기와 장소의 대치를 얻기 어려워 재정적 불이익을 받았다. 오늘날의 합의서는 조건과 벌칙의 규정을 포함하고 있다. 협약이란 다른 계약과 마찬가지로 단체 간부들과 호텔지배인이 양자 합의했을 때 가장 구속력이 있다.

미 호텔 모텔협회가 컨벤션단체를 대하는 일련의 건의를 만들었는데 그 건의내용을 보면 다음과 같다.[3)]

① 호텔은 회의실에 대해서 공정한 봉사료를 부과하여야 한다.
② 호텔은 회의와 관련하여 상업적·과학적 전시에 사용된 장소의 부

3) C. D. Coffman, *Marketing for a Full House* (Ithaca, New York : Cornell University, 1984), p.307.

스장비비와 평방피트로 비용을 부담시킬 수 있다.

③ 호텔은 객실과 공공장소의 이용자의 요구를 해결하기 위해 필요로 하는 특별장비, 서비스, 노동에 대하여 적절한 비용을 부과할 수 있다.

④ 호텔은 어떤 연회이든 적어도 24시간 전에 분명한 보장을 하여야 하며 그 보증의 추가 5%를 봉사할 준비를 갖추어야 한다. 그리고 출석자가 보증보다 모자랄 때 보증된 정확한 수자로 비용부담을 시켜야 한다.

⑤ 호텔은 단체가 음료를 지입하는 경우 Corkage charge를 부담시켜야 하며 단체가 음료를 지입하도록 허락하는 것은 적극적으로 막아야 한다.

⑥ 호텔은 회장과 사무국에만 무료객실을 주도록 한정해야 한다.

이런 것들은 수년간씩의 경륜이 있고 고객의 욕구와 필요를 정확히 아는 전문 컨벤션 지배인들의 말이다. 컨벤션을 취급하는데 대부분의 사람들은 이러한 지배인들과 같은 경험도 없을 뿐만 아니라 컨벤션의 경험이 전혀 없는 사람도 많을 것이다.

어떤 교육단체에서는 전문사무국을 두고는 있으나 대부분은 두고 있지 않다. 마찬가지로 친목단체, 여성단체, 군사 및 애국단체도 회의를 취급하는 경험 있는 인사를 두고 있지 않다.

내세울 수 있는 판매강점의 하나는 이들이 전체 컨벤션의 셋업, 기획 및 실행계획을 작성하는데 도움을 줄 수 있다는 것일 것이다. 왜냐하면 어떤 호텔맨은 컨벤션을 하는 위원회보다도 컨벤션 관리에 보다 많은 관심을 가지고 있을 것이기 때문이다. 이것은 호텔측에 최고의 전술을 요하는 상황이다. 어떤 식으로든지 위원회에게 어떻게 할 것을 명령하고 있다는 인상을 주지 말아야 한다. 위원회가 충분히 믿을 수 있는 방향에서 제안을 해나가야 한다.

아마도 아마추어인 컨벤션위원회에게는 값있는 일들을 많이 지적할 수 있을 것이다. 회의를 너무 집중시켜서도 안되고 컨벤션 참가자들의 시간의 일분마다를 채우면서 그들 시간을 빈틈없이 만들어서는 안 된다. 그들의 등록대는 총회장 바로 밖이나 모든 대표들이 회의나 연회장으로 가면서 꼭 지나야 하는 곳에다 설치해야 한다.

회의마다 셋업형식을 달리하는 이점도 경험이 없는 컨벤션의장은 모르고 있는 경우가 흔하다. 많은 컨벤션위원회는 연회 때 언론인용 테이블이 예약되어야 한다는 것을 모른다. 이와 유사한 수십 가지의 제안과 안내를 통해서 경험 없는 컨벤션위원회로 하여금 우리 호텔에서 원활한 컨벤션을 치르게 하고 또한 재구매의 고객으로 되게 할 수 있다.

호텔 컨벤션 판매원은 객실이용과 연회판매 이외에도 상당한 수의 식사를 판매할 기회를 가진다. 호텔판매원은 컨벤션을 통해서 최대의 객실이용을 할 수 있도록 참가자들을 권고할 수 있다. 이때 쓰이는 절차는 위원회로 하여금 대표자에 발송하는데 회신용 예약카드를 공급하는 것이다.

많은 호텔에서는 물론 더 나아가 컨벤션간부들로 하여금 많이 참가하도록 도와 줄 수도 있다. 그들이 공급하는 판촉물 가운데 ① 호텔 홀더와 브로슈어, ② 지도, 명승지, 이벤트 캘린더가 달린 지역 홀더, 회의 전 또는 회의 후 패키지 플랜, 그리고 부인 프로그램 등이 있다. 협회의 저널에 광고를 게재하고 협회에 보낼 편지에 붙일 스티커도 보내준다.

컨벤션 회원예약을 받았을 때 호텔서비스와 회의 전이나 회의 후 패키지에 대한 두 번째 유인물이 보내어진다.

컨벤션 판매원은 어떻게든 특별요금을 거론하지 말아야 한다. 경쟁이 심해짐에 따라 여러 해 전에 있었던 요금깎기의 위험이 재현될 위험이 있다. 식사연회를 파는데 있어서 높은 가격을 먼저 이야기하고 그런 다음 꼭 그래야 하면 가격을 줄여 나가야 한다. 불행히도 많은 컨벤션 판매원은 오늘날 판매주장을 그저 가격에만 두고 있다. 물론 가격이란 자주 고려해야 할 상황이지만, 그러나 컨벤션을 최소 객실료와 최소 식사연회가격으로 판다는 것은 이것은 판매가 아니라 주문받기에 불과하다.

높은 가격의 식사를 판매할 뿐만 아니라 식사연회를 협의함과 동시에 요금을 팔아야 한다. 연회 전에 칵테일 파티를 제안해 보도록 한다. 서비스 속도가 요인이 된다면 대표들이 앉을 자리에 맨해튼이나 마티니를 한 잔씩 놓도록 제안해 보아야 한다. 연회와 더불어 포도주를 팔도록 해야 한다. 대부분의 위원들은 음료에 대해서는 생각하지도 않을 것이며 판매원이 제안하지 않는 한, 그리고 이들 품목이 파티를 돕게 될 것이라는 이유를 설명하지 않는 한 칵테일이나 포도주를 생각하지 않을 것이다.

아침, 저녁의 커피브레이크를 팔아야 한다. 아침 회의참석자들의 신속한 출석을 해주기 위해 회의실 바로 밖에서 뷔페스타일로 제공되는 컨티넨탈식 아침을 판매하여야 한다. 점심시간 혹은 끝날무렵 회의가 휴회할 때 서비스바 설치를 판매하도록 해야 한다.

오늘날의 관례는 거의 모든 회의실에 비용부담을 시키지 않는다. 일반적으로 받아들여진 것은 회의참가자 대부분이 본부호텔에 머물 때 아마도 전체수의 약 60%가량이 머물면 회의장도 무료이다. 그러나 세일즈맨으로서 회의실 사용에 대해서 비용부담을 시키도록 노력해야 한다. 장소를 무료로 제공하는 관례에 비하면 회의실 사용비를 받은 것은 순이익이 되는 것임을 명심해야 한다.

컨벤션과 관련하여 상업적인 전시를 설치하고 기획하는데 있어 전문컨벤션 지배인에게도 상당한 도움이 될 수 있는데, 자기장소와 호텔의 특성을 누구보다도 더 잘 알기 때문이다. 전시장으로 가는 교통의 흐름은 물론 이런 장소의 설치와 규모에 영향을 줄 기둥, 입구, 출구, 기타 다른 요인들이 있을 수 있다. 어느 경우이든 그 장소가 협회에 배정이 되고 반대로 그들이 그 장소를 다른 상업전시자들에게 팔 때에는 호텔은 그 장소사용에 대해서 요금을 받아야 한다.

특별서비스를 얻고 회의의 성공에 영향을 미칠 관광, 연예, 기타 요인을 판매하는데 판매원은 컨벤션위원회를 도와줄 준비가 되어 있어야 한다. 만약 컨벤션이 연회를 위해서 오케스트라가 필요하다면 준비해 주거나 어디서 얻을 수 있다는 것을 말해 주어야 한다. 연예도 마찬가지이다. 판매원은 연사를 추천할 수도 있을 것이다. 관광, 야외 레크리에이션과 스포츠시설 그리고 컨벤션 특색으로 될 수 있는 다른 매력들에 대해서 연예분과 위원장이 같은 도시에 살지 않는 한 분명히 그보다 더 많이 알고 있을 것이다.

컨벤션위원회에 대한 이와 같은 도움은 실은 호텔이 자동적으로 제공해야 하고 또한 할 수 있어야 할 실제 서비스의 일부분이다. 그것은 서비스 이상이다. 그것은 컨벤션이 이미 예약되고 난 후 재구매를 위한 판매일 뿐만 아니라 컨벤션 본부호텔의 선정에 결정적 요인이 될 수 있도록 사전에 돕기 위한 호텔판매원의 의지이기도 하다.

모든 사전교섭에 있어서는 많은 세부사항이 토론된다. 약속된 모든 작은 포인트마다 끝까지 지켜져야 하고 수행되어야 한다는 것은 정말 중요하다. 그렇게 하는 데는 또 하나의 올바른 길이 있다. 협회와 합의를 한 사람은 현장에서 스스로가 연사의 테이블에 얼음물이 있는가, 칠판에 백묵과 지우개가 있는가, 확성기는 켜져 있는가, 등록대는 설치·준비되어 있는가, 모든 약속한 작은 일들이 모두 지켜지고 있는가를 직접 살피는 것이다. 컨벤션단체에 대한 사전판매에 대해서, 컨벤션을 종결시키고자 하는 열의와 노력에서 충분히 수행할 수 없는 것은 결코 약속하지 말아야 한다.

사전수배를 하거나 요구사항을 토론함에 있어서 모든 필요한 시설과 서비스가 가장 전문적인 협회지배인들과 거래할 때까지도 제안되도록 하는 것은 판매지배인의 책임이다.

컨벤션이 잘 서비스 받도록 하기 위해서는 컨벤션판매지배인은 무엇보다도 다음과 같은 점을 확인하여야 한다.[4)]

(1) 본부

협회는 컨벤션 기간 중 혹은 개최일 전에 개인사무실을 필요로 하는가?

(2) 등록

협회는 대표의 등록, 연회티켓 판매 등을 어떻게 취급할 계획인가, 몇번이나 등록이 있을 것이며 얼마나 많은 도움을 데스크에서 필요로 하는가, 타자기, 현금상자, 표지판 등이 필요한가? 대표자들이 등록할 때 등록데스크에서 객실키를 받아 갈 수 있도록 사전예약제가 마련될 수 있는가? 캐셔사무실이 한가한 시간에 빠른 체크-아웃시스템을 컨벤션 광고를 통해서 마련할 수 있는가?

(3) 전시

① 전시는 언제 도착하는가

② 어느날에 설치되는가

4) C. D. Coffman, *Op. cit.*, pp.309～310.

③ 어떤 시간에 전시가 대표자들에게 공개되는가
④ 전시자의 포장상자와 바구니는 어디에 저장되는가
⑤ 누가 개인부스를 세울 예정인가
⑥ 부스 내 전시자가 필요로 하는 장비는 무엇인가(식탁, 의자, 전류 등)
⑦ 전시장 청소를 위해서는 어떤 조치가 필요한가
⑧ 관람자에게 전시관을 닫는 시간은 언제인가
⑨ 전시가 닫혔을 때 경비원을 필요로 하는가

(4) 회의실

① 각 회의별 최대 출석자는 얼마인가
② 회의는 몇 시에 시작되는가
③ 회의는 몇 시에 끝나는가
④ 어떤 장비가 필요한가(확성기, 원고독송대, 칠판, 걸개, 영사기, 국기 등)

(5) 기자실 본부

① 기자실용 별도 방이 필요한가
② 그렇다면 원고작성용 테이블이 필요한가
③ 타자기, 전화기가 필요한가

(6) 특별 지원

① 전화메시지 전달을 위해 등록데스크에 벨보이를 종일 배치할 필요가 있는가
② 전기설치에 있어 전기기사의 도움이 필요한가
③ 특별히 목수가 해야 할 일이 있는가
④ 전시품을 날라 오고 차리는데 도와줄 포터가 필요한가
⑤ 이 특별서비스에 대해 요금이 얼마인지 아주 초기교섭부터 분명히 해야 한다.

(7) 식사연회

① 어떤 식사연회가 몇 시에 열리는가

② 참석예정인원은 얼마인가
③ 보장받은 참석인원은 얼마인가
④ 메뉴는 어떤 것인가
⑤ 헤드테이블에 스포트라이트나 꽃과 같은 특별장비가 필요한가
⑥ 컨벤션위원회의 인원보장에 대한 필요성을 인식시키고 정확히 무엇을 의미하는지를 설명해야 한다.
⑦ 인원보장수 말고 얼마나 더 많이 준비할 수 있는가를 알려주어야 한다.
⑧ 실제 얼마가 출석하든 보장된 인원수 대로 지급받을 것이라는 것을 분명히 알려주어야 한다.
⑨ 보장인원이 호텔에서 설정한 마감기간에 늘어날 것인지, 아니면 줄어들 것인지를 알기 위해 위원회에 자주 확인하여야 한다.

(8) 부인 프로그램

① 컨벤션이 남성 컨벤션이라면 컨벤션에 출석하는 부인의 시간을 보낼 부인 프로그램을 준비하도록 권유하여야 한다.
② 동행참가 부인은 컨벤션 참가자수 증가는 물론 더블객실을 최대로 팔 수 있게 한다.
③ 가능하면 부인 프로그램을 기획·실시함에 있어 위원회와 같이 일할 여직원들을 배정하여야 한다.

(9) 세부지침서 작성

호텔 모든 부서에게 배포하기 위해 컨벤션의 회의, 요구사항 및 사교행사들을 기록한 세부지침서를 작성하여야 한다.

[그림 14-3] 컨벤션브로슈어의 예. The Greenbriers 컨벤션브로슈어는 중앙 부분이 열려 있어 강당과 극장식 회의실을 볼 수 있게 만들었다.
(자료 : C. D. Coffman, Op. cit., p.303.)

(10) 부서장과의 회의

회의진행과 관련이 있는 부서장들과 회합을 갖고 세부사항을 점검하여야 한다.

(11) 현장배치

① 첫 간부가 도착할 때 현장에 있고 회의 내내 이용가능토록 현장에 출두하여야 한다. 그들을 쫓아다니라는 말이 아니라 원할 때 어디에

서 연락이 될 것인지를 분명히 하라는 말이다. 만약 계속해서 도움을 줄 수 없다면 요원을 배치해 컨벤션 서비스를 담당할 수 있도록 분명히 해 두어야 한다.

② 아무리 조심스럽게 계획한다고 해도 언제든 잘못되는 일이 일어나기 마련이다. 그러나 누군가를 현장에 배치해 잘못되는 일을 맡게 한다면 역효과는 나지 않을 것이다.

(12) 임원예약 확인

임원의 예약을 신경 쓰고 도착했을 때 숙박이 준비되도록 유의해야 한다. 만약 임원이 체크인 하면 즉시 연락할 수 있도록 프런트오피스에 통지해 놓아야 한다.

3. 컨벤션 지배인과 판매

호텔의 컨벤션지배인은 직위가 무엇이든지 간에 컨벤션이 시작되면 큰 책임이 따른다. 대표자 대부분은 중요인사들이며 중요한 이유때문에 컨벤션에 참가하고 있다. 모든 컨벤션이 성공하느냐는 대부분 호텔이 일을 얼마나 잘 하느냐에 달려 있다. 프로그램이 아무리 잘 계획되고 아무리 훌륭한 연사를 협회에서 준비했다 하더라도 호텔이 그 운영을 망쳐 버리면 헛수고가 되는 것이다.

그러므로 호텔이 다음번 컨벤션을 못하게 되는 것은 사소한 실수가 연속되기 때문임을 명심해야 한다. 잡소리가 나는 마이크, 밝기가 시원치 못한 전기불, 불편한 의자, 청중으로부터 너무 높거나 멀리 떨어진 단상, 서비스요원들의 부주의함, 음식차림의 상상력 부족 등이지 호텔경영진이 통제할 수 없는 흔한 대형사고가 아닌 것이다.

컨벤션이 개최될 때에는 호텔의 모든 요원들은 컨벤션지배인의 지시에 따라 준비할 수 있도록 유의해야 한다. 그러나 각 부서장으로부터 최대의 도움을 얻어내는 길은 그들과 협동하는 것이지 명령하는 것이 아니다. 그들은 모두 자기 부서의 전문가들이기 때문에 명령보다는 요청받는다면 필요한 때 더욱 쉽게 도와 줄 것이다.

컨벤션 지배인은 컨벤션이 진행 중인 동안 각 부서의 기능이 고르게 그리고 원활하게 하는 일자리에 서 있게 된다. 어떤 상황이 되더라도 모든 상황에 책임을 져야 하며 다부져야 하고 짜임새 있고 효율적이어야 한다. 이것은 큰 과업이지만 모든 세부사항이 사전에 면밀히 준비되고 모든 지시가 인쇄되어 모든 요원에게 전달되었다면 이 과제는 훨씬 부담스러움이 적게 될 것이다. 이러한 지시는 관계자에게 직접 또는 간접으로 전달되어야 한다. 말하자면 총지배인, 수장, 연회지배인, 주방장, 하우스키퍼장, 프런트오피스 지배인, 서비스감독관, 벨캡틴, 안내요원, 하우스맨장, 기사, 전기기사, 교환원 등이다.

어떤 한 컨벤션에 대한 지시는 전체를 세부적으로 설명하고 있어야 하는데, 가령 협회의 이름, 컨벤션 일자, 핵심책임자, 모든 회의 및 사교행사의 시간과 설치 등에다 소요 특별장비 및 특별서비스, 등록처와 본부사무실에 대한 정보, 언론관계자 숙박, 전시물 설치일, 출발일, 사용 장소, 특별요구사항이나 서비스에 관한 지시 등이 포함되어야 한다.

상업적인 전시는 호텔컨벤션 지배인의 역할에 특별한 주의가 필요한데, 호텔건물이 훼손당하지 말아야 하며, 모든 비용이 분명히 이해되어야 하며, 모든 개인 전시자들이 협회로부터 장소를 매입함에 있어 호텔에 대한 책임을 이해시켜야 하기 때문이다.

모든 컨벤션의 단체회의, 관광단 및 기타 다른 비즈니스가 끝나는 데는 이들을 달러로 정확하게 항목별로 보고해야 한다. 단체가 투숙한 기간 중 얼마나 많은 사람들이 매일밤 투숙했는가, 싱글은 몇 개, 더블은 몇 개? 연회에 참석한 사람수는? 각 사교행사별 참가인원은? 총객실이용수는 얼마인가? 이것은 단체가 예약할 때의 예정수와 어떻게 비교되는가? 이 모든 것이 실제 달러로는 얼마나 보탬이 된 것인가?

이것은 동일단체를 재계약하거나 할 때에는 값있는 정보가 된다. 수배를 책임진 인원은 임원도 가끔 정직하게 3박에 250실이 예상된다고 하지만, 실제로는 컨벤션 전날 40실, 첫날밤 180실, 3일째 밤 60실 그리고 컨벤션이 종료된 날 10실 등과 같다. 이것은 아직껏 괜찮은 비즈니스지만 만약 3박 250실이 연이어 있을 것으로 기대한다면 근처에도 못 미친 것이다. 아마도 다른 판매로 그 갭을 메울 수 있었을 것이다.

어떤 단체를 위한 수배를 할 때마다 그들의 마지막 두 가지 또는 세 가지 회의가 개최되는 곳을 항상 찾아야 한다. 진정한 수치를 알아보기 위해 호텔업자들과 만나 확인해 보아야 한다. 그들은 컨벤션 사람들이 가지고 있다는 수에 맞지 않을 것이다. 다른 호텔사람들이 이런 정보를 요구할 때마다 기꺼이 제공해 주어야 한다.

경제적인 변동과 다른 요인들이 컨벤션과 단체회의 출석에 영향을 준다. 전국적인 불경기가 없을 때도 여러 산업에서는 불경기가 일어난다. 정책변화도 출석에 영향을 미치며 회사에서도 판매회의에 부인들이 동반하지 않도록 정책을 변화시키는 수도 있다. 숫자가 바뀌는 수십 가지 이유가 있으며, 따라서 다른 호텔맨에게 기꺼이 정보를 주면 그로부터 같은 자료가 필요할 때 그도 기꺼이 협조해 줄 것이다.

예상수치에 미달하는 단체회의는 한 달의 수입과 이익에 영향을 미친다. 100% 이용률을 예상했던 방에 50실이 빈방이 되고 이미 개인예약을 취소해버린 경우라면 이것은 거의 재난에 가까운 것이다.

컨벤션이 개최되기 전 적어도 60일 전까지는 컨벤션의 예약을 항상 체크해야 한다. 그리고 난 후에는 매주 예약부서와 함께 확인해야 한다. 만약 단체가 기대만큼 오지 않는 것으로 보이면 책임인원을 방문해서 출석자에 대한 새로운 수를 얻도록 해야 한다. 호텔에서 블록한 만큼 숫자가 되지 못한다면 만원이 되리라던 날에 필요할지도 모르는 예약을 취소시키지 말고 개별예약을 받게 할 수 있다.

판매회의란 정말 여러 가지를 의미한다. 모든 종류의 업무회의가 이 부류에 속한다. 구매업자, 기사, 조사자, 이사, 은행가 혹은 다른 업무의 대표자들의 회의가 모두 이 범주에 속한다.

이 모든 기업간부회의, 근로자들의 회의가 특히 바람직한 것인데, 이들은 모두 회사비용 고객일 뿐 아니라 회의에 출석한 모든 사람들이 앞으로의 이용잠재성이 있기 때문이다. 심지어 더 큰 의미가 있는 것은 기업회의는 1년이나 그 이전에 예약이 되는 컨벤션보다는 더 짧은 기간의 통보로 예약될 수 있다는 사실이다. 기업회의는 자주 소집되며 새로 생긴 상황을 타개하기 위하여 여러 차례 연이어 개최된다. 기업회의는 금전상의 이익과 시간의 단축이라는 단점 말고도 많은 특별한 이점이 있는데, 그 중에서도 주요한 것은 이용가능한 날에 맞추기 위하여 2, 3일에도 흔히 받아들여진다는 사실이다.

모든 기업회의의 주요 원천은 지역사회 내의 최고기업 임원들이다. 두 번째 원천은 정기적으로 업무출장시 호텔에 머무르는 손님이다. 그를 서비스, 특별매력, 후한 대우, 아첨뿐만 아니라 기업회의를 위한 시설에 대해 직접 판매메시지를 전달함으로써 그를 유도해야 한다. 전 호텔의 표지판, 객실내 텐트카드, 예약확인시의 첨부물 그리고 정기적인 통신 등을 통해서 기억을 유지토록 한다.

모든 것 중에서 가장 좋은 판매수단은 속임 없이 직접적으로 대화를 해 나가는 방법이다. 로비에서, 프런트데스크에서, 커피숍에서 호텔 어느 곳에서든 정기적으로 우연한 대화를 통해서 호텔에 온 이들 사람들을 될 수 있는 한 많이 만나야 한다.

가장 이해가 잘되는 판매메시지는 가장 단순한 것이다. "당신은 이사회를 준비해야 하지요, 잠깐 시간을 주시면 회의실과 컨벤션시설을 보여 드리겠습니다. 어떤 기업회의든 멋진 시설을 가지고 있습니다."

판매회의란 본질적으로 상품화와 서비스라는 관점에서 본질적으로 컨벤션과 동일하다. 산업판매회의에서는 본부호텔을 결정받기 위해 판매대상이 되는 것은 한 사람의 사장뿐인 경우가 보통이다.

판매회의 중 가장 좋고 그리고 가장 수가 많은 것은 보험회사와 자동차 산업의 각 회원사의 판매회의이다. 보험회사 회의를 결정하는 사람은 보통 대리점 담당 부사장이라는 직함을 가지고 있는 임원이다.

자동차회사 회의는 총판매지배인이나 지역판매 지배인에 의해서 흔히 설계되고 운영된다. 지역사회에 있는 현지 자동차 딜러는 이들 판매지배인의 명단을 제공해 줄 수 있다.

이 회의는 언제나 실속 있는 판매인데 출석자들의 판매열의를 의도한 고무적인 주제를 가지고 개최되기 때문이다. 보험회사 컨벤션은 순전히 이전의 판매실적에 대한 포상적인 성격이다. 이들 모두가 지출이 많으며 무엇이든 최고를 바라는 것이 보통이다. 모든 계산은 총액기준으로 계산되기 때문에 호텔판매원이 취급하는 사람들은 최고의 숙박과 서비스를 요구하면서 가능하면 이로운 가격결정을 하려고 한다는 것을 알게 된다. 이들 판매담당 임원들은 언제나 훌륭한 판매설명에 따르기 마련이다.

판매회의의 또 다른 원천은 지역 내나 인근지역에 많은 판매원을 가진 기업체의 사장들이다. 주기적으로 이들 판매조직은 판매회의를 하기 위해 판매원들을 본부로 불러들인다. 이러한 판매가 현지에서는 가장 잘 개발된다.

세미나는 호텔이나 리조트로서는 비교적 새로운 판매소스이다. 세미나는 모두가 대단히 진지하고 실무회의에 중점을 두고 있다는 점에서 컨벤션이나 판매회의와는 다르다. 세미나는 기업체, 업계협회 또는 교유기관에서 개최하는 것이 보통이다.

IBM이나 General Electric 같은 주요 회사들은 자체 세미나나 컨벤션 센터를 가지고 있고 많은 대학들도 그렇다. 이들 컨벤션센터는 참가자들이 특정문제에 대해서 방해받지 않고 집중할 수 있는 조용하고도 외진 위치에 있는 것이 보통이다. 회의는 2~3일 혹은 2~3주, 심지어 이보다 더 오랫동안 계속되기도 한다.

이렇게 별도 떨어진 연구장소를 "Think Tanks"라고 불려지는 경우가 많은데, 생각을 위한 곳이기 때문이다. 이런 곳은 평화와 조용함 그리고 편안함을 요구한다.

이상적인 컨벤션센터는 하나나 그 이상의 세미나실을 가지고 있다. 좌석수는 120명 정도가 앉을 수 있다. 이 세미나 실은 강사가 선 곳에서 3단의 테라스로 만들어지는데, 각 참가자가 방해받는 일 없이 연단, 스크린, 전시 등을 볼 수 있게 하기 위해서다. 참가자들은 고급 임원실 같은 의자에 앉는다. 각자마다 책상이 있고 또는 길게 늘어진 곡선모양의 책상의 큰 부분에 앉는다.

음향도 뛰어나며 시청각 장비도 연사가 두 개의 화면을 동시에 비교할 수 있도록 복잡하다. 직사각형 스크린과 굴절형 스크린이 있고 모든 형태의 영사기도 있다.

이러한 세미나실 말고도 부문 간 회의를 위한 별실이 많이 있어 50석이 마련되어 있다. 이들 역시 편안하고 방음장치가 되어 있어야 하며 시각보조재료로 장치가 되어 있어야 한다.

싱글용 객실도 설계되며 각 방에는 책꽂이와 훌륭한 조명전등을 갖춘 정규 공부책상이 있다. 특별히 편안한 라운지 의자가 있어 독서용 전등도 갖추고 있다. 침대머리켠에는 책꽂이와 조정가능한 독서용 전등이 있다.

모든 교육기관이나 협회, 주요 기업이 자체 컨벤션센터를 가질 수 없으며 특별히 가질 필요도 없다. 이것은 바로 호텔이 있기 때문이다.

어떤 호텔에서는 세미나 단체만을 수용하기 위해서 경사진 강당을 건축했다. 그러나 이동식연단을 가진 층별 테라스를 건설해서 회의나 연회실로 사용할 수 있게 함으로써 똑같은 효과를 얻을 수가 있다. 이미 별도회의를 위한 소규모 회의실을 갖춘 호텔이 많다.

정말로 필요한 것은 소음이나 소란, 방해 없는 편안함과 프라이버시이다. 이런 주요 요소를 갖추고 있는 호텔은 세미나를 예약 받을 수 있다.

주요 원천은 주요기업과 협회이다. 주요대학 인근에 위치한 호텔은 대학과의 협의를 통해서 상당한 회의와 세미나 단체를 개발할 수 있다.

이런 일을 하고자 하는 호텔은 이런 목적을 위해 프린트한 특별 선전물을 갖고 있어서 이 호텔이 세미나를 전문으로 하고 있음을 알려야 한다. 홀더는 단색으로 할 수 있지만, 시설목록과 각층 단면도, 정확한 회의실 규격 그리고 이용 가능한 장비 특히 시청각 기자재 그리고 편안한 객실연구실에 대한 사실을 기재해야 한다.

DM, 조심스럽게 선정한 업계지에의 광고, 인적 판매가 사용할 만한 판매수단이다. 그 원천은 주요기업, 주요협회, 주요 교육기관이다.

Summary

요 약

지금까지 설명한 것을 요약하면 다음과 같다.

1) 컨벤션 판매는 호텔의 단체고객 확보를 위한 중요한 수단이 된다.
2) 컨벤션시장은 전문가협회 및 기업협회로 크게 분류되며 각기 다른 시장특성을 가지고 있다.
3) 컨벤션의 유치를 위해서 호텔은 호텔이 가지고 있는 모든 시설과 서비스의 목록을 만들 필요가 있다.
4) 컨벤션 판매를 위해서 가장 강력한 판매수단은 인적 판매이다.
5) 많은 대형 컨벤션 단체는 2년에서 5년 또는 그 이전에 회의를 한 곳에서 개최하도록 동의한다.
6) 컨벤션 판매 지배인은 본부의 요청사항, 등록업무, 전시, 회의실, 기자실 본부, 특별지원사항, 식사연회, 부인프로그램, 임원예약 등을 확인하여야 한다.
7) 또한 호텔 모든 부서에 배포하기 위해 컨벤션 회의, 요구사항 및 사교행사들을 기록한 세부지침서를 작성하여야 한다.
8) 회의진행과 관련이 있는 부서장들과 회합을 갖고 세부사항을 점검해야 하며 현장인원을 배치해 회의의 원만한 진행을 도와야 한다.
9) 주요대학 인근에 위치한 호텔은 대학과의 협의를 통해서 상당한 회의와 세미나 단체를 개발할 수 있다.

Hotel Marketing

제15장 투어단체판매

1. 투어단체판매

투어 단체에는 인센티브관광, 투어단체, 운동선수팀, 교육단체, 특별기호단체 등이 포함된다.

인센티브투어 관광단체는 고급투어 단체이다. 생명보험회사, 자동차판매원, 그리고 이와 같은 단체들은 판매원들에게 금전적 보너스나 값비싼 제품으로 보상하는 대신 여행으로 보상하는 경우가 많기 때문에 가장 훌륭한 시장이다. 이런 여행에는 부인과 가끔 아이들까지 포함된다. 대부분의 단체들은 외국여행지나 리조트 센터로 가지만 어떤 단체는 호텔의 고객이 될 수 있다.

해외 인센티브 여행단을 위한 수배는 특별관광업체에서 마련하는데 전세교통편, 호텔숙박과 식사, 관광투어 및 오락 등을 패키지해서 회사에게 판매한다. 호텔판매대행소가 도울 수도 있고 어떤 호텔체인은 회사계열로 자체 여행사를 두고 있다.

투어단체는 항공편과 버스편, 또는 버스편만을 이용해 여행을 하든 간에 대량 판매가능성이 있는 훌륭한 고객이지만, 컨벤션 단체만은 못하고 돈의 지출도 많지 않다. 이들 대부분은 여행사가 모집한 단체로 구성되며 이들은 경험이 많은 여행자들이 아니다.

이들 투어의 수배는 이 투어를 설계하고 판매하는 도매업자가 하고 소매업자를 통해서 판매한다. 이것은 도매여행사의 판매가가 자체 이익도 되고 소매여행사에 수수료를 지급하면서 모든 비용을 감당할 수 있을 만큼 충분해야 한다는 것을 의미한다. 여행사의 목록은 ASTA와 같은 회원명부에서 얻을 수 있다.

여행클럽은 신문잡지광고, 신용카드 소유자에게 보낸 통신 기타 이와 유사한 소스를 통해 단체관광을 촉진하기 위해 조직되어 왔다. 여행클럽회원은 자기가 지급한 비용에 대해서 단체 투어 패키지를 알리는 잡지와 정기 우편물을 받게 된다. 이와 같은 클럽은 상당히 싼 값으로 해외패키지 여행을 실시하는 홀세일러 여행사와 긴밀히 협조한다.

2. 여행도매업자의 패키지

단체관광을 위한 호텔서비스 패키지 방법은 투어 오퍼레이터에게 호텔을 판매하는데 적어도 다음과 같은 7가지 요소를 고려해야 한다고 한다.[1)]

(1) 우리 호텔이 투어 오퍼레이터에게 어필하고 있는가.

다른 호텔이 투어 단체로 결과가 좋았다 해서 우리 호텔에게도 똑같이 성공할 것으로 생각하지 말아야 한다. 투어 오퍼레이터와 제휴하기 전에 다음 사항을 확인해볼 필요가 있다.

① 호텔이 관광목적지에 위치하는가, 아니면 가는 도중에 위치하는가
② 호텔의 위치가 시내인가 외곽인가? 여행자는 저녁에 어떤 곳을 가거나 쇼핑하러 가는데 개별교통을 가지게 할 필요가 없다.
③ 연예오락은 걸어갈 수 있는 거리인가, 아니면 준비를 해야 하는가
④ 호텔에는 칵테일이나 바라운지를 갖춘 식사시설이 완벽한가, 아니면 밖으로 나가야 하는가

1) C. D. Coffman, *Marketing for a Full House* (Ithaca, New York : Cornell University, 1984), pp. 315~318.

⑤ 자체식당을 운영하는가, 아니면 위탁인가
⑥ 쉽게 걸어갈 수 있는 곳에 전문점이 있는가
⑦ 엘리베이터, 에어컨, TV, 짐놓는 자리 2개, 옷장에 나무로 된 옷걸이 등을 갖추고 있는가, 욕실은 샤워시설을 갖추고 있는가

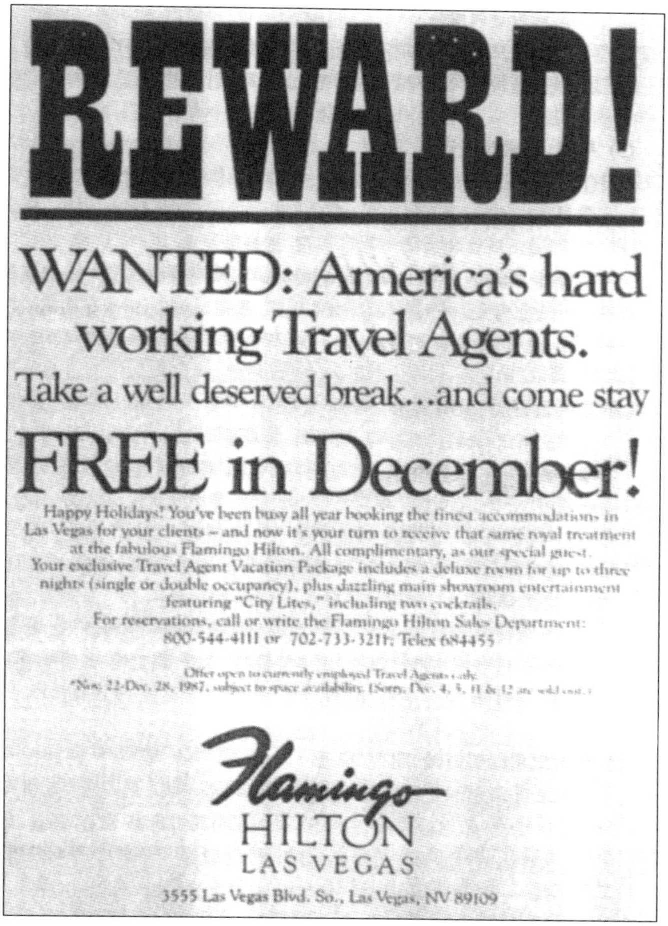

[그림 15-1] 여행사 인센티브. 보너스뿐만 아니라 호텔은 여행사에게 다양한 인센티브도 마련하고 있다. 어떤 호텔과 호텔체인에서는 무료숙박과 무상여행사 패키지를 제공한다. 플리밍고 힐튼에서는 특별휴가 패키지를 선전하고 있다.

자료 : James R. Abbey, *Op. cit.*, p.439.

(2) 투어단체의 소스

투어오퍼레이터의 명부를 얻을 수 있는 곳은 여러 곳이다.

① 여행업계저널(Travel Weekly, Travel Trade, ASTA News)
② 버스회사
③ 외국항공여행사
④ 인센티브 투어 오퍼레이터
⑤ 개인접촉인사, 호텔판매대행소, 기타 인사의 추천

(3) 투어 오퍼레이터의 유형

① 딜럭스 : 최고의 객실, 식사, 팁 판매
② 세미딜럭스 : 적정가의 식사, 객실
③ 이코노미 : 저가의 객실, 식사 포함되지 않음

분명히 이러한 분류는 서로 다른 고객을 지향하고 있다. 호텔의 이미지 가격구조에 맞는 투어형태를 선정하고 판매노력도 적정급수의 투어오퍼레이터에 맞게 하여야 한다.

(4) 판매접근의 시기

투어오퍼레이터는 다음해 하절기 판매를 위해서 9, 10, 11월에 브로슈어를 간행하는 것이 보통이다. 이 말은 호텔의 판매가 이런 겨울이나 봄에 이루어져야 함을 뜻한다. 왜냐하면 여름은 투어오퍼레이터의 가장 바쁜 시즌이기 때문이다. 실제로 여름 동안 투어오퍼레이터와 연락을 유지하며 가을에 판매를 절정에 이르게 하기 위해서는 1년 전에 미리 씨를 뿌려 놓는다는 것은 좋은 생각이다.

투어오퍼레이터는 여름 기간에 현존시설에 대한 문제를 알게 되고 따라서 호텔이 마음에 들면 그는 호텔상품에 대해 최고의 해결방안을 발견할 수 있을 것이다.

(5) 투어오퍼레이터에 대한 요율

투어오퍼레이터는 투어의 상품구성 즉 항공기, 가이드, 호텔, 식사, 관광, 입장 등을 조직화한다. 아마도 투어오퍼레이터는 모든 돈을 다 벌지만 항상 요금을 깎으려고 한다는 얘기를 들었을 것이다. 투어오퍼레이터는 모든 상품요소의 마술사임에 틀림없지만, 오랫동안 비즈니스를 하는 것은 아니다. 일반대중은 투어가 자기네들이 같은 것을 직접 살 때보다 같거나 값이 적을 것을 기대한다. 따라서 투어오퍼레이터 간의 경쟁의 문제가 아니라 여행자들이 스스로 구매할 수 있는 가치와의 경쟁의 문제이다. 투어오퍼레이터가 호텔과 소비자간의 중간업자라고 생각할 때 이것은 가격과 서비스와의 진정한 경합이 되는 것이다.

투어오퍼레이터는 여행사라는 자체 중간업자가 있다. 이 말은 투어패키지가 두 가지 가격조정 중 하나는 투어오퍼레이터와 여행사를 위하는 것이고, 다른 하나는 여행자들에 진정한 가치를 마련할 수 있도록 가격책정을 해야 한다는 것이다.

투어의 가격과 실제가격의 차이는 고객에 대한 가치로 정의할 수 있다. 그것을 얻기 위해서는 탑승률, 객실료, 식사비, 미사용쿠폰, 무료제공 등을 생각해야 한다. 어떤 호텔에서는 관광안내원에게 무료로 제공하고 버스기사에게도 무료로 제공한다. 미사용쿠폰이나 무료는 사실 전체비용에 비하면 사소한 것이다. 사실 가장 좋은 것은 탑승률인데 수송과 안내원을 위한 잡비가 30인 또는 60인과 동일하다.

다음으로는 객실료인데, 만약 투어 오퍼레이터가 숙박당 더블 50실을 보장할 수 있다면 20주나 심지어 6주 정도라도 보장할 수 있다면 이것은 바람직한 것이다. 그러나 식사비용을 생각해 보면 식사비가 객실요율보다 더 높은 것이다. 그러나 투어시즌 중에는 많은 호텔식당은 반쯤 비어 있다.

만약 객실 및 만찬서비스까지 해서 전체 호텔을 운영한다면 투어오퍼레이터의 가치기준에 맞는 매력적인 가격일정을 준비할 자리에 있다.

호텔을 투어오퍼레이터에게 팔 때에는 객실료와 식사가격을 함께 말해야 한다. 판매업무란 호텔판매요원에 의해서 완전히 수행될 수가 없다. 총지배인도 움직여야 하며, 무엇이 투어 패키지를 훌륭한 가치를 갖게 할 것인지 계산해 보아야 한다. 그러므로 투어오퍼레이터에 접근하기 전에 객실료와 식사가격을 작성하도록 하여야 한다.

(6) 투어단체에 대한 서비스

투어고객은 2류호텔 고객으로 취급하지 말아야 한다. 만약 2류로 취급해야 한다면 투어 단체판매를 시도하지 말아야 한다. 투어단체는 비즈니스 여행자나 정기고객보다 여행경험이 일반적으로 적으며 그런 이유 때문에 더 많은 주의가 필요하다. 그들은 하나의 무리로 취급받기보다 각 개인으로 대접받기를 바란다.

(7) 투어 대 기타 호텔업무

투어판매는 호텔의 정기고객, 관광객, 컨벤션 등 다른 업무와 비교해서 평가되어야 한다. 즉, 어느 것이 최선의 것인가를 결정하고 만약 투어판매가 마지막이라면 호텔을 팔기 위해 호텔과 투어오퍼레이터의 시간을 낭비하지 말아야 한다. 여행사를 다루는 데는 그들이 팔려고 하는 패키지에 대한 수수료문제를 해결해야 한다. 여행사는 패키지를 팔고 투어회원으로부터 돈을 받는다.

사람당 수집하는 패키지에는 수하물 취급자와 객실요원에 대한 팁을 포함해야 한다. 투어 가이드나 버스기사는 호텔에서 무상으로 제공하는 예가 흔하다.

단체출발 후 얼마나 빨리 지급을 할 것인가도 합의되어야 하며, 병에 걸리거나 또는 여행을 계속할 수 없는 사람은 누가 책임질 것인가도 또한 합의해야 한다. 마지막으로 다른 단체에 대해서 하듯이 투어오퍼레이터들의 신용상태도 확인하여야 한다.

운동단체는 대량판매 가능성이 있는 또 다른 원천이다. 대학 및 프로팀은 모두 좋은 판매이며 항상 더블을 사용한다.

지역사회의 전문 스포츠 프로모터와 강당지배인은 그들이 초빙하는 프로팀의 이름을 기꺼이 일러 줄 것이다.

교육투어는 고등학교 단체, 대학현장여행 또는 이와 유사한 여행이 포함된다.

졸업생여행은 고등학교 교장에게 서신으로 판매하고 지도교사에게 전달되어 학생위원회와 협의하게 된다. 영화나 슬라이드가 상영된 때에는 개별방문이 준비를 결정하는데 결정적일 수 있다.

특별기호단체는 스키어들로부터 노년단체에 이르고 있다. 어떤 사람은 투어클럽의 회원인 경우도 있다. 그러나 각 도시마다 특별기호 단체는 수십 개에 이른다.

호텔판매원이 한 도시를 방문할 때, 단체의 이름, 임원, 주소 등을 찾아야 한다. 그런 것을 얻을 수 있는 곳은 상공회의소, 회사간부, 목사, 신문편집인 등이다.

Summary

요 약

지금까지의 설명한 내용을 요약 정리하면 다음과 같다.

1) 투어단체는 인센티브관광, 투어단체, 운동선수팀, 교육단체, 특별기호단체 등이 포함된다.
2) 투어오퍼레이터와의 제휴를 통해서 투어단체의 판매가 가능하다.
3) 투어고객을 2류 호텔고객으로 취급하지 말아야 한다.
4) 여행사와의 거래는 그들이 팔려고 하는 패키지에 대한 수수료 문제를 해결해야 한다.
5) 호텔을 투어오퍼레이터에게 팔 때에는 객실료와 식사가격을 함께 말해야 한다.

Hotel Marketing

제16장 기타 영업장판매

1. 기타 영업장판매

지금까지 객실판매, 식당 및 바, 연회 및 파티, 단체판매 등을 설명했지만, 만약 다른 영업장도 올바른 곳에 놓고 옳게 판매한다면 다른 영업장판매도 이익을 낼 수 있다는 점을 간과하지 말아야 한다.

상품을 판매하는 모든 부서는 정기고객에서 상당한 양의 기존의 이용을 확보하고 있다. 호텔의 각 부서와 경쟁하는 개인기업은 외부로부터 유치하는 고객의 이용량에 의존하지 않으면 안 된다. 호텔은 정기고객에다 유치할 외부고객을 가지고 있는 것이다.

호텔에서는 다른 부서를 위해 고객으로부터 최대의 지출을 얻고 있는가 호텔에 체재하는 정기고객은 길 건너 종합가게에서 병에 든 음료(술)를 구매하는가, 호텔에서 팔고 있는데 만찬손님들이 조식용을 길모퉁이에 있는 제과점에서 집에 가는 길에 사는가, 별실 식당에서 사교행사를 하고 있는 연회위원회가 호텔 꽃가게가 있는데 외부에서 꽃을 사고 있는가, 얼마나 많은 다른 방법으로 가지고 있어야 할 달러를 흘려 내보내고 있는가.

내부판매는 물론 이러한 별도수입을 자체 은행계좌에도 지키도록 하는 방안이다. 돌아가 다시 한 번 명백한 돈벌이를 지나치고 있지 않은지를 확인해 보아야 한다.

다음으로 호텔이 벌 수 있는 외부 비즈니스가 있지 않은가를 자문해 보아야 한다. 얼마나 많은 사람들이 호텔에서 팔고 있는 제품이나 서비스를 사기 위해 호텔을 지나 거리로 가고 있는가, 이웃해 있는 사무실 빌딩은 어떤가.

2천명이 거기서 근무하고 있다. 그들이 호텔 물건을 사도록 어떤 일을 하고 있는가, 호텔에 신문판매대가 있는데 정문에 호텔손님에게 팔아 생계를 유지하는 뉴스 보이가 있다. 호텔 돈궤에 있어야 할 돈이 근처상인들이 벌이고 있는 판매에 흘러 나가고 있다는 것은 이상한 일이다.

타부서가 기타 부문별 판매를 증진시키기 위하여 어떤 일을 하고 있나를 보자. 우선 제2장으로 돌아가 "부문별 판매분석"란을 복습해 보자.

테이블 텐트카드, 메뉴에 실린 메시지, 고객서비스 디렉토리, 연속연결광고, 인적 판매 등이 이미 가지고 있는 고객들로부터 가장 많은 판매를 얻을 수 있는 훌륭한 판매도구이다.

어떤 호텔에서는 전화교환원으로 하여금 호텔 각 부서와 경쟁하고 있는 외부주류상점과 기타 가게들의 전화번호를 알아내도록 훈련한다. "외부 주류가게를 거시겠다고요? 우리 호텔에도 종합상품가게가 있으니 직접 연결해 드리겠습니다."

어떤 호텔에서는 라디오 스테레오 컨트롤센터가 있어 커졌을 때 객실로 연결되도록 된 곳이 있다. 휴식기간 동안 경영진에서는 호텔의 다양한 서비스에 관한 광고를 실시한다.

이러한 아이디어들은 전반적인 내적 판매를 위한 것이지만, 기타 부문별 판매촉진도 한번 살펴보자.

1) 테이크 아웃 판매

워싱턴의 Havrey's Restaurant는 햄, 터키, 판매용새우 등을 근처 메리랜스 농장에서 준비해서 훈제를 만들었다. 테이블 텐트카드에는 반대켠에 주문란을 만들어 놓고 햄이나 터키를 선물로 보낼 것을 제안하고 있다. 엘리베이터에는 이들을 광고하는 표지판이 있고, 시가판매대에도 같은 표지판이 있다. 메뉴에 실린 박스에도 그 이야기를 다시 말하고 있다. 정기적으로 창문전시를 해 가정소비를 위한 이들 특별 선물을 선전하고 있다.

미네아폴리스의 Richard's Treat는 모든 테이블광고에 생일케이크를 싣고 있다. 이 카드에는 약간 복잡하긴 하지만 아마추어 주방장에게는 능히 할 수 없는 케이크 만드는 요리법 전부를 설명하고 있다. 그렇지만 이 유명한 케이크를 만드는 모든 좋은 판매 이야기를 전해 준다.

캘리포니아 오크랜드 Manning's에서는 집에 가져갈 명품들을 많이 만들고 식당업무는 이 종합상품판매에 비해 부차적인 것이다. 이들 식당에는 집에 사가지고 갈 빵을 매일 다르게 팔고 있다. 그들은 제안을 많이 해 고객을 정신없게 만들지 않고 매일 품목수를 제한시킨 것이다.

한 호텔에서는 객실에 카드를 놓아 캔디판매를 촉진하고 부활절이나 어버이날과 같은 특별한 날에 우편으로 부쳐 주고 있다. 그들의 주된 광고는 텐트카드와 우편이다. 이 카드의 한 쪽은 선불된 업무회사용카드이고 다른 한 쪽은 주문서로 되어 있다.

캔서스 Wichita에 있는 Lassen호텔은 메뉴 뒷면에 "우리는 가정 파티용 오르되브르를 전문으로 하고 있습니다"라는 광고를 게재하고 있다.

2) 룸 서비스

LA소재 Biltmore호텔에서는 룸메이드가 저녁에 침대를 갈면서 베개위에 룸서비스 아침메뉴를 놓아둔다. 메뉴상단에는 "내일아침을 오늘 저녁 주문하세요"라는 권고가 적혀 있다.

디트로이트에 있는 Sheraton-Cadillac이라는 침대에서 디럭스한 아침식사의 홍보이야기를 했다. 디트로이트 신문에까지 실린 이야기는 펼쳐진 10개의 그림 속에 이런 류의 아침식사가 어떻게 취급되는가 하는 말하자면 전화를 드는 순간부터 완성된 주문이 차려질 때까지 눈에 보이지 않는 곳에서 일어나는 호텔영업의 전 과정을 보여주고 있다.

전국적 규모의 스포츠행사는 행사장소 주변 50마일 반경을 관제지역화하는 것이 보통이다. 외곽지역에 있는 모텔에 들어가면 주요 선수권 경기중계와 관제지역밖에 있는 방송국으로부터의 경기를 볼 수 있으며 이것을 객실판매하는 데 이용할 수 있다. 뉴욕자이언트 내셔널 프로축구리그가 뉴욕에서 열릴 때마다 완전 매진된다.

뉴욕주, 코네티컷, 뉴저지의 모텔들은 이들 일요일 오후에 임원중계를 사서 경기를 중계시청할 수 있도록 객실을 정가로 판매해서 돈을 벌고 있다. 선수권 격투기의 경우도 마찬가지이다.

3) 주류상품[1]

병술 대량판매는 상당한 경쟁에 의존하는 것이다. 길 건너 주류상회에서 파는 가격은 바로 호텔판매에 영향을 준다. 개인업체 가격을 꼭 따라갈 필요는 없으나, 진정으로 성공적으로 이익을 얻으려면 호텔판매가격이 그 가게의 것과 너무 동떨어져서는 안 된다. 가격결정은 순전히 호텔판매원이 결정해야 할 문제이다. 경쟁뿐만 아니라 조심스럽게 생각해야 할 점이 또 하나 있는데, 그것은 어느 정도까지 병술판매를 밀고 나가길 원하며 그런 증가된 판매노력이 개별 술판매에 어떤 효과를 미칠 것인가이다.

병술판매는 개인 룸서비스판매에도 영향을 미치는 법이다. 지금 만족할 만한 룸서비스 술 판매가 이루어지고 있는가, 병술판매를 증가시키면 룸서비스 매출이 감소되는가. 만약 고객이 밖에서 병술을 사가지고 오는 양이 상당하다면 룸서비스의 개별 술판매를 저해함이 없이 병술판매를 시작할 기회가 되는 것이다.

저녁 7시부터 9시까지 여러 날 엘리베이터를 지켜보자. 그리고 얼마나 많은 고객들이 조그마한 갈색봉투를 끼고 올라가는가를 살펴보자. 벨캡틴으로 하여금 벨 보이들을 모이게 해서 외부에서 술을 사가지고 오는 사람이 얼마나 되는지 표를 작성토록 해보자. 또한 인근 술가게에서 사람들이 배달해 주는 수는 얼마인지를 추가해 보자.

호텔에서 소비되는 외부 병술의 양을 정확히 알기 위해서는 호텔내의 병술표시를 외부 것과 다르게 해야 한다. 병을 깨는 방에서 일하는 소년으로 하여금 일정기간 동안 객실에서 나오는 병을 따로 놓게 하면 쉽게 외

1) 이 부분은 C.D. Coffman의 주장에 따른 것으로 우리나라 호텔의 현실과 반드시 일치하지는 않을 것이지만, 호텔의 최대수익 창출이란 점에서 시사하는 바가 크다.

부에서 사들여 오는 술의 양을 파악할 수가 있다.

만약 호텔 내에서 병술판매를 추진키로 결정한다면 호텔투숙객 이외에도 다른 사람에 대한 판매를 겨냥하는 것도 가능하다. 종합술판매를 대단히 잘하는 호텔이 플로리다주 탐파에 있는 Floridian호텔이다.

첫째로 이들은 호텔현관과 주차장 입구 사이의 거리에 상설 종합상가를 설치했다.

둘째로 동 호텔지배인은 전에 전화부스가 있던 호텔로비에 종합상점판매대를 설치했다. 호텔밖에 차린 종합가게는 외부판매를 실시했는데 이곳의 판매의 약 25%가 호텔고객으로부터 온 것이었다.

로비에 차린 것은 가장 인기 있는 브랜드를 거론하면서 객실내에서 가격표에 의해서 판촉되었다. 가격은 다른 주류상점의 것과 같은 수준에서 결정되었다. 룸서비스를 한다 해서 추가요금을 받지 않았다. 이 로비 카운터는 오후 2시에서 10시까지 1주일에 6일 영업을 하는데도 단 한 사람의 판매원이 필요했다. 저장 브랜드는 각 브랜드로 제한되었지만, 저장되지 않은 품목을 요구하면 즉시 호텔 앞에 차린 상점에서 가져오곤 했다. 전에 병술판매가 월 100달러 정도이던 것이 지금은 월 2,200달러에 이르고 있으며, 이것은 순전히 호텔 내 카운터에서 팔린 액수이다.

병술판매를 시작하길 원하는 대부분의 업자는 룸서비스에만 집중하고 있다. 주목을 끄는 가격표를 인쇄하고 가격은 인근 또는 정상상점의 가격을 기준으로 하고 있다. 룸서비스 주문담당자에게는 한잔 또는 두 잔의 하이볼이나 칵테일 대신에 병술을 팔도록 만든 특별문안으로 교육을 시킨다. 다른 사람들은 음료를 파는 식당에 판매안내문을 놓아 종합상품을 팔려고 하는 곳도 있다.

어떤 호텔에서는 호텔에서 파티를 하고 있는 단체에게 정규소매가격으로 병술을 파는 곳도 있으나 그 단체를 서브하는 사람에게는 봉사료를, 그리고 연회실료를 부과한다. 다른 호텔에서는 외부에서 술을 대량으로 가지고 들어오면 셋업특별비를 지급할 것을 단체에게 미리 통보해 주는 곳도 있다.

4) 세탁

많은 호텔에서는 고객세탁은 전체 세탁영업을 커버할 충분한 수입을 얻을 수 있을 뿐 아니라 순이익도 동시에 가져다 준다. Valet부서도 역시 대단히 이익이 남는 곳이다.

이런 호텔에서는 이들 부서에 최대로 가능한 양을 판매키 위해 노력을 아끼지 않고 있으며, 다음은 세탁업무가 최고절정에 달한 호텔에서 사용되는 판매문구들이다.

오래된 산문적인 잘 인쇄된 세탁리스트는 무시하고 특별상품과 서비스를 보여주는 좀더 매력적으로 디자인 된 세탁리스트를 "오전 10시 전에 받으시려면 8시간 서비스를" 책상서랍의 문방구류 밑에 감춰지게 하지 말고 쉽게 보일 수 있는 곳에 세탁리스트를 놓도록 룸메이드를 교육시킨다.

여러 가지 서비스를 설명하는 House directory는 세탁설명을 잘 보이는 곳에 배치도록 한다. 세탁물 봉투는 언제나 쉽게 발견할 수 있는 곳에 놓여진다. 벨보이들은 고객을 객실로 안내하면서 고객에게 세탁하거나 다려야 할 옷들이 있는가를 질문한다. 벨보이는 고객이 가능한 빠른 시간에 찾을 수 있도록 Valet부서에 즉시 전해준다. 만약 고객이 더렵혀진 옷을 함께 하기가 불편하다고 느낀다면 벨보이는 세탁물 봉투를 꺼내 주고 "전화만 하시면 준비 되는대로 언제나 세탁물을 가지러 오겠습니다"라고 말한다.

호텔에 단기간 체재하는 사람들에게는 "원하신다면 세탁한 물건을 우송해 드리겠습니다"라고 하면 소구력이 있을 것이다. 어떤 호텔에서는 외부에서 세탁물을 얻기 위해 인근주민에게 전단이나 DM을 통해서 광고한다.

5) 신문대, 담배가게, 기념품

신문대와 담배가게는 어떤 호텔에서는 임대하고 있다. 마리옷호텔 같은 곳에서는 캔디, 화장품, 약품, 보석, 어린이 장난감, 잡화, 수영복, 만찬용재킷 등을 취급하는 선물가게와 합쳐서 이루어지고 있다. 이들 가게는 신문이나 담배를 사러 들어오는 사람이 다른 것도 사고 호텔계산서나 신용카드로 사기 때문에 진실로 "황금광"이다.

교통이 많은 지역에 잘 계획해서 차린 선물가게는 대부분의 품목들이 폭넓은 이윤이 있기 때문에 생산적일 수 있다. 그러나 안 팔리는 물건이 자리를 차지하고 먼지만 쌓이지 않도록 항상 재고관리가 되어져야 한다.

6) 헬스·스포츠 클럽

지역주민에게 선전되는 클럽은 호텔이 수영장, 사우나, 운동기기, 테니스장 및 이와 유사한 시설이 있을 때 별도의 수입을 얻을 수 있다. 지역회원은 요금을 내고 호텔식당과 바를 이용한다. 이들이 호텔시설을 이용하는 것은 객실이용자들과의 혼잡을 피하기 위해 호텔 비수기에 계획되어져야 하며 리조트 콘도에서도 클럽은 중요한 수입원이 된다.

7) 기타 부서

다른 여러 가지 부서에 대해서도 호텔고객은 물론 최고의 잠재고객이다. 거리로 향하고 있는 가게는 동행인에게 모두 어필하는 곳이다. 제3의 구매자는 신문대, 꽃가게, 드럭스토어, 이용원, 교통데스크에서도 상품판매가 가능하다. 이 제3의 시장은 친구를 만나러 어느 부서의 서비스를 이용하러 오거나 단순히 쉬려고 매일 호텔에 오는 사람들로 구성되어 있다.

판매원들은 제안이나 지침을 통해서 이 같은 분야에서 돈을 벌 수 있도록 많이 도와줄 수 있다. 호텔은 여러 상품들을 광고하는 표지판으로 이 사람들을 특히 겨냥할 수 있다. 공공장소에서의 전시를 하는 것도 구매욕구를 촉진시키는 것이다.

신규호텔은 거리 상점의 임대, 호텔 내 로비임대를 생각하지 않고 짓는 호텔은 없다. 거리 상점은 호텔에 대한 신용을 반영할 수 있도록 선정되어야 한다. 이들은 현재의 호텔서비스와는 경쟁해서는 안 된다. 로비상점도 마찬가지인데, 이 경우 교통대행소, 꽃가게, 극장매표소, 선물점, 신문대, 담배가게, 드럭스토어 등을 들 수 있다.

보석상이나 다른 상인을 위해서 전시공간도 임대할 수 있다. 영업의 확장이라고 볼 수 있는 임대는 훌륭한 공공모양새와 명성에 관한 조항을 포함해야 한다.

각 부서를 하나하나 따로 분석해야 한다. 그리고 각 부서에서 강화되고 있는 판매노력의 분석을 따라야 한다. 전반적인 기준으로 판매현황을 보지 말아야 한다. 각 부서를 별개의 업무로 보고 그 업무의 후원을 촉진키 위해 가능한 모든 일을 하고 있는가를 살펴야 한다. 만약, 예비분석에서 한 부서가 특별히 잘하고 있다는 것이 보이면 그 부서를 따라서 해보되, 더 잘 할 수는 없는가를 알아보아야 한다.

각 부서를 철저히 연구해야 한다. 한 번이 아니라 적어도 연1회 또는 더 자주 연구해야 한다. 각 부서의 판매기록은 "보스"의 관심만큼만 좋아지는 법이다.

그러니 모든 부서에 예의 관심을 가져야 한다.

2. 판매 인센티브[2)]

모든 판매계획은 실제로 판매하는 사람들에 대한 성공적인 판매에 대한 관심에 비례해서 효과적이다. 판매원이 자기제품, 자기업무, 자기판매에 대해서 가지는 관심의 템포를 결정하는 눈에 보이지 않는 요소가 많이 있다. 그의 실제환경, 동료, 대상고객의 타입 등 이들과 다른 요소들이 판매생산성에 영향을 미치는 것이다.

판매원은 자기판매를 좋게 하려는 욕망에 의해 그 노력을 자극 받을 수 있으며 그로 인해서 스스로 직업안정을 얻고 있다. 남보다 앞서고 싶은 야심, 진급이나 월급 인상의 약속 등에 의해서 동기화될 수 있으며, 판매직에 있는 사람은 그가 돈을 버는 것 이상으로 관심 있는 것이 없다.

거대한 식당협회의 한 간부는 팁을 인상해서 서비스를 개선하도록 여종업원의 교육을 다룬 회합에서 이와 같은 교육에 대해 신랄히 비판했는데, 만약 여성들이 팁을 의식하게 된다면 웨이트리스 직업의 높은 기준을 훼손하게 될 것이라는 이유만으로 그랬다. 웨이트리스가 음식의 냄새가 좋다거나 다른 사람들과의 비교적 대우 못 받는 입장에 두길 좋아해서 일

2) 이것은 전체종사원의 판매요원화를 지향하는 판매전략이다. 우리나라에도 이같은 전략을 구사하는 호텔이 늘어나고 있다.

하는 사람은 없다. 그도 다른 사람들과 마찬가지로 돈 벌기 위해서 일하는 것이다.

세일즈맨들을 보상하기 위한 가능한 계획도 많고 노력도 많다. 그러나 생각할 수 있는 유일한 것은 객실판매, 식사판매, 음료판매, 연회판매, 컨벤션 및 단체판매, 기타 부문별 판매에 대한 보너스와 커미션이다.

(1) 객실판매

① 일당, 주당, 월당, 연평균 객실가가 제일 높은 객실요원에 대한 시상
② 스위트 판매가 가장 많은 객실요원에 대한 시상
③ 출숙하는 고객으로부터 가장 많은 예약을 기록한 객실요원 및 당직지배인에 대한 시상

(2) 식사판매

① 일품요리, pastry, 오르되브르 주문을 가장 많이 주문받은 헤드웨이터, 캡틴, 호스티스, 웨이터, 룸서비스 직원에 대한 시상
② 일별, 주별, 월별, 또는 연간 계산액이 가장 많은 룸서비스 직원, 웨이터, 웨이트리스에 대한 시상
③ 높은 이윤이나 낮은 원가품목을 가장 많이 판 사람에 대한 시상
④ 주문 수, 달러액수, take-out 판매수가 제일 높은 사람에 대한 시상
⑤ 이용자가 뜸한 저녁클럽에 사전 예약수가 제일 높은 사람에 대한 시상

(3) 음료판매

① 칵테일판매, 포도주판매, 전체 주류판매가 가장 높은 사람에 대한 시상
② 병술판매가 가장 많은 룸서비스 직원에 대한 시상
③ 특별히 높은 이윤이나 낮은 음료 원가품목을 가장 많이 판매한 사람에 대한 시상

(4) 연회판매

① 전년의 총판매를 능가한 부서에 대한 시상
② 신규판매를 가장 많이 한 판매원에 대한 시상

③ 야간 볼룸대여 즉 연회판매가 저조한 사람에 대한 시상
④ 평균메뉴 가격이 제일 높은 것에 대한 시상
⑤ 칵테일 판매나 식사연회판매에서 포도주판매가 가장 많은 사람

(5) 컨벤션 및 단체판매

① 비수기간 중 일정일에 대한 예약에 대한 시상
② 일정주말의 예약에 대한 시상

(6) 기타 부서판매

① 야간자동차 주차 중 특별업무에 대한 주문수가 제일 많은 도어맨에 대한 시상(세차, 윤활유, 휘발유/오일 판매)
② 세탁물 주문을 가장 많이 받은 벨맨에 대한 시상
③ 판매대 요원도 고급품, 향수, 캔디 등 이윤 높은 물건을 많이 팔았을 경우 커미션 지급

그러나 모든 판매인센티브 계획은 여러 각도에서 조심스럽게 실시해야 한다. 어떤 사업에서든 판매보상에 대한 공식은 없으며 특히 숙박, 식음료 사업에서는 업무의 흐름도 변화가 많고 낭비와 부패의 요인도 독특해서 그렇다. 그러므로 모든 판매에 대한 보상의 정도나 양을 정하는 계획은 받아들일 수 없다.

판매요원에 대한 수백기업에서 조사한 보상연구를 보면 대개 다음과 같은 내용이 있다.

약 25%는 고정급만 지급
45%는 고정급과 수수료
20%는 수수료만 지급
10%는 월급과 보너스

커미션만 지급하는 것에 대한 문제점은 판매원이 쉽게 판매할 수 있는 품목을 팔려고 하고 옮기기 힘든 상품은 기피하는 습관이다. 다른 산업에

서는 비용의 남용을 방지하기 위해서 "회사를 위한 비용"에 대해서만 수수료와 보너스를 정하고 있다. "회사를 위한 비용"이란 잣대는 저임금 판매원이 고임금 판매원보다도 판매상 수수료의 %를 높게 지급받을 수 있는 기회를 주는 것이다.

위에서 말한 표준형 계획뿐만 아니라 어떤 회사에서는 TV나 라디오 같은 상품이나 현금을 제공하면서 비수기를 극복하려는 정기판매 컨테스트를 개최하고 있다. 밍크코트 같은 것이 이용되어 왔다. 그러나 대부분의 상은 훨씬 더 평범한 것이다.

조사를 보면 매우 재미있는 일을 보여주고 있는데, 가장 놀라운 것은 조사한 모든 조사의 3/4이 어떤 형식이든 판매인센티브 계획을 사용한다는 것이다. 숙박업분야의 조사에서는 조사회사의 10%미만이 판매인센티브 계획을 사용하는 것으로 나타나고 있다. 이것은 고객숙박분야에서도 정도는 좀 높겠지만 사실이다. 만약 어떤 보상이 어떤 수 이상으로 된 경우 지배인들에게 주어진다면 또는 전년도 업적을 초과한 경우 계산되지 않는다.

호텔에서는 모두가 입장이 있다. 부문별로 적용해 보자. 하기 전에 인센티브시상의 기본원리에 대해서 한 번 더 살펴보자.

가장 효과적인 보상계획은 부서 내 판매원들 간에 경쟁에 따르는 것이다. 콘테스트라는 것이 단기간의 작품이라는 관점에서 생각되어 왔으나, 사실 이것은 판매인센티브 콘테스트를 위해서는 좋지 못한 표현이다. 경쟁은 1년이면 1년 동안 지속적인 기간에 실시해야 하며, 시상은 판매에 대한 관심을 유지시키기 위해 자주 실시해야 한다. 어떤 판매콘테스트이든 건전한 기본계획은 월별 수수료나 보너스를 지급하면서 1년간 지속적으로 하는 것이며 성탄절 전까지 추가적인 연간 커미션 또는 보너스 지급이라는 장기적인 목표를 아울러 실시하는 것이다.

어떤 경쟁에서는 한 번에 그치는 시상은 위험하며 불만의 원인이 된다. 한 개의 시상제도 하에서는 뛰어난 판매원이 반복해서 그 상을 타는 것이 가능하지만, 열심히 하려고 하는 나머지 사람은 노력에 대해서 A도 받지 못한다.

어떤 커미션이나 보너스 계획을 생각한다면 언제, 어디서 그 계획이 판매실적이 저조할 때만 계획을 세우는 것이 현명하다. 판매원들이 단순히 판매를 자기 것으로 하거나 그저 주문받는 데만 관심 있다면, 시상계획은 아무런 의미가 없다. 모든 인센티브계획은 판매노력을 자극해야 하고 별도 노력에 대한 보상의 형태로만 이루어져야 한다.

어떤 판매계획이든 전체 호텔을 위한 것이든 한 부서를 위한 것이든 이미 얻은 모든 다른 정보와 일치하게끔 설계되어야 한다는 것이다. 누가 가장 확실한 고객이 될 사람인가, 호텔시설로는 어떤 시장이 가장 맞는가, 경쟁자에 비해서 어떤 시설이 이점이 있는가.

마케팅계획을 작성하고 있으며 판매계획이란 단순히 그 한 부분에 불과하다. 자체가 동떨어진 계획이 아니다. 그것은 마케팅계획의 일부분에 불과하며 그 계획의 일부이므로 그것과 조화로워야 한다. 이것은 조심스럽게 설계한 상품을 어떻게 판매하느냐는 것이며 호텔영업에 고객을 끌어오는 것이다.

판매가 아무리 중요하다 해도 아직 마케팅의 한 부분에 지나지 않는다. 면밀히 작성한 장기영업계획의 일부가 됨으로써 판매는 보다 큰 효험이 있고 보다 큰 효과를 가질 수 있는 것이다.

요 약

지금까지의 설명 내용을 요약정리하면 다음과 같다.

1) 호텔 내 각 영업장이 외부 개인영업에 의해 매출에 영향을 받는가를 조사분석 해봐야 한다.
2) 주류상품판매가 고객들의 외부상품지입으로 영향을 받을 수 있다.
3) 세탁서비스도 중요한 호텔수입원이므로 강한 판매노력을 기울여야 한다.
4) 신문대, 담배가게, 기념품점, 헬스·스포츠클럽 등도 호텔판매에 영향을 주는 부분이다.
5) 판매원에 대한 판매인센티브가 주어져야 한다.

저자소개

최태광

- 한국외국어대학교 영어과 졸업
- 서울대학교 교육대학원 영어교육 전공 수료
- 경희대학교 경영대학원 관광경영전공(경영학 석사)
- 서독정부 초청 뮌헨대학교 관광연구소(DWIF) 관광경영연수
- 한국관광공사(해외진흥부, 국제회의부) 근무
- 한국관광산업개발원(연구이사) 근무
- 혜전전문대학 관광과 교수
- 경원대학교 관광경역학과 명예교수(현재)
- 경영대학교 경상대학장 역임
- 국제관광전문가협회(AIEST) 정회원
- 미국마케팅협회(AMA) 정회원
- 한국관광학회 정회원
- 한국호텔 및 외식경영학회 정회원
- 지역발전과 컨벤션도시화 전략(1990)
- 우리나라 컨벤션의 특성연구(1993)
- 인센티브트러블 유치를 위한 마케팅 접근방법의 고찰(1993) 등 저서와 논문 다수
- PATA, ASTA, ITB, ICCA, WTO 총회 및 세미나 기획 및 참가

김미경

- 동아대학교 경영학 석사, 경영학 박사
- 파라다이스비치호텔 비서실장
- 웨스턴 조선비치호텔 교육실장 역임
- 현, 경남정보대학교 호텔경영과 교수
- 저서 : 호텔경영관리론(공저) (백산출판사)
  관광학원론(공저) (형설출판사)

최문용

- 일본 조치대학(上智大學) 대학원 졸업(경영학 석사)
- 한양대학교 대학원 관광학과 박사과정 수료
- 현재, 청운대학교 호텔관광대학 호텔경영컨벤션학과 조교수
- Fun Marketing Club 회장 역임
- 문화관광포럼(TNC) 회장 역임
- 사)한국호텔관광학회 부회장
- 사)한국산학기술학회 문화산업위원회 부위원장

호텔마케팅 실무

2000년 9월 10일 초 판 1쇄 발행
2010년 2월 4일 개 정 판 2쇄 발행
2013년 8월 25일 개정신판 2쇄 발행

공저자 최태광·김미경·최문용

발행인 寅製 진 욱 상

발행처 백산출판사

서울시 성북구 정릉3동 653-40
등 록 : 1974. 1. 9. 제 1-72호
전 화 : 914-1621, 917-6240
FAX : 912-4438
http://www.ibaeksan.kr
editbsp@naver.com

값 17,000원
ISBN 978-89-6183-558-9